物流法教程

阮　洪◎编　著

中国人民大学出版社
·北京·

图书在版编目（CIP）数据

物流法教程 / 阮洪编著．-- 北京：中国人民大学出版社，2021.3
ISBN 978-7-300-29110-9

Ⅰ.①物… Ⅱ.①阮… Ⅲ.①物流管理－法规－中国－教材 Ⅳ.①D922.294.1

中国版本图书馆 CIP 数据核字（2021）第 045400 号

物流法教程
阮　洪　编著
Wuliufa Jiaocheng

出版发行　中国人民大学出版社
社　　址　北京中关村大街 31 号　　**邮政编码**　100080
电　　话　010－62511242（总编室）　010－62511770（质管部）
010－82501766（邮购部）　010－62514148（门市部）
010－62515195（发行公司）　010－62515275（盗版举报）
网　　址　http://www.crup.com.cn
经　　销　新华书店
印　　刷　北京七色印务有限公司
规　　格　185 mm×260 mm　16 开本　　**版　　次**　2021 年 3 月第 1 版
印　　张　14.75　　**印　　次**　2021 年 3 月第 1 次印刷
字　　数　355 000　　**定　　价**　42.00 元

前言

Preface

物流是企业生产和销售的重要环节，对于一个制造型企业来说，物流包括从采购、生产到销售这一供应链环节中所涉及的仓储、运输、搬运、包装等各项物流活动，只有物流的顺畅，才能保证企业的正常运行。物流法是调整物流交易关系和物流管理关系的法律规范的总称。物流法律法规课程是培育物流管理高素质技能型人才的专业核心基础课程。

本书依据最新法律法规，系统扼要地介绍了物流法的基础知识。本着“以岗位为导向，以能力为目标”和“理论够用，注重培养应用型、技能型人才”的原则，按照物流法律法规课程的教学要求，通过对现有物流法律法规教材进行广泛考察，确定了本书的内容和编写体例。本教材具有以下特点：

1. 内容新颖。本教材吸收了最新的物流法领域的理论研究成果和实践经验，注重内容的时效性，尤其是对近年来新制定、修改的物流法律法规进行全面、系统呈现。物流法与民法有着密切的联系，随着《民法典》的出台，与物流法有着密切联系的《民法通则》《合同法》等法律同时废止。本教材以《民法典》为基础编写物流法各章节内容，同时对一些曾经在物流行业发展中起到重要作用但现已废止的部门规章进行严格的剔除，如已废止的《汽车货物运输规则》《集装箱汽车运输规则》《国内水路货物运输规则》《国内水路集装箱货物运输规则》《港口货物作业规则》等，这些内容不再出现在教材中，以此传递最新信息。

2. 实用性强。本教材配合国家推进“一带一路”建设和我国物流产业快速发展的需要，围绕物流管理专业人才的培养方案，对内容进行取舍，教材注重知识的实用性。本教材在阐述相关物流法理论的同时，穿插相应的实务案例加以分析和解释，注重案例与教学目的的相关性，教学内容便于学生课堂的互动。

3. 编排合理。本教材从实际出发，以理论够用为度，将现代物流市场的重点环节和要素进行了系统梳理。教材内容涉及物流法基础知识、货物运输、仓储及保管、包装、装卸搬运、流通加工及配送、保险等方面的内容。在内容组织上力求做到层次清晰、内容新颖、简明实用、详略得当，注重对学生物流法律意识以及实务能力的培养。

本书在编写过程中参考或引用了众多专家、学者的论著和资料，笔者将主要参考文献列于书后，在此谨表谢忱！由于时间有限，本书虽经反复检查核对，但难免存在不足及错漏之处，敬请读者批评指正。

阮　洪

目录

Contents

第一章　物流法律制度概述

【学习目标】

- 了解：物流的概念和分类。
- 熟悉：物流法的概念和特点、物流法的渊源、物流法律责任。
- 掌握：物流法律关系的构成要素，物流法律关系产生、变更、消灭的条件。

【导入案例】

2018 年 8 月，上海某商品采购中心向杭州某装饰生产企业采购 5 吨建筑涂料，并将其交给通达物流公司，请其承运至南京的配送中心。由于暴雨导致交通阻断，物流公司迟延两天送达。在商品入库时，采购中心依据采购协议进行检验，发现货物没有达到合同规定的质量标准，提出退货和赔偿等要求。同时，该批货物因违反国家规定的强制环保标准，被当地执法部门依法查封。

扫码看解析

问题：

1. 本案中的法律事实有哪些？它们是行为还是事件？
2. 本案中哪些是物流交易法律关系？哪些是物流管理法律关系？

目前现代物流业是我国第三产业发展的重点。物流行业因其发展快、活跃度高、富有竞争性的特点，需要完善的制度环境加以规范。但目前，我国尚无一部统一的物流法，物流法是由在物流各个环节上所实行的法律规范共同组成的。就物流而言，因为其本身所具有的综合性、开放性、国际性等特点，包含了运输、仓储、包装、装卸搬运、流通加工、配送、信息处理等七大环节，涉及公路、铁路、航空、海运等众多从事物流的企业，在实践中，物流法律制度的调整对象既涉及平等主体之间的物流交易关系，也涉及非平等主体之间的物流管理关系。物流交易关系主要包括在物资采购、加工、包装配送、运输物流保险等活动中形成的合同关系；物流管理关系主要包括仲裁等国家对物流活动进行干预所形成的社会关系。

第一节 物流与物流法律制度概述

一》 物流概述

（一）物流的概念

物流（physical distribution）一词源于国外，最早出现在美国。经过近一个世纪的演变，现在大多数西方国家把物流称作“logistics”。根据中华人民共和国国家标准《物流术语》的规定，物流是指物品从供应地向接收地的实体流动过程。它可以根据实际需要将运输、仓储、包装、装卸搬运、流通加工、配送、信息处理等基本功能进行有机结合。

物流活动是指在一定时间和空间里对物流各种功能的实施与管理过程。主要包括以下几个方面：

1. 运输

运输是指将商品进行场所或空间移动的物流活动。运输包括供应及销售物流中的车、船、飞机等方式的运输，生产流通中的管道、传送带等方式的运输。对运输活动的管理，要求选择技术经济效果最好的运输方式和联运方式，合理确定运输路线，以实现安全、迅速、准时、经济的要求。

2. 仓储

仓储是商品流通中的储存、保管的阶段。它包括堆放、保管、保养、维护等活动。仓储的主要设施是仓库，在商品出入库的基础上进行在库管理，要求正确确定库存数量，明确仓库以流通为主还是以储备为主，合理确定仓储制度和流程以及对库存物品采取有区别的管理方式，力求提高仓储效率，降低损耗，加速物资和资金的周转。

3. 包装

包装是指在商品输送或保管过程中，为保证商品的价值和形态而进行的物流活动。包装主要是产品的出厂包装，生产过程中在制品、半成品的包装以及在物流过程中的换装、分装、再包装等活动。从功能上看，包装分为运输包装和销售包装。

4. 装卸搬运

装卸搬运是对运输、仓储、包装、流通加工等物流活动进行衔接，以及在仓储等活动中为进行检验、维护、保养所进行的装卸搬运活动。伴随装卸活动的小搬运一般也包括在这一活动中。在所有物流活动中，装卸搬运活动频繁发生。对装卸搬运的管理，主要是确定最恰当的装卸搬运方式，力求减少装卸搬运次数，合理配置及使用装卸搬运工具。

5. 流通加工

流通加工是指物品在从生产地到使用地的过程中，根据需要施加包装、分割、计量、分拣、组装、价格贴附、标签贴附、商品检验等简单作业的总称。这种加工活动不仅存在于社会流通过程，也存在于企业内部的流通过程中。目前为了提高商品附加价值、促进商品差别化，流通加工的重要性越来越大。

6. 配送

配送是指根据客户要求，对物品进行拣选、加工、包装、分割、组配等作业，并按时送达指定地点的物流活动。它是物流进入最终阶段，以配货、送货形式完成社会物流，并最终实现资源配置的活动。

7. 信息处理

信息处理是指对与上述各项活动有关的计划、预测、动态（运量、收、发、存数）的信息，以及有关的费用信息、生产信息、市场信息活动、财务信息活动的管理。其内容包括建立信息系统和信息渠道，正确选定信息科目和信息的收集、汇总、统计、使用方式，以保证其可靠性和及时性。

（二）物流的分类

对物流的主要分类方法有以下几种：

1. 根据物流系统的性质分

（1）社会物流。社会物流是企业外部的物流活动的总称。这种社会性很强的物流往往是由专门的物流承担人承担的。社会物流的范畴是社会经济大领域。社会物流研究再生产过程中随之发生的物流活动，研究国民经济中的物流活动，研究如何形成服务于社会、面向社会又在社会环境中运行的物流，研究社会中物流体系的结构和运行，具有宏观性和广泛性。

（2）企业物流。企业物流是指企业内部的物品实体流动。企业物流又可以分为以下具体的物流活动：

①生产物流。它是指生产过程中，原材料、在制品、半成品、产成品等在企业内部的实体流动。

②供应物流。它是指为生产企业提供原材料、零部件或其他物品时，物品在提供者与需求者之间的实体流动。

③销售物流。它是指生产企业、流通企业出售商品时，物品在供方与需方之间的实体流动。

④回收物流。它是指不合格物品的返修、退货以及周转使用的包装容器从需方返回到供方所形成的物品实体流动。

⑤废弃物物流。它是指将经济活动中失去原有使用价值的物品，根据实际需要进行收集、分类、加工、包装、搬运、储存等，并分送到专门处理场所时所形成的物品实体流动。

2. 根据物流活动的空间范围分

（1）区域物流。区域物流是指在一国内按照行政区域或者经济区域划分所进行的物流活动。区域物流是相对于国际物流而言的，一个国家范围内、一个城市内、一个经济区域内的物流通常都处于同一法律、规范、制度之下，受相同文化和社会因素的影响，处于基本相同的装备水平之中，因而都有其独特的区域特点。

（2）国际物流。国际物流是指不同国家或地区之间开展的跨国的物流活动，包括两国或多国之间开展的物流活动。

3. 根据物流活动的组织者分

（1）自主物流。自主物流是指生产企业为满足自身的需要，利用自己的人工、机械设备和场所，安排全部物流计划，自己从事货物实体流动全过程的物流活动。

（2）第三方物流。第三方物流是指由供方与需方以外的物流企业提供物流服务的业务模式。其具有节省费用、减少资本积压和库存、实现企业资源的优化配置、提升企业形象等诸多优点。

（3）第四方物流。第四方物流是指建立在第三方物流基础上的，对不同的第三方物流企业的管理、技术等物流资源做进一步整合，为用户提供全面意义上的供应链解决方案的一种更高级的物流模式。

二》 物流法律制度概述

（一）物流法律制度的概念和特点

法律制度是调整社会关系的一种方法。物流活动涉及生产、流通等各方面，必然会受到法律制度的调整。物流法律制度是指调整在物流活动中产生的，以及与物流活动有关的社会关系的法律规范的总称。

物流法律制度的主要特点如下。

1. 广泛性

物流系统的运行过程和物流活动内容的多样性决定了物流法的广泛性，具体表现在：

（1）内容的综合性。物流活动包括物品从原材料经过生产环节的半成品、产成品，最后经过流通环节到达消费者手中的全过程，还包括物品的回收和废弃物的处理过程，涉及运输、储存、装卸搬运、包装、流通加工、配送、信息处理等诸多环节。物流法对在这些环节中产生的各种各样的社会关系进行调整，既有规范各物流当事人之间的物流法律行为的法律法规，又有有关国家机关进行物流管理的法律法规，因此内容非常广泛。

（2）表现形式的多样性。物流活动的多样性决定了物流法不可能仅限于某一效力层次或某一种表现形式。法律有许多表现形式，有国家最高权力机关正式颁布的宪法和法律，有国家最高行政机关颁布的行政法规，有省、自治区、直辖市权力机关发布的地方性法规，有国务院各主管部门制定的规章、办法，有国际组织、团体制定的国际公约和国家与国家之间的条约以及国际惯例，还有相关的技术标准或技术法规等。不同的表现形式使物流法表现出不同的效力层次，其中，法律具有最高效力；法规的效力其次；部门规章起到补充和帮助法律法规实施的作用；当物流活动在世界范围内进行时，会受到国际公约、国际条约和国际惯例的制约；技术标准和技术法规则根据不同的情况而在使用中具有不同的效力。

（3）物流活动的参与者众多。物流活动的参与者涉及不同行业、不同部门，例如生产者、仓储经营者、包装服务商、各种运输方式下的承运人、装卸作业者、承揽加工业者、配送商、信息服务供应商等。

2. 复杂性

物流活动的广泛性和综合性决定了物流法具有复杂性，具体表现在：

（1）物流法包括横向的民事法律规范和纵向的行政法律规范，以及各种技术法律规范，表现出物流法本身的多样性。

（2）即使在同一类法律法规中，因物流活动所涉及的领域众多，涵盖了运输、仓储、装卸、加工等环节，各环节中的运行方式又有所不同，主体权利义务和责任的承担亦适用不同的法律法规。

（3）物流活动参与者的多样性也使得物流法律关系变得复杂。而且，同一物流服务提供者经常处于双重或多重法律关系中，因而形成了不同领域对主体行为的规范。

（4）随着国际物流的发展，物流活动跨越了区域性，在物流活动中必然产生各国规范物流法律法规的法律适用问题，从而使物流法呈现出复杂性的特点。

3. 技术性

由于物流活动是由运输、包装、仓储、装卸等多个技术性较强的物流环节组成的，整个物流活动过程都需要运用现代信息技术和电子商务，所以物流活动自始至终都体现出较高的技术含量。物流法作为调整物流活动的法律规范，必然涉及物流活动的专业术语、技术标准等，因而具有技术性的特点。

4. 国际性

现代物流是经济全球化、一体化发展的产物。国际物流的出现和发展，使得物流超越了国家和区域的界限，走向了国际化。通过在全世界范围内构建体现因特网技术的智能性、服务方式的柔性、运输方式的综合多样性，并与环境协调发展的国际性物流系统，以最低廉的成本实现货物快速、安全、高效、通达和便利送达最终消费者手中的目标，进而促进国际经济全球化。与国际物流相适应，物流法也呈现出国际化的趋势，这具体表现在一些领域内出现了全世界通用的国际标准。

（二）物流法律制度的渊源

法律渊源是指法律的表现形式，是不同国家机关依法制定的各种具有不同法律效力的规范性文件。它们因制定其的国家机关不同而具有不同的效力。目前，我国物流法规的表现形式即法律渊源大致包括下列几个层次。

1. 法律

法律是指由拥有立法权的国家机关（在我国为全国人民代表大会及其常务委员会）按照立法程序制定和颁布的规范性文件。在有关物流立法的各种表现形式中，法律具有最重要的地位。在现行法律之中，与物流相关的法律有《中华人民共和国民法典》（合同编第十九章“运输合同”、第二十二章“仓储合同”和第二十三章“委托合同”）、《中华人民共和国海商法》、《中华人民共和国民用航空法》、《中华人民共和国铁路法》、《中华人民共和国公路法》、《中华人民共和国港口法》等。

2. 行政法规

行政法规是指国家最高行政机关即国务院依据宪法和有关法律，在自己职权范围内制定的基本行政管理规范性文件的总称，其法律地位和法律效力仅次于宪法和法律。目前，我国有关物流方面的行政法规有直接为物流制定的法规，以及与物流有关的法规，从内容和行业管理上看，基本上属于海上、陆地和航空运输管理以及消费者权益保护、企业管理、合同管理等方面的法规。涉及物流及快递的行政法规有《公路安全保护条例》《中华人民共和国国际海运条例》《中华人民共和国航道管理条例》《快递暂行条例》等。

3. 部门规章

部门规章是指由国务院各部、各委员会，包括一些直属机构为实施法律、行政法规而在自己权限范围内依法制定的规范性行政管理文件。由交通运输部、工业和信息化部、商务部所颁布的条例、办法、规定和通知都有涉及物流的内容。涉及物流的部门规章有《商业运输管理办法》《铁路货物运输规程》《国际铁路货物联运协定》《国际货物运输代理业管理规定实施细则》等。

规章属于行政立法，内容具有相对易变性，必须根据社会经济情况的发展和变动经常进行重新制定、废除和修改。《立法法》第 80 条规定："国务院各部、委员会、中国人民银行、审计署和具有行政管理职能的直属机构，可以根据法律和国务院的行政法规、决定、命令，在本部门的权限范围内，制定规章。部门规章规定的事项应当属于执行法律或者国务院的行政法规、决定、命令的事项。"根据《立法法》的规定，部门规章如果没有严格意义上的上位法依据，即不属于执行法律或者国务院的行政法规、决定、命令的事项，其合法性就会受到质疑。例如，2016 年 5 月 30 日，交通运输部公布《交通运输部关于废止 20 件交通运输规章的决定》，自公布之日起施行。根据这一决定，被废止的规章包括 2000 年 8 月 28 日原交通部公布的《国内水路货物运输规则》（简称《货规》）和《港口货物作业规则》（简称《港规》）。《港规》和《货规》被废止的主要原因在于，《港规》和《货规》规定的是民事权利义务内容，并没有严格意义上的上位法依据，不属于执行法律或者国务院的行政法规、决定、命令的事项。《货规》和《港规》的废止，宣告在我国延续了四十多年的国内水路货物运输合同和港口作业合同主要由交通运输部（原交通部）制定的民事规章调整的做法结束，这虽然会使得国内水路货物运输合同和港口作业合同的法律依据更加缺乏，但根据合同自由原则，缔约双方当事人可以通过完善合同条款以减少合同漏洞。

此外要注意，规章的法律效力层次较低，以废止前的《货规》为例，最高人民法院于 2012 年 12 月 24 日公布的《关于国内水路货物运输纠纷案件法律问题的指导意见》第 1 条规定："人民法院审理国内水路货物运输合同纠纷案件，应当适用民法通则、合同法等法律的有关规定，同时可以参照《国内水路货物运输规则》的有关规定。海商法第四章海上货物运输合同的规定，不适用于国内水路货物运输。人民法院参照《国内水路货物运输规则》确定当事人权利义务时，应当在判决书说理部分引用论述，但不应作为判决书引用的法律依据。"

4. 地方性法规

地方性法规是指由地方人民代表大会及其常务委员会制定的一种规范性文件。其法律效力低于行政法规，只在地方政府管辖范围内有效，即受地域范围的限制。例如，上海市颁布执行的与物流有关的法律规范等。

5. 国际条约

国际条约是指国家及其他国际法主体间所缔结的以国际法为基础，确定其相互关系中的权利和义务的一种国际书面协议，也是国际法主体间互相交往的一种最普遍的法律形式。涉及物流的国际条约很多，但并不是所有国际条约都可以无条件地在任何一个国家内生效。根据国际法和国家主权原则，只有经一国政府签署、批准或加入的有关物流的国际条约，才对该国具有法律约束力，才能成为该国物流法规的表现形式。

6. 国际惯例

国际惯例是指在国际上因对同一性质的问题所采取的类似行为，经过长期反复实践逐渐形成的、为大多数国家所接受的、具有法律约束力的不成文的行为规则。国际惯例的成立必须具备两个要件：（1）实质要件，即一种行为必须是相同或类似的重复行为，并为多数国家或地区所持续采用；（2）心理要件，要求行为人在采取或进行该项行为时，在心理上认为是在履行法律义务。国际惯例多体现为任意性惯例，即只有当事人通过协商方式在有关协议中明确表示采用该规则时，才对当事人具有法律约束力。

7. 技术标准

技术标准可分为国家标准和国际标准。

国家标准由国家质量技术监督管理部门组织制定、批准和颁布。其中有一些强制性标准属于国家的技术法规，其他标准本身虽不具有强制性，但因标准的某些条文由法律赋予强制力而具有技术法规的性质。

国际标准由国际组织制定，本身没有强制力，一般均为推荐性标准。但是，国际公约常将一些国际标准作为公约的附件，从而使其对缔约国产生约束力，例如，国际标准化组织（ISO）、国际电工委员会（IEC）等制定的针对产品和服务的质量及技术要求的标准等。

第二节 物流法律关系

一 物流法律关系概述

法律关系是法律在规范人们的行为过程中所形成的一种特殊的社会关系，即由法律规范所确认和调整的人与人之间的权利义务关系。物流法律关系是指物流法律法规在调整物流活动过程中所形成的具体的权利义务关系。

二 物流法律关系的构成要素

物流法律关系的构成要素为主体、客体、内容，缺少其中任何一个要素，都不能构成物流法律关系。

（一）物流法律关系的主体

物流法律关系的主体是指参加物流法律关系，依法享有权利和承担义务的当事人。在物流法律关系中，享有权利的一方当事人称为权利人，承担义务的一方当事人称为义务人。根据我国相关法律规定，物流法律关系主体包括以下几种：

1. 自然人

自然人是指基于自然条件，按自然规律出生的人。自然人包括本国公民、外国人和无国籍人。自然人具有民事主体资格，可以成为物流法律关系的主体。但是，由于物流活动是经济活动，法律对一些物流行业的主体有特殊规定，因此，自然人要成为物流服务活动的提供者受到很大的限制。

2. 法人

法人是物流法律规范所调整的特定社会关系的主体的主要部分。法人包括企业法人、事业法人和机关法人等。其中，企业法人是物流法律关系的最主要参与者，它通常指以公司或者其他形式的企业形态出现的经济组织，例如，综合性的物流企业、航运企业、货代企业、进出口企业等。

3. 非法人组织

非法人组织是不具有法人资格，但是能够依法以自己的名义从事民事活动的组织。

《民法典》明确认可非法人组织可以作为民事主体参加民事法律关系，这就为非法人组织成为物流法律关系的主体奠定了基础。

在我国，非法人组织包括个人独资企业、合伙企业、不具有法人资格的专业服务机构等。非法人组织应当依照法律的规定登记。设立非法人组织，法律、行政法规规定须经有关机关批准的，依照其规定。非法人组织必须符合相应的规定，取得一定的经营资质，才能从事物流业务。

（二）物流法律关系的客体

物流法律关系的客体是指物流法律关系的主体享有的权利和承担的义务所共同指向的对象。

物流活动的多样性决定了物流法律关系客体的多样性。在物流法律法规中，不同形式的物流活动，产生了不同的权利义务关系。民商事物流法律关系大多为债的法律关系，权利主体要求义务主体为一定行为或不为一定行为，包括进行物的交付、智力成果的交付或提供一定的劳务等。行政物流法律关系的客体主要表现为行政物流法律关系主体的活动，包括主体作为和不作为。凡是物流法中有关行政法律规范所规定的行为，都是行政物流法律关系的客体。

（三）物流法律关系的内容

物流法律关系的内容，即物流法律关系主体在物流活动中享有的权利和承担的义务。

物流法律关系主体的权利是指权利主体在物流活动中可以依据法律的强制力和合同的约束力，在法律规定的范围内为一定行为或不为一定行为，以及要求义务主体为一定行为或不为一定行为，以实现自己的权利的可能性。

物流法律关系主体的义务是指义务主体在物流活动中，依照法律规定或合同约定必须为或不为一定行为，以协助或不妨碍权利主体实现其权利的必要性。

三》 物流法律关系的发生、变更和终止

（一）物流法律关系的发生

物流法律关系的发生，又称物流法律关系的设立，是指因某种物流法律事实的存在而在物流法律关系主体之间形成某种权利和义务关系。

物流法律事实是指由法律所规定的能够引起物流法律关系发生、变更和消灭的客观现象，包括物流法律行为和物流法律事件两大类。

1. 行为

行为是指根据当事人的意志而做出的能够引起物流法律关系产生、变更和消灭的活动。物流法律行为可分为合法行为和违法行为两种。其中，合法行为是指符合法律规范的行为，包括经济管理行为、经济法律行为和经济司法行为。合法行为要求主体资格合格，意思表示真实，内容、形式合法等。违法行为是指违反法律规定的行为或者法律所禁止的行为。违法行为是行为人承担法律责任的事实依据。

2. 事件

事件是指客观上发生和存在的，与当事人的主观意志和自主行为无关的，能够引起物流法律关系产生、变更和消灭的客观事实。法律事件包括自然现象和社会现象引起的事

实。其中，自然现象是指自然灾害，例如地震、洪水、暴风等。社会现象虽然由人的行为所引起，但其出现在特定的物流法律关系中并不以当事人的意志为转移，如因战争、罢工等导致的合同违约。

（二）物流法律关系的变更

物流法律关系的变更，又称物流法律关系的相对消灭，是指因某种物流法律事实的出现而使物流主体之间已经存在的物流法律关系发生改变。

物流法律关系变更的结果往往是使已经存在的物流法律关系的主体、客体和内容发生某种变化。如运输过程中遭遇严重的交通事故，使交货的时间推迟或货物损坏，致使原合同无法全面履行。

（三）物流法律关系的终止

物流法律关系的终止，又称物流法律关系的绝对消灭，是指因某种物流法律事实的出现而使已经存在于物流主体之间的物流法律关系归于消灭。

第三节 物流法律责任

一 物流法律责任的含义

物流法律责任，是指由物流法律所规定的当物流法主体违反经济义务时必须承担的不利法律后果。它是国家用以保护物流法律关系的重要措施，是国家对物流活动中违法行为实行法律制裁的根据，也是物流法规得以遵守和执行的重要保障。

物流法律法规所调整的物流关系由平等主体之间的物流交易关系和非平等主体之间的物流管理关系两部分所组成，所以物流法律责任也由两类法律责任所组成。其中，平等主体之间物流交易关系由民法所调整，由此产生的法律责任属于民事责任；非平等主体之间的物流管理关系由经济法所调整，由此产生的法律责任属于经济法律责任。

二 物流法律责任的归责原则

归责原则，是确定法律关系主体在违反法律义务或者合同义务时所应承担责任的一般准则。它直接关系到当事人应不应承担法律责任。在司法实践中，追究物流法律责任会涉及两个重要的归责原则，即过错责任原则和严格责任原则。归责原则不同，追究违法主体法律责任的构成条件也就不同。

（一）过错责任原则

过错责任原则，是指追究主体的违法责任须以当事人在主观上存在过错为前提条件，即当事人主观上有过错才会承担法律责任，主观上没有过错则不承担法律责任的原则。在过错责任原则上追究当事人的法律责任，不但要求违法主体存在违法行为、有损害或者危害事实，违法行为与损害或者危害事实之间有因果关系，而且要求违法主体在实施违法行为时主观上存在过错。主观上的过错，是指行为人在实施违法行为或者违反义务时，主观上所持的故意或者过失。其中，故意表明行为人能够预见到自己的行为会产生一定的危害社会的后果，但仍实施该行为并希望或者放任危害结果的发生；过失表明行为人应当预见自己的行为会发生危害结果，但由于疏忽大意而没有预见或者虽然预见却轻信可以避免而致使危害结果发生。过错责任原则是民法普遍适用的原则。

（二）严格责任原则

严格责任原则，是指依据法律规定，无论在主观上有无过错，违法主体都要对其行为所导致的损失或者危害承担法律责任的原则。它是在社会生产力发展、科技进步和高度危险行业增多的情况下逐步确立起来的一项新的归责原则。

严格责任原则能积极保护受害人的合法权益，增强义务人的法律责任意识，所以它不但被民法所采用，而且更多地为经济法所采用。例如，环境保护法、产品质量法、道路交通安全法等都规定了严格责任原则。它可以使因实行过错责任原则得不到补偿的受害人获得补偿，从而使法律责任的承担更加公平、合理。一般认为，严格责任原则是承担法律责任的一项特殊原则，即只有在法律明确规定的情况才适用。《民法典》第 577 条规定：“当事人一方不履行合同义务或者履行合同义务不符合约定的，应当承担继续履行、采取补救措施或者赔偿损失等违约责任。”这表明《民法典》合同编在追究当事人的违约责任时，将严格责任作为一般归责原则，将过错责任作为特殊归责原则。

三》 物流法律责任的形式

当主体违反平等主体之间的物流交易法律关系时，应适用民事法律制度追究其民事责任；当主体违反非平等主体之间的物流管理法律关系时，应依据经济法追究其违法责任。物流法律责任的具体形式有：

（一）民事责任

民事责任是指民事主体因违反法律规定或者合同约定的民事义务，侵犯他人合法的民事权益所应承担的法律后果。物流主体违反平等物流交易法律关系时会产生相关的民事责任。根据《民法典》的规定，民事责任主要有违反合同的民事责任和侵权的民事责任。

（1）违反合同的民事责任是指当事人不履行合同义务或者履行合同义务不符合约定条件而应当承担的民事责任。由于物流业中存在大量的物流服务合同，因此违反合同的民事责任成为物流业中最常见的法律责任。违反合同的民事责任的主要形式有继续履行、支付违约金、赔偿损失、解除合同等。

（2）侵权的民事责任是指民事主体侵犯国家、集体或者他人的合法民事权益而应承担的法律后果。侵权的民事责任又分为一般侵权的民事责任和特殊侵权的民事责任。侵权的民事责任的主要形式有停止侵害、排除妨碍、消除危险、恢复名誉、消除影响、赔礼道歉、恢复原状、返还财产、赔偿损失等。

（二）行政责任

行政责任是指经济法的主体因其破坏国家经济管理秩序的违法行为所依法承担的行政法律后果。物流主体违反物流管理法律关系则会产生行政责任。承担行政责任的主体包括行政主体和行政相对人。在物流的行政责任中，其主体包括物流活动中的国家经济管理部门和物流活动主体。

行政责任包括行政处罚和行政处分。依据《中华人民共和国行政处罚法》的规定，行政处罚有警告，罚款，责令停产停业，没收违法所得、没收非法财物，暂扣或者吊销许可证、暂扣或者吊销执照，行政拘留以及法律、行政法规规定的其他行政处罚。此外，国家机关、企事业单位还可根据法律法规的规定，对违法者实施警告、记过、记大过、降职、撤职、留用察看、开除等处分。

（三）刑事责任

刑事责任是指经济法的主体因其行为触犯刑法构成犯罪所承担的法律后果。在物流法律关系中，当事人违反物流法律法规并触犯刑法构成犯罪的，应当承担刑事责任。依据《中华人民共和国刑法》的规定，刑罚分为主刑和附加刑。主刑包括管制、拘役、有期徒刑、无期徒刑和死刑；附加刑包括罚金、剥夺政治权利、没收财产。对于犯罪的外国人、无国籍人可以独立适用或者附加适用驱逐出境。

公司、企业、事业单位、机关、社会团体等单位实施危害社会的行为，法律明确规定为单位犯罪的，应当负刑事责任。单位犯罪的，对单位判处罚金，并对直接负责的主管人员和其他责任人员判处刑罚。

实训作业

一、实训项目

让学生熟悉物流法律关系的三要素，明白物流法律关系的主体、客体、内容分别是什么。以物流运输、物流搬运装卸、物流包装、仓储等社会关系为课题，调查相关的物流纠纷案例，分析在物流主体的参与下，出现的物流法律事实有哪些；法律事实中，哪些是行为，哪些是事件；物流法律事实如何引起物流法律关系的产生、变更和消灭；物流法律关系中，哪些是物流交易法律关系，哪些是物流管理法律关系。

二、案例讨论

2014 年 11 月 11 日，黑龙江某制革厂将位于哈尔滨市市郊自有的固定资产和流动资产投保，并与中国某财产保险公司的代理人签订了企业财产保险合同。保险合同规定：自燃等风险属于保险责任，保险费 2.9 万元，保险期限一年。在财产保险合同保险单及所附财产明细表中，均列明投保中的流动资产包括原材料和产成品及其存放位置。投保后，制革厂于 2015 年 5 月 10 日、16 日先后两次将保险财产中的产品发往其驻南方某市的销售部，共计价值 34 万元。2015 年 7 月 16 日，由于该市连日持续高温，库房的货物自燃，全部被毁。对此损失，保险公司拒绝赔偿。

问题：

1. 本案中的物流保险合同关系的主体、客体和内容分别是什么？
2. 本案中引起物流保险责任关系产生、终止的法律事实各是什么？

第二章　物流主体法律制度

【学习目标】

● 了解：物流企业的概念、物流企业的法律特征。

● 熟悉：物流合伙企业的内部关系、合伙人与第三人的法律关系；物流公司组织机构的基本原理；物流公司的设立及各机构的性质、职能和运行；公司的变更、解散和清算。

● 掌握：普通合伙企业与有限合伙企业的区别与联系；有限责任公司与股份有限公司的区别与联系。

【导入案例】

甲物流综合服务公司下设六大部门，包括包装部、运输部、装卸部等。2018年6月，该公司运输部在进行运输服务时与某货站取得业务联系，某货站许诺从2018年7月起其所有运输业务都委托给该运输部，双方签订了简单协议，该运输部在协议上使用了其随身携带的部门印章，某货站也表示同意。但2018年9月，甲物流综合服务公司运输部发现其承接的某货站的运输业务只是该货站运输量中很小的一部分，同时还有另外两家货运公司在承接，于是问及某货站，某货站否认，进而否认双方协议的效力，于是引起了纠纷。

问题：甲物流综合服务公司下设的运输部与某货站签订的合同是否有效？为什么？

扫码看解析

第一节　物流主体概述

一》 物流主体的法律特征

物流是对传统多个相关行业的整合，物流所指的范围非常广泛，包括商品运输、储存、配送、装卸、保管等一系列活动。物流主体的法律特征如下：

（1）现代物流往往被概括为第三方物流或综合物流。这很能表现出物流合同的特性，即企业将原有分散的物流相关服务合同统一委托于第三方物流经营人，订立对于货主来说主体相对简单的物流合同；然后再由第三方物流服务提供商根据合同约定，决定是通过自己完成合同还是通过委托代理、订立分合同等形式完成物流合同。物流经营人选定的实际履行人，由于其与物流经营人订立了基于物流合同而产生的相关服务供应合同，实际参与了物流合同的履行，物流法律关系不可能将其排除在外，发生争议时实际履行人还会与货主、物流经营人在物流相关法律框架内发生各种权利义务关系，所以可将实际履行人视为广义的物流主体。

(2) 物流主体负有履行或参与履行物流合同的责任。物流经营人根据物流合同的约定确保货物的及时、可得和信息顺畅的同时，作为附随义务还要确保货物的安全，在存在分合同的情况下还负有合理地选择和监督实际履行人和履行辅助人的责任。对于实际履行人来说，其并不是基于物流合同而是基于与经营人之间的分合同规定的义务参与物流合同的实际履行，在分合同规定期间承担照管货物、完成具体服务的责任。

(3) 物流主体应在各自的责任范围内承担合同约定或相关法律规定的责任。一般来说，物流合同对货主义务的规定相对简单，而对物流经营人则会设计较为详细的义务及责任条款。而由于法律未对整个物流法律关系作出全面明确的规定，物流经营人的责任只能比照相关单项服务的法律规定，虽然这种情况会给经营人带来很多不便，但在目前的法律体系下也只能如此。对于实际履行人来说，虽然其与经营人之间的合同是基于物流合同产生的，但毕竟不受物流合同约束，而且一般提供的是单项或几项简单相加的服务，故其责任适用单项相关法律是合适的。

二》 货主

货主（merchant）的表现形式多样，如海商法律关系中只有托运人、收货人的概念，仓储法律关系中则是委托人，港口经营法律关系中称为作业委托人（作业委托人的范围超出货主，有时是承运人或其他实际占有货物的人）。但在实务中，许多合同与单据往往把货物交付人与接收人统称为货主。如一般提单所称的货主包括托运人、受货人、收货人、提单持有人和货物所有人。物流法律是在继承单项相关的法律体系如运输、仓储等法律规定的基础上发展起来的。事实上，物流中的货主包括物流作业委托人与收货人。

（一）物流作业委托人

在物流合同中，物流服务除了运输、仓储等重要的现场工作环节，物流经营人的很多义务包括文案工作，如物流方案设计、信息反馈处理等都可统一称为作业。因此，物流作业委托人是指与物流经营人订立物流作业合同，并由此得到物流服务的自然人或法人。

（二）收货人

收货人是指有权收取货物的人。收货人存在几种身份。第一，他可能是物流服务购买者，即物流作业委托人本人。第二，他可能是物流合同当事人之外的第三人，此时物流合同是为第三人利益的合同。这个第三人在很多情况下是最终消费者，而不一定是运输合同下的商人或企业法人。

三》 物流经营人

物流经营人是与物流作业委托人订立物流合同，并利用自有或外协物流资源，组织实施完成合同约定物流过程的第三方物流供应商。物流经营人具有以下法律特征：

(1) 物流经营人组织物流活动的实施，并不要求其自身拥有物流活动所需的全部物流资源。可以通过外购、联盟等多种方式组织实施整个物流活动，为企业提供完整的物流服务。

（2）物流经营人在物流合同范围内为作业委托人提供个性化的服务，导致了物流经营人权利义务的差异性。如甲对物流经营人的要求是货物快速获得，而乙的要求是慢速但平稳获得，丙可能只要求提供高质量的回收物流。正是这种个性化的需求成了物流经营人服务的一个增值点。

（3）物流经营人的履行辅助人是指辅助物流经营人履行债务的人，是根据物流经营人的意思而事实上从事债务履行的人。

从民法上讲，债务履行辅助人就是指他本身不是债务人，只是辅助债务人履行债务。债务履行辅助人的特征在于：第一，履行辅助人是根据债务人的意思而事实上从事债务履行的人。第二，履行辅助人是依据法律规定或合同约定而产生的。第三，履行辅助人必须在事实上从事了辅助履行债务的行为。如果是因为履行辅助人而导致物流合同无法履行或不完全履行，除以侵权为由向履行辅助人或物流经营人索赔外，大部分情况下是以违反物流合同为由要求经营人承担责任，再由经营人根据实际情况向履行人要求赔偿。如我国《海商法》第 54 条规定："货物的灭失、损坏或者迟延交付是由于承运人或者承运人的受雇人、代理人的不能免除赔偿责任的原因和其他原因共同造成的，承运人仅在其不能免除赔偿责任的范围内负赔偿责任；但是，承运人对其他原因造成的灭失、损坏或者迟延交付应当负举证责任。"在这里，承运人对履行辅助人的责任的归责原则是过错推定原则。

四》 实际履行人

实际履行人也称物流运作的参与者、物流合同的分包人，是指与物流经营人订立分合同，从事物流全部或部分运作的人，包括接受转委托从事此项运作的人。其法律特征如下：

（1）实际履行人与物流经营人之间订立物流分合同，提供一项或多项物流相关服务。

（2）实际履行人必定自有一定的物流资源，如没有一定的物流资源则无法履行物流分合同。实际履行人的这一特征与物流经营人有区别。

（3）实际履行人在无法履行或不完全履行物流分合同的情况下，一般只对物流经营人承担违约责任，特殊情况下也直接对货主承担侵权责任。

第二节 物流企业的设立

一》 一般物流企业的设立

一般物流企业，从是否具有法人资格分类，可分为具有法人资格的物流公司，如有限责任公司或股份有限责任公司；以及不具有法人资格的物流企业，如合伙企业与个人独资企业。

根据物流企业以某项服务功能为主要特征，并向物流服务其他功能延伸的不同状况可划分为运输型物流企业、仓储型物流企业和综合服务型物流企业。

运输型物流企业应同时符合以下要求：

（1）以从事货物运输业务为主，包括货物快递服务或运输代理服务，具备一定规模；

（2）可以提供门到门运输、门到站运输、站到门运输、站到站运输服务和其他物流服务；

（3）企业自有一定数量的运输设备；

（4）具备网络化信息服务功能，应用信息系统可对运输货场进行状态查询、监控。

仓储型物流企业应同时符合以下要求：

（1）以从事仓储业务为主，为客户提供货物储存、保管、中转等仓储服务，具备一定规模；

（2）企业能为客户提供配送服务以及商品经销、流通加工等其他服务；

（3）企业自有一定规模的仓储设施、设备，自有或租用必要的货运车辆；

（4）具备网络化信息服务功能，应用信息系统可对货物进行状态查询、监控。

（一）物流有限责任公司

1. 有限责任公司的概念和法律特征

有限责任公司，是指全部资本由股东出资构成，股东以其认缴的出资额为限对公司承担责任，公司以其全部财产对公司债务承担责任的企业法人。其主要特征如下：

（1）股东责任的有限性。有限责任公司的股东以其认缴的出资额为限对公司承担责任。

（2）公司资本的非等额性。有限责任公司的资本不划分为等额的股份，证明股东出资份额的权利凭证为出资证明书。

（3）股东人数的限制性。有限责任公司由 50 个以下股东出资设立。

（4）封闭性。有限责任公司不公开发行股份，股东的出资转让受到一定的限制，公司的财务信息无须向社会公开。

（5）机构设置的灵活性。股东人数较少或者规模较小的有限责任公司，可以设一名执行董事，不设董事会；可以设一至两名监事，不设监事会。

2. 物流有限责任公司的设立条件

（1）股东符合法定人数。有限责任公司由 50 人以下股东共同出资设立。

（2）有符合公司章程规定的全体股东认缴的出资额。

有限责任公司的注册资本为在公司登记机关登记的全体股东认缴的出资额。法律、行政法规以及国务院决定对有限责任公司注册资本实缴、注册资本最低限额另有规定的，从其规定。如《中华人民共和国国际货物运输代理业管理规定》第 8 条规定：“经营海上国际货物运输代理业务的，注册资本最低限额为 500 万元人民币；经营航空国际货物运输代理业务的，注册资本最低限额为 300 万元人民币；经营陆路国际货物运输代理业务或者国际快递业务的，注册资本最低限额为 200 万元人民币。”

（3）股东共同制定公司章程。

（4）有公司名称，建立符合有限责任公司要求的组织机构。

（5）有公司住所。

【例 2－1】下列关于设立物流有限责任公司注册资本的表述中，不符合《公司法》规定的有（　　）。

扫码看解析

A. 注册资本的最低限额为人民币 3 万元

B. 公司登记机关登记的全体股东认缴的出资额即为注册资本

C. 全体股东的货币出资额不得低于注册资本的 30%

D. 一人有限责任公司的注册资本最低限额为人民币 10 万元

3. 股东的出资及出资的转让

（1）股东的出资方式。股东可以用货币出资，也可以用实物、知识产权、土地使用权等可以用货币估价并可以依法转让的非货币财产作价出资。但是，法律、行政法规规定不得作为出资的财产除外。对作为出资的非货币财产应当评估作价，核实财产，不得高估或者低估作价。法律、行政法规对评估作价有规定的，从其规定。

（2）股东应当按期足额缴纳公司章程中规定的各自所认缴的出资额。股东以货币出资的，应当将货币出资足额存入有限责任公司在银行开设的账户；以非货币财产出资的，应当依法办理其财产权的转移手续。股东不按照规定缴纳出资的，除应当向公司足额缴纳外，还应当向已按期足额缴纳出资的股东承担违约责任。

（3）有限责任公司成立后，应当向股东签发出资证明书。出资证明书应当载明下列事项：公司名称；公司成立日期；公司注册资本；股东的姓名或者名称、缴纳的出资额和出资日期；出资证明书的编号和核发日期。出资证明书由公司盖章。

（4）公司成立后，股东不得抽逃出资。

（5）股东出资的转让。有限责任公司的股东之间可以相互转让其全部或者部分股权。股东向股东以外的人转让股权，应当经其他股东过半数同意。股东应就其股权转让事项书面通知其他股东征求同意，其他股东自接到书面通知之日起满 30 日未答复的，视为同意转让；其他股东半数以上不同意转让的，不同意的股东应当购买该转让的股权，不购买的，视为同意转让。经股东同意转让的股权，在同等条件下，其他股东有优先购买权；两个以上股东主张行使优先购买权的，协商确定各自的购买比例，协商不成的，按照转让时各自的出资比例行使优先购买权。公司章程对股权转让另有规定的，从其规定。

4. 公司的设立登记

股东的首次出资经依法设立的验资机构验资后，由全体股东指定的代表或者共同委托的代理人向公司登记机关报送公司登记申请书、公司章程、验资证明等文件，申请设立登记。

5. 有限责任公司的组织机构

（1）股东会。股东会由全体股东组成，是公司的权力机构。股东会行使下列职权：①决定公司的经营方针和投资计划；②选举和更换非由职工代表担任的董事、监事，决定有关董事、监事的报酬事项；③审议批准董事会的报告；④审议批准监事会或者监事的报告；⑤审议批准公司的年度财务预算方案、决算方案；⑥审议批准公司的利润分配方案和弥补亏损方案；⑦对公司增加或者减少注册资本作出决议；⑧对发行公司债券作出决议；⑨对公司合并、分立、解散、清算或者变更公司形式作出决议；⑩修改公司章程；⑪公司章程规定的其他职权。

股东会会议分为定期会议和临时会议。定期会议依照公司章程的规定按时召开；代表 1/10 以上表决权的股东，1/3 以上的董事，监事会或者不设监事会的公司的监事提议召开临时会议的，应当召开临时会议。

有限责任公司首次股东会会议由出资最多的股东召集和主持。除首次会议外，股东会会议由董事会召集，董事长主持；董事长不能履行职务或者不履行职务的，由副董事长主持；副董事长不能履行职务或者不履行职务的，由半数以上董事共同推举一名董事主持。不设董事会的有限责任公司，其股东会会议由执行董事召集和主持。董事会或者执行董事不能履行或者不履行召集股东会会议职责的，由监事会或者不设监事会的公司的监事召集和主持；监事会或者监事不召集和主持的，代表 1/10 以上表决权的股东可以自行召集和主持。

股东会会议由股东按照出资比例行使表决权，但公司章程另有规定的除外。股东会的议事方式和表决程序，除法律有规定的外，由公司章程规定。股东会会议作出修改公司章程、增加或者减少注册资本的决议，以及公司合并、分立、解散或者变更公司形式的决议，必须经代表 2/3 以上表决权的股东通过。

（2）董事会。董事会是公司的业务执行机构。董事会对股东会负责，行使下列职权：①召集股东会会议，并向股东会报告工作；②执行股东会的决议；③决定公司的经营计划和投资方案；④制订公司的年度财务预算方案、决算方案；⑤制订公司的利润分配方案和弥补亏损方案；⑥制订公司增加或者减少注册资本以及发行公司债券的方案；⑦制订公司合并、分立、解散或者变更公司形式的方案；⑧决定公司内部管理机构的设置；⑨决定聘任或者解聘公司经理及其报酬事项，并根据经理的提名决定聘任或者解聘公司副经理、财务负责人及其报酬事项；⑩制定公司的基本管理制度；⑪公司章程规定的其他职权。

有限责任公司设董事会的，其成员为 3～13 人；股东人数较少或者规模较小的有限责任公司，可以设一名执行董事，不设董事会。公司法定代表人依照公司章程的规定，由董事长、执行董事或者经理担任，并依法登记。董事会会议由董事长召集和主持。

（3）监事会。监事会由股东代表和适当比例的公司职工代表组成，具体比例由公司章程规定。监事会中的职工代表由公司职工民主选举产生。有限责任公司监事会成员不得少于 3 人。股东人数较少或者规模较小的，可以设 1～2 名监事，不设监事会。董事、高级管理人员不得兼任监事。监事的任期每届为 3 年。监事任期届满，连选可以连任。

（4）经理。有限责任公司可以设经理，由董事会决定聘任或者解聘。经理对董事会负责，行使下列职权：①主持公司的生产经营管理工作，组织实施董事会决议；②组织实施公司年度经营计划和投资方案；③拟订公司内部管理机构设置方案；④拟订公司的基本管理制度；⑤制定公司的具体规章；⑥提请聘任或者解聘公司副经理、财务负责人；⑦决定聘任或者解聘除应由董事会决定聘任或者解聘以外的负责管理人员；⑧董事会授予的其他职权。公司章程对经理职权另有规定的，从其规定。

（二）物流股份有限公司

1. 股份有限公司的概念和法律特征

股份有限公司，是指全部资本分为等额股份，股东以其认购的股份为限对公司承担责任，公司以其全部财产对公司债务承担责任的企业法人。

其主要特征有：

（1）股东责任的有限性。股份有限公司的股东以其认购的股份为限对公司承担责任。

（2）公司资本的等额性。股份有限公司的全部资本分为等额股份，证明股东所持股份的凭证为股票。

（3）股东人数的下限性。股份有限公司的股东人数为 2 人以上，而没有最高人数限制。

（4）开放性。股份有限公司股份的发行和转让可自由进行，公司的会计信息应依法公开。

（5）资合性。股份有限公司的信用基础在于公司的财产，而非公司股东的个人信用。

2. 物流股份有限公司的设立条件

（1）发起人符合法定人数，发起人既可以是自然人，也可以是法人。设立股份有限公司，应当有 2 人以上 200 人以下为发起人，其中须有半数以上的发起人在中国境内有住所。

（2）有符合公司章程规定的全体发起人认购的股本总额或者募集的实收股本总额。

（3）股份发行，筹办事项符合法律规定。

（4）发起人制定公司章程，采用募集方式设立的经创立大会通过。

（5）有公司名称，建立符合股份有限责任公司要求的组织机构。

（6）有公司住所。

3. 设立的方式

股份有限公司的设立有发起设立和募集设立两种方式。发起设立是指发起人认购公司发行的全部股份而设立的公司。募集设立是指由发起人认购公司应发行股份的一部分，其余股份向社会公开募集或者向特定对象募集而设立公司。

4. 设立的程序

（1）发起设立的主要程序。采取发起设立方式设立，注册资本为在公司登记机关登记的全体发起人认购的股本总额。发起人应当书面认足公司章程规定其认购的股份，并按照公司章程规定缴纳出资。发起人认足公司章程规定的出资后，应当选举董事会和监事会，由董事会向公司登记机关报送公司章程以及法律、行政法规规定的其他文件，申请设立登记。

（2）募集设立的主要程序。以募集设立方式设立股份有限公司的，发起人认购的股份不得少于公司股份总数的 35%；但是，法律、行政法规另有规定的，从其规定。股份有限公司注册资本为在公司登记机关登记的实收股本总额。法律、行政法规以及国务院决定对股份有限公司注册资本实缴、注册资本最低限额另有规定的，从其规定。

发起人向社会公开募集股份，必须公告招股说明书，并制作认股书。

发行股份的股款缴足后，必须经依法设立的验资机构验资并出具证明。发起人应当在 30 日内主持召开公司创立大会。发起人应当在创立大会召开 15 日前，将会议日期通知各认股人或者予以公告。创立大会应当由代表股份总数过半数的认股人出席方可举行。发起人、认股人缴纳股款或者交付抵作股款的出资后，除未按期募足股份、发起人未按期召开创立大会或者创立大会决议不设立公司情形外，不得抽回其股本。

董事会应于创立大会结束后 30 日内，向公司登记机关报送有关文件申请设立登记，公司营业执照签发之日为公司成立之日。

5. 股份有限公司的组织机构

（1）股东大会。股东大会由全体股东组成，是公司的权力机构。股东大会的职权与有限责任公司股东会的职权相同。

股东大会应当每年召开一次年会。有下列情形之一的，应当在两个月内召开临时股东大会：①董事人数不足公司法规定人数或者公司章程所定人数的 2/3 时；②公司未弥补的亏损达实收股本总额的 1/3 时；③单独或者合计持有公司 10%以上股份的股东请求时；④董事会认为必要时；⑤监事会提议召开时；⑥公司章程规定的其他情形。

股东大会会议由董事会召集，董事长主持；董事长不能履行职务或者不履行职务的，由副董事长主持；副董事长不能履行职务或者不履行职务的，由半数以上董事共同推举一名董事主持。

股东出席股东大会会议，所持每一股份有一表决权。股东大会作出决议，必须经出席会议的股东所持表决权过半数通过；但是，股东大会作出修改公司章程、增加或者减少注册资本的决议，以及公司合并、分立、解散或者变更公司形式的决议，必须经出席会议的股东所持表决权的 2/3 以上通过。

(2) 董事会。股份有限公司设董事会，是公司的业务执行机构，其职权与有限责任公司董事会的职权相同。股份有限公司董事会的成员为 5～19 人。董事会设董事长一人，可以设副董事长；董事长和副董事长由董事会以全体董事的过半数选举产生。董事长召集和主持董事会会议，检查董事会决议的实施情况。副董事长协助董事长工作，董事长不能履行职务或者不履行职务的，由副董事长履行职务；副董事长不能履行职务或者不履行职务的，由半数以上董事共同推举一名董事履行职务。

董事会每年度至少召开两次会议。代表 1/10 以上表决权的股东、1/3 以上董事或者监事会，可以提议召开董事会临时会议。董事会会议应有过半数的董事出席方可举行。董事会会议应由董事本人出席，董事因故不能出席，可以书面委托其他董事代为出席。董事会决议的表决，实行一人一票。董事会作出决议，必须经全体董事的过半数通过。

董事会应当对会议所议事项的决定作成会议记录，出席会议的董事应当在会议记录上签名。董事应当对董事会的决议承担责任，董事会的决议违反法律、行政法规或者公司章程、股东大会决议，致使公司遭受严重损失的，参与决议的董事对公司负赔偿责任，但经证明在表决时曾表明异议并记载于会议记录的，该董事可以免除责任。

(3) 监事会。监事会由股东代表和适当比例的公司职工代表组成，具体比例由公司章程规定。监事会成员不得少于 3 人，其中职工代表由公司职工民主选举产生。董事、高级管理人员不得兼任监事。监事的任期每届为 3 年。监事任期届满，连选可以连任。

(4) 经理。股份有限公司设经理，由董事会决定聘任或者解聘。股份有限公司经理的职权与有限责任公司经理的职权相同。

(三) 物流合伙企业的设立

1. 合伙企业的概念和法律特征

合伙企业，是指两个以上自然人、法人和其他组织依照《合伙企业法》在中国境内设立的，通过订立合伙协议，共同出资经营、共负盈亏、共担风险的企业组织形式。

其主要特征如下：

(1) 生命有限。合伙企业比较容易设立和解散。合伙人签订了合伙协议，就宣告合伙企业的成立。新合伙人的加入，旧合伙人的退伙、死亡，自愿清算，破产清算等均可造成原合伙企业的解散以及新合伙企业的成立。

(2) 责任无限。合伙组织作为一个整体对债权人承担无限责任。按照合伙人对合伙企业的责任，合伙企业可分为普通合伙企业和有限合伙企业。普通合伙企业的合伙人均为普通合伙人，对合伙企业的债务承担无限连带责任。有限合伙企业由一个或几个普通合伙人和一个或几个责任有限的合伙人组成，即合伙人中至少有一个人要对企业的经营活动负无限责任，而其他合伙人只能以其出资额为限对债务承担偿债责任，因而这类合伙人一般不直接参与企业经营管理活动。

（3）相互代理。每个合伙人代表合伙企业所发生的经济行为对所有合伙人均有约束力。因此，合伙人之间较易发生纠纷。

（4）财产共有。合伙人投入的财产，由合伙人统一管理和使用，不经其他合伙人同意，任何一位合伙人不得将合伙财产移为他用。只提供劳务、不提供资本的合伙人仅有权分享一部分利润，而无权分享合伙财产。

（5）利益共享。合伙企业在生产经营活动中所取得、积累的财产，归合伙人共有。如有亏损则亦由合伙人共同承担。损益分配的比例应在合伙协议中明确规定；未经规定的，可按合伙人出资比例分摊或平均分摊。以劳务抵作资本的合伙人，除另有规定者外，一般不分摊损失。

2. 物流合伙企业（普通合伙）的设立条件

普通合伙企业，是指在中国境内设立的由各合伙人订立合伙协议，共同出资、合伙经营、共享收益、共担风险，并对合伙企业债务承担无限连带责任的营利性组织。

普通合伙企业的设立条件如下：

（1）有两个以上的合伙人，并且都是依法承担无限责任者。

（2）有书面合伙协议。合伙协议是依法由全体合伙人协商一致，以书面形式订立，以确定合伙人相互间的权利、义务，具有法律约束力的文件。合伙协议经全体合伙人签名、盖章后生效。

（3）有各合伙人认缴或者实际缴付的出资。合伙人可以用货币、实物、知识产权、土地使用权或其他财产权利出资，也可以用劳务出资。合伙人以实物、知识产权、土地使用权或其他财产权利出资，需要评估作价的，可以由全体合伙人协商确定，也可以由全体合伙人委托法定评估机构评估。

（4）有合伙企业的名称和生产经营场所。合伙企业名称中应当标明“普通合伙”字样。

（5）有经营场所和从事合伙经营的必要条件。经营场所是合伙企业从事生产经营活动的所在地，合伙企业一般只有一个经营场所，即在企业登记机关登记的营业地点。

【例 2-2】 甲、乙、丙拟设立一家物流合伙企业（普通合伙），并订立了一份合伙协议，部分内容如下：（1）甲的出资为现金 1 000 元和劳务作价 5 万元；（2）乙的出资为现金 5 万元，于合伙企业成立后半年内缴付；（3）丙的出资为作价 8 万元的房屋一栋，不办理财产权转移手续，且丙保留对该房屋的处分权；（4）合伙企业的经营期限，于合伙企业成立满一年时再协商确定。请问：该协议的上述 4 项内容是否符合《合伙企业法》的规定？

扫码看解析

3. 物流合伙企业（有限合伙）的设立条件

有限合伙企业是指由普通合伙人和有限合伙人组成，普通合伙人对合伙企业债务承担无限连带责任，有限合伙人以其认缴的出资额为限对合伙企业债务承担责任的合伙组织。

有限合伙企业的设立条件如下：

（1）合伙人符合法定人数。有限合伙企业由 2 个以上 50 个以下合伙人设立；但是，法律另有规定的除外。有限合伙企业至少应当有一个普通合伙人。

（2）有书面的合伙协议。有限合伙企业的合伙协议除包括普通合伙企业合伙协议的内容外，还应当载明下列事项：①普通合伙人和有限合伙人的姓名或者名称、住所；②执行事务合伙人应具备的条件和选择程序；③执行事务合伙人的权限与违约处理办法；④执行事务合伙人的除名条件和更换程序；⑤有限合伙人入伙、退伙的条件、程序以及相关责任；⑥有限合伙人和普通合伙人相互转变程序。

（3）有合伙人实际缴付的出资。有限合伙人可以用货币、实物、知识产权、土地使用权或者其他财产权利作价出资。但是有限合伙人不得以劳务出资。有限合伙人应当按照合伙协议的约定按期足额缴纳出资；未按期足额缴纳的，应当承担补缴义务，并对其他合伙人承担违约责任。有限合伙企业登记事项中应当载明有限合伙人的姓名或者名称及认缴的出资数额。

（4）有合伙企业的名称和生产经营场所。有限合伙企业名称中应当标明“有限合伙”字样。例如：“上海澳远物流合伙企业（有限合伙）”。

（5）法律、行政法规规定的其他条件。

二》 外商投资物流类企业的设立

外商投资企业，是指全部或者部分由外国投资者投资，依照中国法律在中国境内经登记注册设立的企业。外商投资企业是有外资介入的企业，从而区别于完全由中国投资者投资举办的企业。外商投资企业具有中国国籍，是中国法人或非法人企业，受中国法律的管辖和保护。

外商投资物流类企业是指以为其他企业提供物流及其他相关服务为主要经营活动的外商投资企业，包括外商投资道路运输企业、外商投资水路运输企业、外商投资航空运输企业、外商投资货运代理企业、外商投资商业企业、外商投资第三方物流企业及从事其他物流或物流相关业务的外商投资企业。

随着我国《外商投资法》自 2020 年 1 月 1 日起施行，原来的“外资三法”（《中外合资经营企业法》《中外合作经营企业法》《外资企业法》）同时废止。《外商投资法》施行前设立的外商投资物流企业，在《外商投资法》施行后五年内可以继续保留原企业组织形式。《外商投资法》实施后，内外资企业将在公司治理等问题上正式并轨。外商投资企业应当根据《公司法》《合伙企业法》等相关法律规定成立有限责任公司、股份有限公司、合伙企业等形式的企业，并按前述法律规定建立健全治理结构及活动准则。

根据《外商投资法》规定的外商投资促进原则，要提高外商投资政策的透明度，保障外商投资企业平等参与市场竞争，加强外商投资服务，依法依规鼓励和引导外商投资。外商投资企业依法平等适用国家支持企业发展的各项政策，体现了外商投资企业平等参与、内外资规则一致的精神。

《外商投资法》对外商投资建立准入前国民待遇加负面清单管理制度、外商投资信息报告制度和外商投资安全审查制度等外商投资管理制度，取代“逐案审批”，具体而言：准入前国民待遇，是指在投资准入阶段给予外国投资者及其投资不低于本国投资者及其投资的待遇。负面清单，是指国家规定在特定领域对外商投资实施的准入特别管理措施；国家对负面清单之外的外商投资给予国民待遇。负面清单由国务院发布或者批准发布。根据我国有关实践和需要，负面清单规定禁止投资的领域，外国投资者不得投资；负面清单规定限制投资的领域，外国投资者进行投资应当符合负面清单规定的条件。

随着我国《外商投资准入特别管理措施（负面清单）》和《自由贸易试验区外商投资准入特别管理措施（负面清单）》的发布，适用外商投资物流类企业的法律法规将会进一步完善。2020 年版的外商投资准入负面清单根据“只减不增原则”，全国负面清单由 40 条减至 33 条，以符合《外商投资法》的规定，为外商投资提供更加优化的环境。

第三节 物流企业的变更

一》 物流企业的变更的概念

物流企业的变更是指已经设立的物流企业在其存续期间，由于企业自身或者其他情况的变化，使得物流企业需要对其组织机构或其他登记事项进行改变。由于物流企业的类型多样，这里主要介绍公司类型的物流企业的变更。

二》 物流企业变更的情形

（一）公司合并

公司合并，是指两个以上的公司依法合并为一个公司的法律行为。公司合并可以采取吸收合并或者新设合并。一个公司吸收其他公司为吸收合并，被吸收的公司解散；两个以上公司合并设立一个新的公司为新设合并，合并各方解散。

公司合并的程序，应当由合并各方签订合并协议，并编制资产负债表及财产清单。公司应当自作出合并决议之日起 10 日内通知债权人，并于 30 日内在报纸上公告；债权人自接到通知书之日起 30 日内，未接到通知书的自公告之日起 45 日内，可以要求公司清偿债务或者提供相应的担保。

公司合并时，合并各方的债权、债务应当由合并后存续的公司或者新设的公司承继。

（二）公司分立

公司分立，是指一个公司依法分立为两个以上公司的法律行为。

公司分立应当编制资产负债表及财产清单。公司应当自作出分立决议之日起 10 日内通知债权人，并于 30 日内在报纸上公告。

公司分立前的债务由分立后的公司承担连带责任，但公司在分立前与债权人就债务清偿达成的书面协议另有约定的除外。

（三）公司合并、分立时的登记

公司合并或者分立，登记事项发生变更的，应当依法向公司登记机关办理变更登记；公司解散的，应当依法办理公司注销登记；设立新公司的，应当依法办理公司设立登记。

（四）公司增资和减资

有限责任公司增加注册资本时，股东认缴新增资本的出资，依照设立有限责任公司缴纳出资的有关规定执行。股份有限公司为增加注册资本发行新股时，股东认购新股，依照设立股份有限公司缴纳股款的有关规定执行。

公司需要减少注册资本时，必须编制资产负债表及财产清单。

公司应当自作出减少注册资本决议之日起 10 日内通知债权人，并于 30 日内在报纸上公告。债权人自接到通知书之日起 30 日内，未接到通知书的自公告之日起 45 日内，有权要求公司清偿债务或者提供相应的担保。

公司增加或者减少注册资本，应当依法向公司登记机关办理变更登记。

第四节 物流企业的解散与清算

一 物流公司的解散与清算

（一）物流公司的解散

1. 公司解散的原因

公司因下列原因解散：（1）公司章程规定的营业期限届满或者公司章程规定的其他解散事由出现；（2）股东会或者股东大会决议解散；（3）因公司合并或者分立需要解散；（4）依法被吊销营业执照、责令关闭或者被撤销；（5）人民法院依法解散公司。

2. 公司的司法解散

公司经营管理发生严重困难，继续存续会使股东利益受到重大损失，通过其他途径不能解决的，持有公司全部股东表决权 10%以上的股东，可以请求人民法院解散公司。单独或者合计持有公司全部股东表决权 10%以上的股东，以下列事由之一提起解散公司诉讼的，人民法院应予受理：（1）公司持续 2 年以上无法召开股东会或者股东大会，公司经营管理发生严重困难的；（2）股东表决时无法达到法定或者公司章程规定的比例，持续 2 年以上不能做出有效的股东会或者股东大会决议，公司经营管理发生严重困难的；（3）公司董事长期冲突，且无法通过股东会或者股东大会解决，公司经营管理发生严重困难的；（4）经营管理发生其他严重困难，公司继续存续会使股东利益受到重大损失的情形。

股东以知情权、利润分配请求权等权益受到损害，或者公司亏损、财产不足以偿还全部债务，以及公司被吊销企业法人营业执照未进行清算等为由，提起解散公司诉讼的，人民法院不予受理。

（二）物流公司的清算

1. 清算组

（1）清算组的组成。有限责任公司的清算组由股东组成，股份有限公司的清算组由董事或者股东大会确定的人员组成。有下列情形之一，债权人申请人民法院指定清算组进行清算的，人民法院应予受理：①公司解散逾期不成立清算组进行清算的；②虽然成立清算组但故意拖延清算的；③违法清算可能严重损害债权人或者股东利益的。人民法院受理公司清算案件，应当及时指定有关人员组成清算组，清算组成员可以从下列人员或者机构中产生：①公司股东、董事、监事、高级管理人员；②依法设立的律师事务所、会计师事务所、破产清算事务所等社会中介机构；③依法设立的律师事务所、会计师事务所、破产清算事务所等社会中介机构中具备相关专业知识并取得执业资格的人员。

(2) 清算组的职权。清算组在清算期间行使下列职权：①清理公司财产，分别编制资产负债表和财产清单；②通知、公告债权人；③处理与清算有关的公司未了结的业务；④清缴所欠税款以及清算过程中产生的税款；⑤清理债权、债务；⑥处理公司清偿债务后的剩余财产；⑦代表公司参与民事诉讼活动。

(3) 清算组的义务。清算组成员应当忠于职守，依法履行清算义务。清算组成员不得利用职权收受贿赂或者其他非法收入，不得侵占公司财产。清算组成员因故意或者重大过失给公司或者债权人造成损失的，应当承担赔偿责任。

2. 清算程序

(1) 成立清算组。除因合并或者分立需要解散的外，公司应当在解散事由出现之日起15日内成立清算组，开始清算。

(2) 申报债权。清算组应当自成立之日起10日内通知债权人，并于60日内在报纸上公告。债权人应当自接到通知书之日起30日内，未接到通知书的自公告之日起45日内，向清算组申报其债权。

(3) 制定清算方案。清算组在清理公司财产、编制资产负债表和财产清单后，应当制定清算方案，并报股东会、股东大会或者人民法院确认。

(4) 清偿债务、分配剩余财产。公司财产在分别支付清算费用、职工的工资、社会保险费用和法定补偿金，缴纳所欠税款，清偿公司债务后的剩余财产，有限责任公司按照股东的出资比例分配，股份有限公司按照股东持有的股份比例分配。

(5) 破产宣告。清算组在清理公司财产、编制资产负债表和财产清单后，发现公司财产不足清偿债务的，应当依法向人民法院申请宣告破产。公司经人民法院裁定宣告破产后，清算组应当将清算事务移交给人民法院。公司被依法宣告破产的，依照有关企业破产的法律实施破产清算。

(6) 制作清算报告、申请注销登记。公司清算结束后，清算组应当制作清算报告，报股东会、股东大会或者人民法院确认，并报送公司登记机关，申请注销公司登记，公告公司终止。

二 物流合伙企业的解散与清算

(一) 物流合伙企业的解散

合伙企业的解散是指合伙企业因出现法定事由而使其民事主体资格归于消灭的法律行为。

合伙企业有下列情形之一的，应当解散：(1) 合伙期限届满，合伙人决定不再经营；(2) 合伙协议约定的解散事由出现；(3) 全体合伙人决定解散；(4) 合伙人已不具备法定人数满30天；(5) 合伙协议约定的合伙目的已经实现或者无法实现；(6) 依法被吊销营业执照、责令关闭或者被撤销；(7) 法律、行政法规规定的其他原因。

(二) 物流合伙企业的清算

合伙企业解散，应当由清算人进行清算。具体程序如下：

1. 确定清算人

清算人由全体合伙人担任；经全体合伙人过半数同意，可以自合伙企业解散事由出现后15日内指定一个或者数个合伙人，或者委托第三人，担任清算人。自合伙企业解散事由出现之日起15日内未确定清算人的，合伙人或者其他利害关系人可以申请人民法院指定清算人。

2. 清算人的职权

清算人在清算期间执行下列事务：（1）清理合伙企业财产，分别编制资产负债表和财产清单；（2）处理与清算有关的合伙企业未了结事务；（3）清缴所欠税款；（4）清理债权、债务；（5）处理合伙企业清偿债务后的剩余财产；（6）代表合伙企业参加诉讼或者仲裁活动。

3. 通知和公告债权人

清算人自被确定之日起10日内将合伙企业解散事项通知债权人，并于60日内在报纸上公告。债权人应当自接到通知书之日起30日内，未接到通知书的自公告之日起45日内，向清算人申报债权。债权人申报债权，应当说明债权的有关事项，并提供证明材料。清算人应当对债权进行登记。清算期间，合伙企业存续，但不得开展与清算无关的经营活动。

4. 合伙企业财产的分配顺序

合伙企业财产在支付清算费用和职工工资、社会保险费用、法定补偿金以及缴纳所欠税款、清偿债务后的剩余财产，按照合伙协议的约定办理；合伙协议未约定或者约定不明确的，由合伙人协商决定；协商不成的，由合伙人按照实缴出资比例分配；无法确定出资比例的，由合伙人平均分配。

5. 注销登记

清算结束，清算人应当编制清算报告，经全体合伙人签名、盖章后，在15日内向企业登记机关报送清算报告，申请办理合伙企业注销登记。

合伙企业注销后，原普通合伙人对合伙企业存续期间的债务仍应承担无限连带责任。

实训作业

一、实训项目

以投资设立一家物流企业为例，让学生分组讨论采用何种组织形式设立，各种方案的利弊是什么，以此深入理解物流有限公司与物流股份公司的区别，物流公司与物流合伙企业的区别，物流合伙企业（有限合伙）与物流合伙企业（普通合伙）的区别，以及股东与合伙人分别需要承担的责任是什么。

二、案例讨论

甲、乙、丙、丁、戊拟共同组建一物流有限责任公司，其中甲、乙打算以货币出资，分别是20万元和60万元，丙以实物出资，经评估机构评估为20万元，丁、戊拟以劳务出资。公司不设董事会、监事会，并拟由乙担任公司执行董事兼总经理，丙担任公司的董事，丁、戊分别担任副总经理。请回答下列问题：

1. 在本案中，丁、戊是否可以用劳务出资？

2. 公司成立后，庚打算加入并拟投入10万元，按《公司法》的规定，应当如何履行程序？

3. 公司成立后甲要求转让出资给庚，丙表示同意，丁、戊称无所谓，但并不反对。乙曾与庚有过恩怨，故坚决反对，但出价不如庚高。后甲将出资转让给庚，并办理了变更登记手续。乙不服，认为甲故意跟自己过不去并认为转让无效。甲的出资转让行为是否有效？为什么？

第三章　物流服务合同法律制度

【学习目标】

- 了解物流服务合同的概念和特点、物流服务合同法律制度的特点。
- 熟悉要约与承诺、物流服务合同的效力、无效合同与可撤销合同的区别、物流服务合同法定解除的类型、违约责任的归责原则及免责事由。
- 掌握合同的概念，合同的条款，合同示范文本，格式条款，合同履行中的抗辩权、代位权、撤销权，合同漏洞的填补规则等规定。
- 能灵活地分析和处理各种物流服务合同问题。

【导入案例】

燕嘉食品有限公司福州市鼓楼区分店（以下简称“燕嘉分店”）诉盛辉物流集团有限公司（以下简称“盛辉公司”）公路货物运输合同案。2011 年 3 月 17 日，燕嘉分店委托盛辉公司将一批酒品从福州运至上海。在运输途中，盛辉公司将其中一件茅台酒遗失。该件遗失茅台酒为 12 瓶装 500ml 53°新飞天茅台，每瓶单价为 1 160 元，共计人民币 13 920 元。

盛辉公司提供的《货物托运、承运验收单》（以下简称“托运单”）约定，无保价托运每件最高赔付 300 元。燕嘉分店经办托运事宜的员工在托运单正面左下方采用加黑、加大字体印有“背面的特别约定，经阅读和承运人详细说明，本人有了全面、准确之了解，且无异议”的字样旁签名确认。

案例来源：福建省福州市中级人民法院（2011）榕民终字第 3102 号判决书。

问题：

1. 盛辉公司限额赔偿的格式条款公平、合理吗？
2. 盛辉公司提供的托运单上的限额赔偿条款能否成立并生效？
3. 限额赔偿格式条款是否因“承运人重大过失”而突破？

扫码看解析

第一节　物流服务合同概述

一　物流服务合同的概念

合同是民事主体之间设立、变更、终止民事法律关系的协议。物流服务合同的含义有狭义和广义之分。狭义的物流服务合同，是指第三方物流企业与其他企业约定，由第三方物流企业为后者进行物流系统的设计，或负责后者整个物流系统的管理和运营，承担系统运营责任，而由后者向第三方物流企业支付物流服务费的合同。

广义的物流服务合同，是指第三方物流企业与其他企业约定，由第三方物流企业为后者提供全部或部分物流服务，而由后者向第三方物流企业支付报酬的合同。本节所称的物流服务合同，是指狭义的物流服务合同，或者是综合物流服务合同。其中，我们将提供这种物流服务的第三方物流企业称为物流企业；将接受物流服务的货主企业或者其他企业称为物流服务需求者。

现代物流服务合同是由用户方和物流服务商针对现代物流服务项目而签订的服务合同，或由总物流服务商与各分服务商签订的物流服务合同。前者是通常意义上的物流服务合同，它是物流服务商凭此收取费用，负责完成或组织完成物流服务的合同。

单一物流服务涉及的双方比较固定，涉及的环节简单，因此用户方和服务商多签订长期服务合同，一次缔约，分期结算，但有时也有一次结算的情况。综合物流服务的情况则不一定，因其所涉环节较多，法律关系比较复杂，一般用户方与服务商之间往往是一次缔约，一次结算。

二》 物流服务合同的特点

（一）物流服务合同是双务合同

根据当事人双方权利义务的分担方式不同，合同可分为双务合同和单务合同。双务合同是指当事人双方相互享有权利并承担义务的合同；单务合同是指仅有一方当事人承担给付义务的合同。现代物流服务合同的双方均负有义务，享有权利。例如，服务商有完成规定服务的义务，并有收取相应费用的权利；而用户方有支付费用的义务，也有获得完善服务的权利和一旦出现服务瑕疵（如在运输过程中出现货物损害）便可向服务商索赔的权利。因而，物流服务合同具有双务合同的特点。

（二）物流服务合同是有偿合同

根据当事人取得权利是否须偿付代价，合同可分为有偿合同和无偿合同。有偿合同是指当事人享有合同权利而必须偿付相应代价的合同。无偿合同是指当事人享有合同权利而不必偿付代价的合同。物流服务商以完成全部服务为代价取得收取报酬的权利，而用户方享受完善服务的权利则以支付费用为代价，因此，物流服务合同属于有偿合同。

（三）物流服务合同是诺成合同

根据合同的成立是否以交付标的物为要件，合同可分为诺成合同与实践合同。诺成合同是指当事人意思表示一致即成立的合同；实践合同是指除当事人意思表示一致外，还必须交付标的物才能成立的合同。一般地，确定合同是诺成的还是实践的，主要根据法律的规定。物流服务合同成立于物流服务需求方和物流企业之间就物流服务协商一致，不需要标的物的交付，因而是诺成合同。

（四）物流服务合同是提供劳务的合同

物流服务合同的标的不是物，而是行为，是物流企业向物流服务需求者提供物流服务的行为。因此，在物流企业为物流服务需求者提供服务的整个过程中，货物的所有权并不转移到物流企业手中，物流企业没有处分货物的权利，必须按物流服务需求者的要求完成物流服务项目。

（五）物流服务合同的一方是特定主体

物流服务合同中的物流企业必须是投资建立的第三方物流企业，专为提供物流服务收取报酬而经营的法人或其他组织。

（六）物流服务合同有约束第三者的性质

物流服务合同的双方是服务商与用户方，而收货方有时并没有参加合同签订，但服务商应向作为第三者的收货方交付货物，收货方可直接取得合同规定的利益，并自动受合同的约束。

三》 物流服务合同的主体

依据现代物流服务合同的定义，可以将物流服务合同分为整物流合同和分物流合同。其中，整物流合同的双方当事人为总物流服务商和用户方；分物流合同的双方当事人则为总物流服务商和各分包商。这里所说的主要是整物流合同。所谓用户方，是指与物流企业签订物流服务合同，或依用户方授权而将货物实际交给物流企业的人。收货方是指有权提取货物的人。总物流服务商是指与用户方签订物流服务合同的服务商。分包商是指实际完成全程物流服务一个或几个环节的服务商，包括承揽仓储、包装、搬运的分包人，以及在多式联运中，实际完成运输全程中某一区段或几个区段货物运输的分运人。

四》 物流服务合同的形式

合同的形式是指订立合同的当事人双方达成的协议的表现形式。当事人订立合同，可以采用口头形式、书面形式或者其他形式。物流服务合同可以采取以下形式订立：

（一）口头形式

口头形式，即当事人通过使用语言进行意思表示订立合同的形式。口头形式简便易行，通常适用于即时清结的简单的运输业务。在实践中，经过口头约定后，会有提单、运单等单据在合同当事人之间流通。运单和提单一样，是承运人接收货物的初步证据，也是运输合同的证明。这在一定程度上可以弥补口头形式的欠缺。

我国沿海运输和国际海上运输的法律制度对合同形式上的要求不尽相同。根据我国《水路货物运输合同实施细则》第 4 条规定："水路货物运输合同，除短途驳运、摆渡零星货物，双方当事人可以即时清结者外，应当采用书面的形式。"即沿海运输合同除可以即时清结的以外必须用书面签订，而国际海上货物运输合同可以不用书面订立，但租船合同除外。

（二）书面形式

书面形式是合同书、信件、电报、电传、传真等可以有形地表现所载内容的形式。以电子数据交换、电子邮件等方式能够有形地表现所载内容，并可以随时调取查用的数据电文，视为书面形式。物流服务合同涵盖的内容极广，一般涉及运输、仓储、加工等内容，运输中又可能包括远洋运输、公路运输、铁路运输、航空运输、多式联运、大陆桥运输、运输保险等，双方的权利、义务关系复杂，一般需要具备一定形式（比如书面形式）才能使物流合同得到更好的履行。目前，大多数物流企业都有物流格式合同，或者物流示范合同文本。

（三）其他形式

《民法典》第 140 条规定："行为人可以明示或者默示作出意思表示。"

（1）默示形式又称推定形式，是指当事人不直接用书面方式或者口头方式进行意思表示，而是通过某种行为来进行意思表示。默示形式是指当事人用沉默不语的方式进行意思表示，如在试用买卖合同中，试用人可以在试用期限内购买标的物，也可以拒绝购买，但是在试用期满时，不表示是否购买的，视为购买。

（2）沉默，是指行为人以不作为的方式来进行意思表示。《民法典》第 140 条第 2 款规定："沉默只有在有法律规定、当事人约定或者符合当事人之间的交易习惯时，才可以视为意思表示。"

第二节 物流服务合同的订立

一 订立程序

物流服务合同的订立，当事人可以采取要约、承诺方式或者其他方式。采用要约、承诺的方式订立合同的，当事人之间通常要经历"要约—新要约—承诺"这样一个动态的过程，一般由一方当事人先提出订立合同的意思表示，然后当事人之间可能要经过若干次讨价还价的协商，最后双方达成一个明确的协议。

（一）要约

1. 要约的概念

要约又称报价、发盘、发价，是订立物流服务合同的必经阶段。要约是指希望和他人订立合同的意思表示。其中，发出要约的一方为要约人，收到要约的一方为受要约人。

2. 要约的有效要件

一般认为，要约应具有下列要件才具有效力：

（1）要约是一种意思表示，是物流服务合同双方将希望在彼此间产生物流法律关系的内在意图表达于外部的过程。

（2）要约的内容必须具体确定。所谓"具体"，指要约的内容必须具有足以使合同成立的主要条款。例如买卖合同的要约需要具备标的物、数量，可谓内容具体。所谓"确定"，指要约的内容明确，而非含糊不清，要约在内容上是最终的、无保留的。

（3）要约应当以明确的方式向受要约人发出。希望订立合同的意思存于要约人内心，尚未对外表示者，不构成要约。受要约人既可以是特定的一人或数人，也可以是不特定的人。例如：超市货架上标价陈列的货物、自动售货机、符合要约规定的商业广告、市内公共汽车上的广告都是向不特定的受要约人发出的要约。

（4）要约应表明一经受要约人承诺，要约人即受该意思表示约束。实践中，物流需求方和第三方物流经营人都可以作为要约人向对方发出要约，表示希望与对方订立物流服务合同的愿望。

3. 要约的生效

要约生效的时间适用《民法典》第 137 条的规定："以对话方式作出的意思表示，相对人知道其内容时生效。以非对话方式作出的意思表示，到达相对人时生效。以非对话方式作出的采用数据电文形式的意思表示，相对人指定特定系统接收数据电文的，该数据电文进入该特定系统时生效；未指定特定系统的，相对人知道或者应当知道该数据电文进入其系统时生效。当事人对采用数据电文形式的意思表示的生效时间另有约定的，按照其约定。"第 138 条规定："无相对人的意思表示，表示完成时生效。法律另有规定的，依照其规定。"第 139 条规定："以公告方式作出的意思表示，公告发布时生效。"

4. 要约的撤回

要约的撤回是指要约人发出要约后，在要约生效前所作出的收回要约的意思表示。要约可以撤回。撤回要约的通知应当在要约到达受要约人之前或与要约同时到达受要约人。如果要约已到达受要约人，该要约便不可撤回。

5. 要约的撤销

《民法典》第 477 条规定："撤销要约的意思表示以对话方式作出的，该意思表示的内容应当在受要约人作出承诺之前为受要约人所知道；撤销要约的意思表示以非对话方式作出的，应当在受要约人作出承诺之前到达受要约人。"

有下列情形之一的，要约不得撤销：

(1) 要约人确定了承诺期限或者以其他形式明示要约不可撤销；

(2) 受要约人有理由认为要约是不可撤销的，并已经为履行合同做了合理准备工作。

6. 要约的失效

有下列情形之一的，要约失效：

(1) 要约被拒绝；

(2) 要约被依法撤销；

(3) 承诺期限届满，受要约人未作出承诺；

(4) 受要约人对要约的内容作出实质性变更。

【例 3-1】 甲公司于 6 月 10 日向乙公司发出要约订购一批红木，要求乙公司于 6 月 15 日前答复。6 月 12 日甲公司欲改向丙公司订购红木，遂向乙公司发出撤销要约的信件，该信件于 6 月 14 日到达乙公司。6 月 13 日，甲公司收到乙公司的回复，乙公司表示红木缺货，问甲公司能否用杉木代替。请问甲公司的要约于何时失效？

扫码看解析

7. 要约邀请

要约邀请，又称要约诱引，是指希望他人向自己发出要约的意思表示。

要约与要约邀请的区别：

(1) 看订约意图。要约是当事人自己主动愿意订立合同的意思表示，要约邀请是希望对方主动向自己提出订立合同的意思表示。

(2) 看要约是不是包含未来合同的主要条款。

(3) 要约人受其发出的生效要约的拘束，要约邀请则对行为人不具有任何约束力。

（4）看它是不是对特定人发出。原则上讲，要约都是向特定人发出的。

（5）寄送的价目表、拍卖公告、招标公告、招股说明书、债券募集办法、基金招募说明书、商业广告和宣传、寄送的价目表等为要约邀请。但商业广告和宣传的内容符合要约条件的，构成要约。悬赏广告属于要约。《民法典》第499条规定："悬赏人以公开方式声明对完成特定行为的人支付报酬的，完成该行为的人可以请求其支付。"

（二）承诺

1. 承诺的概念

承诺是指受要约人同意要约内容缔结合同的意思表示。一般情况下，承诺一经生效，合同即告成立，要约也因此转化为对双方均有约束力的契约。所以，承诺也是合同成立的必经阶段，而且是合同成立的决定性阶段。

2. 承诺的构成要件

（1）承诺应当由受要约人或其代理人作出。

（2）承诺必须在要约的有效期限内到达要约人。如果要约规定了承诺期限，承诺应当在规定期限内到达要约人。要约没有规定承诺期限的，如果要约是以对话方式作出的，受要约人应当即时作出承诺；如果要约是以非对话方式作出的，受要约人应当在合理期限内作出承诺并到达要约人。未在合理期限内作出承诺并到达要约人的，不能构成有效的承诺，而只能视为向要约人发出要约。

（3）承诺的内容必须与要约的内容一致。受要约人对要约的内容作出实质性变更的，为新要约。《民法典》第488条规定："有关合同标的、数量、质量、价款或者报酬、履行期限、履行地点和方式、违约责任和解决争议方法等的变更，是对要约内容的实质性变更。"承诺对要约的内容作出非实质性变更的，除要约人及时表示反对或者要约表明承诺不得对要约的内容作出任何变更以外，该承诺有效。

3. 承诺的方式

是指承诺人采用何种方式将承诺通知送达要约人。承诺一般应当用明示形式，以通知的方式作出，但根据交易习惯或者要约表明可以通过行为作出承诺的除外。

4. 承诺的生效

以通知方式作出的承诺，生效的时间适用《民法典》第137条的规定。承诺不需要通知的，根据交易习惯或者要约的要求作出承诺的行为时生效。

受要约人超过承诺期限发出承诺，或者在承诺期限内发出承诺，按照通常情形不能及时到达要约人的，为新要约；但是，要约人及时通知受要约人该承诺有效的除外。

5. 承诺的撤回

承诺可以撤回，撤回承诺的通知应当在承诺通知到达要约人之前或者与承诺通知同时到达要约人。

（三）物流服务合同的成立

1. 合同成立的时间

承诺生效时合同成立，但是法律另有规定或者当事人另有约定的除外。

当事人采用合同书形式订立合同的，自当事人均签名、盖章或者按指印时合同成立。在签名、盖章或者按指印之前，当事人一方已经履行主要义务，对方接受时，该合同成立。法律、行政法规规定或者当事人约定合同应当采用书面形式订立，当事人未采用书面形式但是一方已经履行主要义务，对方接受时，该合同成立。

当事人采用信件、数据电文等形式订立合同要求签订确认书的，签订确认书时合同成立。当事人一方通过互联网等信息网络发布的商品或者服务信息符合要约条件的，对方选择该商品或者服务并提交订单成功时合同成立，但是当事人另有约定的除外。

2. 合同成立的地点

承诺生效的地点为合同成立的地点。采用数据电文形式订立合同的，收件人的主营业地为合同成立的地点；没有主营业地的，其住所地为合同成立的地点。当事人另有约定的，按照其约定。

当事人采用合同书形式订立合同的，最后签名、盖章或者按指印的地点为合同成立的地点，但是当事人另有约定的除外。合同约定的签订地与实际签字或者盖章地点不符的，约定的签订地为合同签订地；合同没有约定签订地，双方当事人签字或者盖章不在同一地点的，最后签字或者盖章的地点为合同签订地。

【例 3－2】 张某和李某采用书面形式签订一份买卖合同，双方在甲地谈妥合同的主要条款，张某于乙地在合同上签字，李某于丙地在合同上按了手印，合同在丁地履行。请问该合同签订地在哪里？

扫码看解析

3. 合同相对性原则

依法成立的合同，受法律保护。依法成立的合同，仅对当事人具有法律约束力，但是法律另有规定的除外。

二》 缔约过失责任

（一）缔约过失责任的概念和构成要件

缔约过失责任亦称缔约过错责任，是指当事人在订立合同过程中，缔约当事人一方因故意或者过失致使合同未成立、未生效、被撤销或无效，给他人造成信赖利益损失所应承担的民事责任。一般认为，缔约过失责任的构成要件为：

（1）缔约过失责任只能发生在缔约阶段。

（2）一方违反依诚实信用原则所应负的先合同义务。基于诚实信用原则而赋予当事人的法定注意义务，主要是告知、说明、协作、照顾、忠实、保密、保护等。

（3）缔约过失责任中的损失主要是指另一方当事人因信赖合同的成立和有效而遭受的信赖利益损失，信赖利益的损失主要指费用的损失。

（4）一方故意或过失违反先合同义务与另一方的损失之间有因果关系。

缔约过失责任作为一种违反先合同义务的行为，异于违约责任，两者在性质、发生时间、归责原则、承担责任的方式及赔偿范围等方面均存在区别。

（二）承担缔约过失责任的情形

（1）假借订立合同，恶意进行磋商。

（2）故意隐瞒与订立合同有关的重要事实或者提供虚假情况。

（3）有其他违背诚实信用原则的行为。包括违反要约邀请，违反有效的要约，违反强制订约义务，从而给对方造成信赖利益的损失。

(4) 泄露、不正当地使用在订立合同过程中知悉的商业秘密或者其他应当保密的信息。无论合同是否成立，都不得泄露或者不正当地使用该商业秘密或者信息，造成对方损失的，应当承担赔偿责任。

三》订立内容

(一) 物流服务合同的一般条款

合同条款是当事人达成合意的具体内容。为了保证物流服务合同的履行和双方合同目的的实现，并在发生争议后解决争议时有所依据，当事人设计合同条款时应当具体、完备和全面。《民法典》第 470 条对合同的一般条款作了明确规定，双方当事人在订立物流服务合同时可以遵循。实践中的物流服务合同一般包含的条款有：

(1) 当事人的名称或者姓名和住所。

(2) 物流服务的范围和内容。物流企业在提供物流服务时可能涉及物流单证设计和物流业务管理、货物运输服务、承接中介、对外谈判和合同签订业务、咨询业务、综合物流业务等内容。

(3) 合作方式和期限。即物流企业以哪种运营模式向物流需求者提供服务，是仅提供运输、仓储等单一或者少数物流功能的组合服务，还是提供仓储、配送、分销、流通加工、采购、咨询和信息以及其他增值作业服务，或者是物流需求者与物流企业建立长期物流服务合同形成一体化供应链物流方案，根据集成方案将所有物流运作以及管理业务全部交给物流企业。

(4) 双方的具体权利和义务。双方的权利义务中，最重要的是物流企业提供物流服务并收取费用，而物流需求者交付费用并享受对方提供的物流服务。

(5) 服务所应达到的指标。物流服务具有很强的技术性，当事人在物流合同中应详细规定技术指标。

(6) 实物交接和费用的结算、支付。物流活动分为很多环节，物流合同应尽量具体地规定每个环节的实物交付和费用支付。

(7) 违约和解除合同的处理。当事人可以在合同中约定何种情况下解除合同以及双方违约责任的承担。

(8) 争议的解决方法。当事人可以约定以仲裁或者诉讼的方式解决纠纷。

其中，物流服务的范围和内容、合作方式和期限、服务所应达到的指标等条款是实务中双方容易发生纠纷的条款，当事人签订合同时应当注意尽量完善这些条款。

(二) 格式条款

格式条款是当事人为了重复使用而预先拟定，并在订立合同时未与对方协商的条款。目前，多数物流企业有自己的物流格式合同。《民法典》合同编对格式条款的法律规制有：

(1) “采用格式条款订立合同的，提供格式条款的一方应当遵循公平原则确定当事人之间的权利和义务，并采取合理的方式提示对方注意免除或者减轻其责任等与对方有重大利害关系的条款，按照对方的要求，对该条款予以说明。提供格式条款的一方未履行提示或者说明义务，致使对方没有注意或者理解与其有重大利害关系的条款的，对方可以主张该条款不成为合同的内容。”以上《民法典》第496条的规定，扩大了提示说明义务，加强了对接受格式条款一方的保护。

(2) 格式条款的无效包括以下情形：提供格式条款一方不合理地免除或者减轻其责任、加重对方责任、限制对方主要权利；提供格式条款一方排除对方主要权利。

(3)《民法典》第498条规定：“对格式条款的理解发生争议的，应当按照通常理解予以解释。对格式条款有两种以上解释的，应当作出不利于提供格式条款一方的解释。格式条款和非格式条款不一致的，应当采用非格式条款。”

【例3-3】 曾某系酒类批发部（以下简称某某批发部）业主，物流公司系从事道路货运代理、普通货物运输经营的企业。某某批发部与物流公司系多年业务往来单位。2010年1月17日，某某批发部员工万萍到物流公司高桥货运站（公司所在地）办理货物托运手续，托运货物为“53°30年茅台”4箱、“53°飞天茅台”40箱、“50°10年五粮液”3箱，共计47箱。物流公司向万萍出具了一份货物受理委托凭证，货物受理委托凭证载明委托方为“某某批发部”、货物名称为“茅台”、件数为“47件”，备注栏载明“五粮液三件”，基本运费“235元”、保险费“100元”。凭证下方注明“请您（委托人）仔细阅读背面注意事项，主动为您的货物购买保险，确认货物准确无误后签字”。凭证背面委托人注意事项载明：“(1) 委托的货物应包装完好；……(3) 委托的货物应委托办理报价运输，如有损坏、丢失，属本公司责任范围内，本公司则按所损坏或丢失货物保价的100%赔偿；货物没有委托办理保价运输，本公司只承担货物运费的2～10倍赔偿责任；……。”当日，物流公司将上述货物存放在货运站门面内。第二天，物流公司员工上班时发现货物被盗，随即前往派出所报案。之后，曾某与物流公司就货物丢失的损失赔偿多次进行协商，双方未能达成一致。曾某于2010年2月1日向法院起诉，要求物流公司赔偿托运货物的损失555 960元。

扫码看解析

问题：

1. 100元保险费的性质具体是什么？
2. 物流公司主张以运费的10倍作为赔偿的上限能否获得支持？
3. 货物损失的具体金额应当如何计算？

（三）示范合同

所谓示范合同，是指根据法规和惯例而确定的具有示范作用的文件。在我国，物流行业正在推行示范合同。示范合同的推广对于完善合同条款、明确当事人的权利义务、减少因当事人欠缺物流合同法律知识而产生的各类纠纷具有积极作用。

格式条款与示范合同的区分标准是：示范合同虽然是预先制定的，但不是为了反复使用（可能为一次性的使用而制定），或者说是可以与对方协商的。条款的内容不能与对方协商是格式条款与示范合同的根本区别。格式条款是固定的、不能修改的，而示范合同只是订约的参考，可以协商修改。

（四）预约合同

《民法典》第495条规定：“当事人约定在将来一定期限内订立合同的认购书、订购书、预订书等，构成预约合同。当事人一方不履行预约合同约定的订立合同义务的，对方可以请求其承担预约合同的违约责任。”

第三节 物流服务合同的效力

物流服务合同的效力，是指已经成立的合同在当事人之间产生的一定的法律拘束力，也就是通常所说的合同的法律效力。已经成立的合同，其效力状态也不尽相同，具体包括生效合同、无效合同、可撤销合同以及效力待定合同四种类型。

一 物流服务合同的生效

物流服务合同的生效，是指已经成立的合同在当事人之间产生了法律约束力。合同的成立就是指订约当事人就合同的主要条款达成了合意，完成了要约和承诺的过程。成立是生效的前提。依法成立的合同，自成立时生效。

（一）物流合同的生效要件

1. 当事人具有相应的民事行为能力

合同主体具备一定的民事权利能力和民事行为能力。无民事行为能力人实施的民事法律行为无效。限制民事行为能力人实施的纯获利益的民事法律行为或者与其年龄、智力、精神健康状况相适应的民事法律行为有效；实施的其他民事法律行为经法定代理人同意或者追认后有效。对于法人及非法人组织而言，应在经营范围内订立合同。《民法典》第505条规定："当事人超越经营范围订立的合同的效力，应当依照本法第一编第六章第三节和本编的有关规定确定，不得仅以超越经营范围确认合同无效。"这条规定针对实践中简单地宣告超越经营范围的合同无效问题，强调不能仅仅因此而认定合同无效。相反，原则上应当认定是有效的。当然，对于违反国家限制经营、特许经营以及法律、行政法规禁止经营的规定而超越经营范围的，应当认定为无效。如果把这一类排除，超越经营范围签订的合同一般是可以认定其有效的。

2. 意思表示真实

合同是当事人在协商一致基础上的真实意思表示的产物。当事人的意思表示不仅要一致，而且应真实。当事人在意思表示不真实的情况下所订立的合同，并不当然地产生法律效力。

3. 不违反法律和社会公共利益

当事人订立合同，不得违反法律、行政法规的强制性规定；不得扰乱社会经济秩序，损害社会公共利益。

4. 合同形式符合要求

法律、行政法规规定或者当事人约定合同应当采取特定形式才生效的，则只有在合同形式符合规定或约定后才生效。例如，法律、行政法规规定应当办理批准、登记等手续生效的，依照其规定。

（二）附条件与附期限合同

1. 附条件合同

附条件合同是指双方当事人在合同中约定某种事实状态，并以将来发生或不发生作为合同生效或不生效的限制条件。

民事合同可以附条件，但是根据其性质不得附条件的除外。附生效条件的合同，自条件成就时生效；附解除条件的合同，自条件成就时失效。当事人为自己的利益不正当地阻止条件成就的，视为条件已成就；不正当地促成条件成就的，视为条件不成就。

2. 附期限合同

民事合同可以附期限，但是根据其性质不得附期限的除外。附生效期限的合同，自期限届至时生效；附终止期限的合同，自期限届满时失效。

二　物流服务合同的无效

物流服务合同的无效是指物流服务合同虽然已经成立，但因其严重欠缺生效的要件，在法律上不按当事人之间的合意赋予其法律效力。

（一）物流服务合同无效的类型

（1）无民事行为能力人签订的合同。

（2）合同双方以虚假的意思签订的合同。

（3）违反法律、行政法规的强制性规定的合同。但是，该强制性规定不导致该合同无效的除外。

（4）违背公序良俗的合同。

（5）行为人与相对人恶意串通，损害他人合法权益的合同。

（二）物流服务合同无效的特征

（1）自始无效。即无效合同从订立时起就是无效的。《民法典》第 155 条规定：“无效的或者被撤销的民事法律行为自始没有法律约束力。”

（2）当然无效。无效合同不经过诉讼程序解决。进入诉讼程序或仲裁程序后，即使当事人没有主张无效，法院和仲裁机关也可代表国家或依职权对无效合同进行干预，而不受不告不理原则的影响。

（3）确定无效。对违法的事实没有争议，无效的状态是明确的、肯定的。同时，《民法典》第 156 条规定：“民事法律行为部分无效，不影响其他部分效力的，其他部分仍然有效。”

（4）永久无效。无效合同有一个重要规则就是不得履行，即不能随着时间的推移而使无效合同转为有效合同。《民法典》第 157 条规定：“民事法律行为无效、被撤销或者确定不发生效力后，行为人因该行为取得的财产，应当予以返还；不能返还或者没有必要返还的，应当折价补偿。有过错的一方应当赔偿对方由此所受到的损失；各方都有过错的，应当各自承担相应的责任。法律另有规定的，依照其规定。”

【例 3-4】 郭小某与常州友好速递公司快递业务承包经营合同纠纷案：友好速递公司设立郭小某承包的湖塘六部这一分支机构时未进行相应的注册登记、领取营业执照和备案登记。

问题：承包经营合同是否有效？

案例来源：江苏省常州市中级人民法院（2015）常商终字第 591 号民事判决书。

扫码看解析

（三）免责条款无效

免责条款是当事人以协议排除或限制其未来责任的条款。《民法典》合同编还对免责条款作了规定。一般来说，当事人经过充分协商确定的免责条款，只要建立在当事人自愿的基础之上，法律上规定的免责条款是给予承认的。但是对于严重违反诚实信用原则和社会公共利益的免责条款，法律予以禁止。《民法典》第506条规定："合同中的下列免责条款无效：（一）造成对方人身损害的；（二）因故意或者重大过失造成对方财产损失的。"

三》 可撤销的物流服务合同

可撤销的物流服务合同是指合同成立后，存在法定事由，人民法院或者仲裁机构根据当事人的申请在审理后根据具体情况准许撤销有关内容的合同。可撤销合同有自己的特点，需有关当事人向人民法院或者仲裁机构提出申请。人民法院或者仲裁机构未宣布撤销前仍然有效，一经宣布撤销，自始没有法律约束力。

（一）可申请撤销合同的撤销事由

1. 重大误解

重大误解的构成条件有四个：（1）必须有意思表示的成立；（2）表示行为与效果意思不一致；（3）这种不一致须是表意人不知或误认所致；（4）表意人的不知或误认，是由于他自己的原因所致，即使有对方当事人的行为影响，也不是由于对方当事人的欺诈所致。否则，只能构成欺诈。

2. 欺诈

欺诈具体包括：（1）相对人欺诈。"一方以欺诈手段，使对方在违背真实意思的情况下实施的民事法律行为，受欺诈方有权请求人民法院或者仲裁机构予以撤销。"（《民法典》第148条）（2）第三人欺诈。"第三人实施欺诈行为，使一方在违背真实意思的情况下实施的民事法律行为，对方知道或者应当知道该欺诈行为的，受欺诈方有权请求人民法院或者仲裁机构予以撤销。"（《民法典》第149条）

【例3-5】保险公司故意隐瞒重要事实致使被保险人误以为不能获赔而同意销案的，构成保险合同欺诈。

刘向某诉安邦财产保险公司保险合同纠纷案，法院经审理认为：保险事故发生后，保险公司作为专业理赔机构，基于专业经验及对保险合同的理解，其明知或应知保险事故属于赔偿范围，而在无法律和合同依据的情况下，故意隐瞒被保险人可以获得保险赔偿的重要事实，对被保险人进行诱导，在此基础上双方达成销案协议的，应认定被保险人作出了不真实的意思表示，保险公司的行为违背诚信原则，构成保险合同欺诈。被保险人请求撤销该销案协议的，人民法院应予支持。

案例来源：《最高人民法院公报》2013年第8期，江苏省宿迁市中级人民法院2011年11月2日民事判决书。

3. 胁迫

胁迫有广义和狭义之分。狭义的胁迫，即威胁与强迫。广义的胁迫就是以行将发生的祸害相威胁或者说恐吓。胁迫的特点是胁迫者直接实施或将要实施某种不法行为，使对方出于恐惧而违心地签订合同。

【例3-6】当事人主张胁迫出具欠条应举证证明。

雄镇公司（宁波市雄镇物流有限公司）诉润盛公司（宁波燃料有限公司）公路货物运

输合同纠纷案。根据最高人民法院《关于民事诉讼证据的若干规定》，当事人对其提出的反驳对方诉讼请求所依据的事实有责任提供证据加以证明，没有证据或者证据不足以证明当事人的事实主张的，由负有举证责任的当事人承担不利后果。润盛公司主张其受到雄镇公司胁迫，无奈之下签下拖欠 18 万元运输费用欠条，但并没有提供充分证据证明其主张，应由润盛公司承担不利后果。

案例来源：浙江省宁波市镇海区人民法院（2009）甬镇商初字第 513 号民事判决书。

4. 显失公平

显失公平的构成要件是：（1）须给付与对待给付之间显失均衡；（2）须一方利用了对方处于危困状态、缺乏判断能力等不利情势。《民法典》第 151 条规定："一方利用对方处于危困状态、缺乏判断能力等情形，致使民事法律行为成立时显失公平的，受损害方有权请求人民法院或者仲裁机构予以撤销。"本条将乘人之危与显失公平合并，包括两种情况：一是乘人之危造成自始显失公平；二是利用缺乏判断能力等情形，造成自始显失公平。

（二）撤销权的消灭

根据《民法典》第 152 条的规定，有下列情形之一的，撤销权消灭：

（1）当事人自知道或者应当知道撤销事由之日起 1 年内、重大误解的当事人自知道或者应当知道撤销事由之日起 90 日内没有行使撤销权；

（2）当事人受胁迫，自胁迫行为终止之日起 1 年内没有行使撤销权；

（3）当事人知道撤销事由后明确表示或者以自己的行为表明放弃撤销权。

当事人自民事法律行为发生之日起 5 年内没有行使撤销权的，撤销权消灭。

四　效力待定的物流服务合同

效力待定合同，是指已经成立，但因欠缺一定的生效要件，其生效与否尚不确定，须经第三人予以追认或拒绝才能确定其效力的合同。效力待定合同包括以下种类：

（一）限制民事行为能力人订立的合同

限制民事行为能力人订立的合同，由其法定代理人代理或者经其法定代理人同意、追认后，该合同有效；但是，可以独立实施纯获利益的合同或者与其年龄、智力、精神健康状况相适应而订立的合同，不必经法定代理人追认。

（二）无权代理人订立的合同

行为人没有代理权、超越代理权或者代理权终止后以被代理人名义订立的合同，未经被代理人追认，对被代理人不发生效力。相对人可以催告被代理人自收到通知之日起 30 日内予以追认。被代理人未作表示的，视为拒绝追认。行为人实施的行为被追认前，善意相对人有撤销的权利。撤销应当以通知的方式作出。无权代理人以被代理人的名义订立合同，被代理人已经开始履行合同义务或者接受相对人履行的，视为对合同的追认。行为人没有代理权、超越代理权或者代理权终止后以被代理人名义订立合同，相对人有理由相信行为人有代理权的，该代理行为有效。

（三）法定代表人、负责人越权订立的合同

法人的法定代表人或者非法人组织的负责人超越权限订立的合同，除相对人知道或者

应当知道其超越权限外，该代表行为有效，订立的合同对法人或者非法人组织发生效力。

第四节 物流服务合同的履行

合同的履行，是指当事人按照合同的约定或法律的规定，全面、适当地完成各自所承担的义务，从而使合同的权利义务得到实现的整个行为过程。

一》物流服务合同履行的原则

（一）全面履行原则

当事人应当按照合同约定的标的、数量、质量、价款或报酬、履行地点、履行期限、履行方式等内容，全面履行自己的义务。

（二）诚实信用原则

诚实信用原则是指合同当事人应根据诚实信用原则，履行合同约定之外的附随义务。附随义务是基于诚实信用原则而产生的一项合同义务，虽然当事人在合同中可能没有约定此义务，但任何合同的当事人在履行时都必须遵守。附随义务包括：（1）通知义务；（2）协助义务；（3）保密义务；（4）提供必要的条件；（5）防止损失扩大；（6）避免浪费资源、污染环境和破坏生态。

（三）促进交易履行原则

合同生效后，当事人就质量、价款或者报酬、履行地点等内容没有约定或者约定不明确的，应当按照便于交易、利于交易的原则，由当事人达成协议补充；不能达成补充协议的，按照合同有关条款或者交易习惯确定。

二》物流服务合同履行的规则

（一）内容约定不明确的合同的履行规则（即关于合同漏洞的填补）

《民法典》第510条规定："合同生效后，当事人就质量、价款或者报酬、履行地点等内容没有约定或者约定不明确的，可以协议补充；不能达成补充协议的，按照合同有关条款或者交易习惯确定。"

根据《民法典》第511条的规定，当事人就有关合同内容约定不明确，依据《民法典》第510条规定仍不能确定的，适用下列规定：

（1）质量要求不明确的，按照强制性国家标准履行；没有强制性国家标准的，按照推荐性国家标准履行；没有推荐性国家标准的，按照行业标准履行；没有国家标准、行业标准的，按照通常标准或者符合合同目的的特定标准履行。

（2）价款或者报酬不明确的，按照订立合同时履行地的市场价格履行；依法应当执行政府定价或者政府指导价的，依照规定履行。

（3）履行地点不明确，给付货币的，在接受货币一方所在地履行；交付不动产的，在不动产所在地履行；其他标的，在履行义务一方所在地履行。

(4) 履行期限不明确的，债务人可以随时履行，债权人也可以随时要求履行，但应当给对方必要的准备时间。

(5) 履行方式不明确的，按照有利于实现合同目的的方式履行。

(6) 履行费用的负担不明确的，由履行义务一方负担；因债权人原因增加的履行费用，由债权人负担。

(二) 电子合同的履行规则

《民法典》第 512 条规定："通过互联网等信息网络订立的电子合同的标的为交付商品并采用快递物流方式交付的，收货人的签收时间为交付时间。电子合同的标的为提供服务的，生成的电子凭证或者实物凭证中载明的时间为提供服务时间；前述凭证没有载明时间或者载明时间与实际提供服务时间不一致的，以实际提供服务的时间为准。电子合同的标的物为采用在线传输方式交付的，合同标的物进入对方当事人指定的特定系统且能够检索识别的时间为交付时间。电子合同当事人对交付商品或者提供服务的方式、时间另有约定的，按照其约定。"

(三) 执行政府定价或者政府指导价的合同的履行规则

执行政府定价或者政府指导价的，在合同约定的交付期限内政府价格调整时，按照交付时的价格计价。逾期交付标的物的，遇价格上涨时，按照原价格执行；价格下降时，按照新价格执行。逾期提取标的物或者逾期付款的，遇价格上涨时，按照新价格执行；价格下降时，按照原价格执行。

(四) 涉及第三人的合同的履行规则

1. 向第三人履行债务的规则

当事人约定由债务人向第三人履行债务，债务人未向第三人履行债务或者履行债务不符合约定的，应当向债权人承担违约责任。

法律规定或者当事人约定第三人可以直接请求债务人向其履行债务，第三人未在合理期限内明确拒绝，债务人未向第三人履行债务或者履行债务不符合约定的，第三人可以请求债务人承担违约责任；债务人对债权人的抗辩，可以向第三人主张。

2. 第三人代为履行债务的规则

当事人约定由第三人向债权人履行债务的，第三人不履行债务或者履行债务不符合约定，债务人应当向债权人承担违约责任。

债务人不履行债务，第三人对履行该债务具有合法利益的，第三人有权向债权人代为履行；但是，根据债务性质、按照当事人约定或者依照法律规定只能由债务人履行的除外。债权人接受第三人履行后，其对债务人的债权转让给第三人，但是债务人和第三人另有约定的除外。

三》 双务合同履行中的抗辩权

(一) 同时履行抗辩权

1. 同时履行抗辩权的概念

同时履行抗辩权，是指当事人互负债务，没有先后履行顺序的，应当同时履行。一方在对方履行之前有权拒绝其履行请求。一方在对方履行债务不符合约定时，有权拒绝其相应的履行请求。

2. 同时履行抗辩权的适用条件

同时履行抗辩权的行使，须符合下列条件：（1）当事人基于同一双务合同而互负债务；（2）当事人互负的债务无先后履行顺序；（3）当事人互负的债务均已届履行期限；（4）对方当事人未履行债务或者履行债务不符合约定；（5）对方当事人的对待给付是可能履行的。

（二）后履行抗辩权

1. 后履行抗辩权的概念

后履行抗辩权，是指当事人互负债务，有先后履行顺序，应当先履行一方未履行的，后履行一方有权拒绝其履行要求。先履行一方履行债务不符合约定的，后履行一方有权拒绝其相应的履行要求的权利。

2. 后履行抗辩权的适用条件

一是需基于同一双务合同。双方当事人因同一合同互负债务，在履行上存在关联性，形成对价关系。单务合同无对价关系，不发生后履行抗辩权。如果当事人互负的债务不是基于同一双务合同，不发生后履行抗辩权。

二是该合同需由一方当事人先为履行。在双务合同中，双方当事人的履行多是有先后的。这种履行顺序的确立，或依法律规定，或按当事人约定，或按交易习惯。很多法律对双务合同的履行顺序有规定。当事人在双务合同中也可以约定履行顺序，谁先履行，谁后履行。在法律未有规定、合同未有约定的情况下，双务合同的履行顺序可依交易习惯确立。

三是应当先履行的当事人不履行合同或者不适当履行合同。

具备上述条件，发生后履行抗辩权，即没有先履行义务但已到履行期的对方当事人享有不履行或者部分履行的权利。应当先履行合同的当事人不能行使后履行抗辩权。后履行抗辩权属延期的抗辩权，只是暂时阻止对方当事人请求权的行使，非永久的抗辩权。对方当事人完全履行了合同义务，后履行抗辩权消灭，当事人应当履行自己的义务。当事人行使后履行抗辩权致使合同迟延履行的，迟延履行责任应由对方当事人承担。

（三）不安抗辩权

1. 不安抗辩权的概念

不安抗辩权，是指当事人互负债务，有先后履行顺序，应当先履行债务的当事人，有确切证据证明对方当事人有丧失或者可能丧失履行债务能力的情形时，在对方当事人未履行或未提供担保前，有权中止履行合同的权利。

2. 不安抗辩权的适用条件

不安抗辩权的行使，须符合下列条件：（1）当事人基于同一双务合同而互负债务。（2）当事人互负的债务有先后履行顺序。（3）应当先履行债务的一方当事人的履行期限已经届至。（4）应当后履行债务的一方当事人有丧失或者可能丧失履行债务能力的情形，包括：经营状况严重恶化；转移财产、抽逃资金，以逃避债务；丧失商业信誉；有丧失或者可能丧失履行债务能力的其他情形。

3. 不安抗辩权的行使

当事人没有确切证据中止履行的，应当承担违约责任。

当事人依法中止履行的，应当及时通知对方；对方提供适当担保时，应当恢复履行。中止履行后，对方在合理期限内未恢复履行能力且未提供适当担保的，视为以自己的行为表明不履行主要债务，中止履行的一方可以解除合同并可以请求对方承担违约责任。

表 3-1 对双务合同履行中的抗辩权类型作了总结。

表 3-1　双务合同履行中的抗辩权的类型

类型	同时履行抗辩权	后履行抗辩权	不安抗辩权
	因同一个双务合同互负债务，产生抗辩		
	债务同时履行	债务异时履行	
适用条件	1. 双方所负的债务之间具有对价性或相应性。 2. 双方互负的债务均已到了清偿期。 3. 对方能够履行但未履行或未适当履行债务。	1. 先履行的一方不履行或不适当履行合同债务。 2. 抗辩权由后履行的一方当事人行使。	1. 先履行的一方有确切的证据证明对方不能或不会作出对等履行。 2. 抗辩权由感到“不安”的先履行一方行使。
适用结果	本质上是一种拒绝权。这个规则解决了大量的所谓双方违约的问题。	延期的抗辩权，后履行的一方可阻止对方请求权的行使。	1. 先履行的一方暂时中止合同债务的履行。 2. 如果对方不提供担保，就构成预期违约，先履行的一方有权要求对方承担违约责任，也有权解除合同。

四》 物流服务合同的保全

（一）代位权

代位权，是指因债务人怠于行使其债权或者与该债权有关的从权利，影响债权人的到期债权实现的，债权人可以向人民法院请求以自己的名义代位行使债务人对相对人的权利，但是该权利专属于债务人自身的除外。

代位权的行使范围以债权人的到期债权为限。债权人行使代位权的必要费用，由债务人负担。相对人对债务人的抗辩，可以向债权人主张。

债权人的债权到期前，债务人的债权或者与该债权有关的从权利存在诉讼时效期间即将届满或者未及时申报破产债权等情形，影响债权人的债权实现的，债权人可以代位向债务人的相对人请求其向债务人履行、向破产管理人申报或者作出其他必要的行为。

人民法院认定代位权成立的，由债务人的相对人向债权人履行义务，债权人接受履行后，债权人与债务人、债务人与相对人之间相应的权利义务终止。债务人对相对人的债权或者与该债权有关的从权利被采取保全、执行措施，或者债务人破产的，依照相关法律的规定处理。

（二）撤销权

撤销权，是指债务人以放弃其债权、放弃债权担保、无偿转让财产等方式无偿处分财产权益，或者恶意延长其到期债权的履行期限，影响债权人的债权实现的，债权人可以请求人民法院撤销债务人的行为。债务人以明显不合理的低价转让财产、以明显不合理的高价受让他人财产或者为他人的债务提供担保，影响债权人的债权实现，债务人的相对人知道或者应当知道该情形的，债权人可以请求人民法院撤销债务人的行为。

撤销权的行使范围以债权人的债权为限。债权人行使撤销权的必要费用，由债务人负担。

撤销权自债权人知道或者应当知道撤销事由之日起一年内行使。自债务人的行为发生之日起五年内没有行使撤销权的，该撤销权消灭。

债务人影响债权人的债权实现的行为被撤销的，自始没有法律约束力。

第五节 物流服务合同的变更、转让和终止

一、物流服务合同的变更

物流服务合同的变更，是指依法成立的合同尚未履行或未履行完毕之前，当事人对合同的内容进行修改和补充。当事人协商一致，可以变更合同。当事人对合同变更的内容约定不明确的，推定为未变更。

二、物流服务合同的转让

物流服务合同的转让，是指合同的当事人将其合同债权债务全部或者部分转让给第三人，从而使合同主体发生变更的法律行为。合同的转让包括合同权利的转让、合同义务的转移以及合同权利义务的一并转让。

（一）合同权利的转让

1. 合同权利转让的限制

合同权利的转让又称债权转让。债权人可以将债权的全部或者部分转让给第三人，但有下列情形之一的除外：（1）根据债权性质不得转让；（2）按照当事人约定不得转让；（3）依照法律规定不得转让。当事人约定非金钱债权不得转让的，不得对抗善意第三人。当事人约定金钱债权不得转让的，不得对抗第三人。

2. 合同权利转让的要求

债权人转让债权，未通知债务人的，该转让对债务人不发生效力。债权转让的通知不得撤销，但是经受让人同意的除外。

3. 合同权利转让的效力

债权人转让权利的，受让人取得与债权有关的从权利，但该从权利专属于债权人自身的除外。受让人取得从权利不因该从权利未办理转移登记手续或者未转移占有而受到影响。债务人接到债权转让通知后，债务人对让与人的抗辩，可以向受让人主张。

有下列情形之一的，债务人可以向受让人主张抵销：（1）债务人接到债权转让通知时，债务人对让与人享有债权，且债务人的债权先于转让的债权到期或者同时到期；（2）债务人的债权与转让的债权基于同一合同产生。

因债权转让增加的履行费用，由让与人负担。

（二）合同义务的转移

1. 合同义务转移的要求

债务人将合同的义务全部或者部分转移给第三人的，应当经债权人同意。债务人或者第三人可以催告债权人在合理期限内予以同意，债权人未作表示的，视为不同意。

第三人与债务人约定加入债务并通知债权人，或者第三人向债权人表示愿意加入债务，债权人未在合理期限内明确拒绝的，债权人可以请求第三人在其愿意承担的债务范围内和债务人承担连带债务。

2. 合同义务转移的效力

债务人转移债务的，新债务人可以主张原债务人对债权人的抗辩；原债务人对债权人享有债权的，新债务人不得向债权人主张抵销。债务人转移债务的，新债务人应当承担与主债务有关的从债务，但是该从债务专属于原债务人自身的除外。

（三）合同权利义务的一并转让

当事人一方经对方同意，可以将自己在合同中的权利和义务一并转让给第三人。合同的权利和义务一并转让的，适用债权转让、债务转移的有关规定。

三》 物流服务合同的终止

（一）物流服务合同的终止概述

1. 物流服务合同的终止的概念

物流服务合同的终止，是指物流服务合同的权利义务消灭。

2. 物流服务合同终止的原因

有下列情形之一的，债权债务终止：（1）债务已经履行；（2）债务相互抵销；（3）债务人依法将标的物提存；（4）债权人免除债务；（5）债权债务同归于一人；（6）法律规定或者当事人约定终止的其他情形。

合同解除的，该合同的权利义务关系终止。

3. 物流服务合同终止后当事人的义务

债权债务终止后，当事人应当遵循诚信等原则，根据交易习惯履行通知、协助、保密、旧物回收等义务。

4. 物流服务合同债务的清偿顺序

债务人对同一债权人负担的数项债务种类相同，债务人的给付不足以清偿全部债务的，除当事人另有约定外，由债务人在清偿时指定其履行的债务。

债务人未作指定的，应当优先履行已经到期的债务；数项债务均到期的，优先履行对债权人缺乏担保或者担保最少的债务；均无担保或者担保相等的，优先履行债务人负担较重的债务；负担相同的，按照债务到期的先后顺序履行；到期时间相同的，按照债务比例履行。

债务人在履行主债务外还应当支付利息和实现债权的有关费用，其给付不足以清偿全部债务的，除当事人另有约定外，应当按照下列顺序履行：（1）实现债权的有关费用；（2）利息；（3）主债务。

（二）物流服务合同的解除

1. 物流服务合同解除的概念

物流服务合同的解除，是指合同生效后，当事人根据约定或法律的规定，使合同关系提前终止的法律行为。

2. 物流服务合同解除的类型

（1）约定解除。当事人协商一致，可以解除合同。当事人可以约定一方解除合同的条件，解除合同的事由发生时，解除权人可以解除合同。

（2）法定解除。有下列情形之一的，当事人可以解除合同：

①因不可抗力致使不能实现合同目的；

②在履行期限届满之前，当事人一方明确表示或者以自己的行为表明不履行主要债务；

③当事人一方迟延履行主要债务，经催告后在合理期限内仍未履行；

④当事人一方迟延履行债务或者有其他违约行为致使不能实现合同目的；

⑤法律规定的其他情形。

以持续履行的债务为内容的不定期合同，当事人可以随时解除合同，但是应当在合理期限之前通知对方。

从②至④种情况看，只有在因不履行主要债务而不能实现合同目的的情况下，也就是根本违约时，才能依法解除合同。如果仅是一般违约（如部分质量不合格、履行稍微延迟等情况），当事人一方不能解除合同，而应按违约责任处理。

物流服务合同法定解除的类型见表 3－2。

表 3－2　物流服务合同的法定解除

<table>
<tr><td rowspan="8">法定解除类型</td><td rowspan="7">《民法典》合同编通则的规定</td><td colspan="3">①因不可抗力致使不能实现合同目的，可以解除合同</td></tr>
<tr><td rowspan="2">②预期违约</td><td>a. 履行期前的明示毁约：“当事人一方明确表示……不履行主要债务。”</td><td rowspan="2">另一方当事人应有权在要求其继续履行和解除合同间作出选择。</td></tr>
<tr><td>b. 默示毁约：“以自己的行为表明不履行主要债务。”</td></tr>
<tr><td rowspan="2">③迟延履行，买受人要解除合同，必须完成两个步骤</td><td colspan="2">a. 必须催告，明确地催他，要他履行。
b. 催告以后，要给债务人一个继续履行的合理期限。</td></tr>
<tr><td colspan="2">经催告后在合理期限内仍未履行，才可以解除合同。</td></tr>
<tr><td rowspan="2">④根本违约</td><td colspan="2">a. 迟延履行影响到合同目的的实现，不需要经过催告程序，就能解除合同。</td></tr>
<tr><td colspan="2">b. 有其他违约行为致使不能实现合同目的。如果债权人能够证明部分履行将构成根本违约，导致订约目的不能实现，就能解除合同。</td></tr>
<tr><td></td><td>⑤法律规定的其他情形</td><td colspan="2">a. 不定期租赁合同，双方可以随时解除；b. 委托合同，双方可以随时解除；c. 承揽合同，定作人可以随时解除；d. 货运合同，托运人有单方解除权。
e. 海商法：船舶在装货港开航前，托运人可以要求解除合同；船舶在装货港开航前，因不可抗力或者其他不能归责于承运人和托运人的原因致使合同不能履行的，双方均可解除合同。（班轮货物运输合同）
f. 海商法：出租人没有及时或按约定交付船舶，承租人有权解除合同；航次租船的承租人提供的货物不符合合同约定，出租人有权解除合同等。（航次租船合同和定期租船合同）</td></tr>
</table>

3. 合同解除权的行使

关于解除权的除斥期间，《民法典》第 564 条规定："法律规定或者当事人约定解除权行使期限，期限届满当事人不行使的，该权利消灭。法律没有规定或者当事人没有约定解除权行使期限，自解除权人知道或者应当知道解除事由之日起一年内不行使，或者经对方催告后在合理期限内不行使的，该权利消灭。"

当事人一方依法主张解除合同的，应当通知对方。合同自通知到达对方时解除；通知载明债务人在一定期限内不履行债务则合同自动解除，债务人在该期限内未履行债务的，合同自通知载明的期限届满时解除。对方对解除合同有异议的，任何一方当事人均可以请求人民法院或者仲裁机构确认解除行为的效力。

《民法典》第 565 条第 2 款规定了确认解除效力之诉："当事人一方未通知对方，直接以提起诉讼或者申请仲裁的方式依法主张解除合同，人民法院或者仲裁机构确认该主张的，合同自起诉状副本或者仲裁申请书副本送达对方时解除。"

《民法典》第 566 条规定："合同解除后，尚未履行的，终止履行；已经履行的，根据履行情况和合同性质，当事人可以请求恢复原状或者采取其他补救措施，并有权请求赔偿损失。合同因违约解除的，解除权人可以请求违约方承担违约责任，但是当事人另有约定的除外。主合同解除后，担保人对债务人应当承担的民事责任仍应当承担担保责任，但是担保合同另有约定的除外。"

【例 3－7】航空货物运输迟延可行使合同解除权。

扫码看解析

2010 年 11 月 22 日，朗力公司就委托办理国际航空快件运输事宜与天地国际分公司签订《国际航空快件运输协议》，协议同时包括《TNT 运输及其他服务条款》等三个附录文件。2011 年 3—8 月间，朗力公司多次委托天地国际分公司以快递方式向在法国的收货人运送货物。8 月 30 日，天地国际分公司提取了朗力公司托运的 5 件商品，9 月 13 日运抵法国里昂的 4 件商品被法国收货方签收。9 月 23 日，天地国际分公司以电子邮件通知收货人及朗力公司，失踪的 1 件商品已找到并将于当日到达法国里昂。收货人回复电子邮件，拒绝接收。此后，该件货物从法国通过海运方式运回中国并最终交付给朗力公司。朗力公司提起诉讼，请求确认合同解除，由天地国际分公司赔偿违约损失；天地国际分公司反诉朗力公司支付拖欠运费及利息。

问题：

1. 天地国际分公司的运输迟延行为有无构成根本违约？

2. 如何准确理解公约条款，明晰国际航空运输纠纷裁判规则？

案例来源：最高人民法院为"一带一路"建设提供司法服务和保障的典型案例之五。

（三）抵销

1. 抵销的概念

抵销，是指当事人互负债务时，根据约定或法律的规定，各以其债权抵偿其债务，从而使双方的债务相应消灭的法律行为。

2. 抵销的类型

（1）法定抵销。当事人互负债务，该债务的标的物种类、品质相同的，任何一方可以将自己的债务与对方的到期债务抵销，但是，根据债务性质、按照当事人约定或者依照法律规定不得抵销的除外。当事人主张抵销的，应当通知对方。通知自到达对方时生效。抵销不得附条件或者附期限。

（2）约定抵销。当事人互负债务，标的物种类、品质不相同的，经双方协商一致，也可以抵销。

（四）提存

1. 提存的概念

提存，是指因债权人的原因致使债务人难以履行债务的，债务人将合同标的物交给提存机关保存，从而使合同关系归于消灭的法律行为。

2. 提存的当事人

提存当事人包括提存人、提存受领人和提存机关。向提存机关提存合同标的物的人为提存人；债权人为提存受领人；办理提存业务的机构为提存机关。根据 1995 年司法部《提存公证规则》的规定，公证机关是提存机关。

3. 提存的标的物

下列标的物可以提存：（1）货币；（2）有价证券、票据、提单、权利证书；（3）贵重物品；（4）担保物（金）或其替代物；（5）其他适宜提存的标的物。标的物不适于提存或者提存费用过高的，债务人依法可以拍卖或者变卖标的物，提存所得的价款。

4. 提存的原因

有下列情形之一，难以履行债务的，债务人可以将标的物提存：（1）债权人无正当理由拒绝受领；（2）债权人下落不明；（3）债权人死亡未确定继承人、遗产管理人或者丧失民事行为能力未确定监护人；（4）法律规定的其他情形。

5. 提存的成立

债务人将标的物或者将标的物依法拍卖、变卖所得价款交付提存部门时，提存成立。提存成立的，视为债务人在其提存范围内已经履行债务。

标的物提存后，债务人应当及时通知债权人或者债权人的继承人、遗产管理人、监护人、财产代管人。

6. 提存的效力

标的物提存后，毁损、灭失的风险由债权人承担。提存期间，标的物的孳息归债权人所有。提存费用由债权人负担。

债权人可以随时领取提存物。但是，债权人对债务人负有到期债务的，在债权人未履行债务或者提供担保之前，提存部门根据债务人的要求应当拒绝其领取提存物。债权人领取提存物的权利，自提存之日起 5 年内不行使而消灭，提存物扣除提存费用后归国家所有。但是，债权人未履行对债务人的到期债务，或者债权人向提存部门书面表示放弃领取提存物权利的，债务人负担提存费用后有权取回提存物。

（五）债务的免除

债权人免除债务人部分或者全部债务的，债权债务部分或者全部终止，但是债务人在合理期限内拒绝的除外。债权人免除债务，实际是债权人自愿放弃债权。免除具有使债务绝对消灭的效力，免除的效力还同时及于债权的从权利。

（六）混同

债权和债务同归于一人的，债权债务终止，但是损害第三人利益的除外。合同关系的存在，必须有债权人和债务人，当事人双方混同，合同失去存在基础，自然应当终止。合同终止债权消灭，债权的从权利如利息债权、违约金债权、担保债权同时消灭。但当债权是他人权利的标的时，为保护第三人的利益，债权不能因混同而消灭。

第六节　违约责任

违约责任，是指当事人不履行合同义务或者履行合同义务不符合约定时所承担的法律责任。

一》违约行为的形态

（1）不履行。不履行，分为拒绝履行和履行不能。拒绝履行，是指当事人在合同履行期限届满时，能够履行其义务而不履行。履行不能，是指当事人由于某种原因而不能履行其义务。

（2）不适当履行。不适当履行，是指当事人履行的内容不符合法律的规定或合同的约定。包括数量上的不适当履行、质量上的不适当履行、履行方式上的不适当履行、履行地点的不适当履行以及履行期限的不适当履行等。其中，履行期限的不适当履行即迟延履行，包括给付迟延和受领迟延。

（3）预期违约。预期违约包括明示预期违约和默示预期违约。当事人一方明确表示或者以自己的行为表明不履行合同义务的，对方可以在履行期限届满之前要求其承担违约责任。

【例3-8】承运人未听通知放货应承担赔偿责任。

2013年7月25日，瑞亨公司委托王某将550千克荷兰美素奶粉和荷兰牛栏奶粉运输到重庆。当日，王某和朱某将货物运至隆瑞公司，王某与隆瑞公司签订托运单，约定："发货方为通运达，收货方为周某，到站地址为重庆，货物550千克奶粉；听通知放货。"王某称"通运达"系其为经营便利而取的商号，目前尚未办理营业执照。同年7月30日，隆瑞公司将货物运至重庆，周某领取了上述奶粉，但瑞亨公司迟迟未收到货款，后得知货物已被取走。瑞亨公司于2013年12月3日提起诉讼，要求隆瑞公司赔偿货款损失90 850元。

扫码看解析

问题：

1. 原告瑞亨公司、被告隆瑞公司是否成立运输合同关系？

2. 隆瑞公司是否违约？

3. 隆瑞公司是否应当赔偿瑞亨公司货款损失？

案例来源：北京市第二中级人民法院（2015）二中民（商）终字第03697号民事判决书。

二》违约责任的归责原则

违约责任的归责原则，是指当事人合同违约后使其负责的依据。归责原则决定了免责事由。《民法典》合同编采用严格责任为一般归责原则，过错责任为特殊归责原则。严格责任原则，是指违反合同的当事人无论主观上是否有过错，都要承担违约责任的归责原则。在严格责任条件下，只要债务人不履行合同或不适当履行合同，没有正当理由，便认为其有过错。在《民法典》合同编典型合同的个别条款的适用上，采用过错责任作为归责原则，如《民法典》第660条、第714条、第784条等条款的规定。例外情况下无过错责任作为归责原则，如《民法典》第590条第2款、第593条。

三》承担违约责任的方式

（一）继续履行

当事人一方未支付价款、报酬、租金、利息，或者不履行其他金钱债务的，对方可以请求其支付。当事人一方不履行非金钱债务或者履行非金钱债务不符合约定的，对方可以请求履行，但有下列情形之一的除外：

（1）法律上不能继续履行。即实际履行不能违反法律的规定。例如，提供个人服务的合同，在法律上不能采取实际履行措施。如果采取实际履行措施，则将对个人实施某种人身强制措施，这与我国宪法和法律关于公民的人身自由不受侵害的规定是相违背的。而且法律从保护债权人的利益和交易秩序考虑，也不允许在某些情况下强制实施实际履行措施。例如在债务人破产时，如果允许强制实际履行与某个债权人所订立的合同，这实际上赋予了该债权人某种优先权，使其优于违约方的其他债权人而受偿，这与《企业破产法》的有关规定是相违背的。

（2）事实上不能履行。比如标的物毁损灭失了，且标的物为特定物。

（3）债务的标的不适于强制履行，即依据合同的性质不能继续履行。对一些基于人身依赖关系而产生的合同，例如委托合同、信托合同、合伙合同等，往往是因信任对方的特殊技能、业务水平、忠诚等产生的，因此具有严格的人身性质，如果强制债务人履行义务，则与合同的根本性质是相违背的。

（4）履行费用过高。即实际履行在实施上是可能的，但在经济上是不合理的。

（5）债权人在合理期限内未按要求履行。

有上述规定的除外情形之一，致使不能实现合同目的的，人民法院或者仲裁机构可以根据当事人的请求终止合同权利义务关系，但是不影响违约责任的承担。

当事人一方不履行债务或者履行债务不符合约定，根据债务的性质不得强制履行的，对方可以请求其负担由第三人替代履行的费用。

债务人按照约定履行债务，债权人无正当理由拒绝受领的，债务人可以请求债权人赔偿增加的费用。在债权人受领迟延期间，债务人无须支付利息。

（二）采取补救措施

履行不符合约定的，应当按照当事人的约定承担违约责任。对违约责任没有约定或者约定不明确，依据《民法典》第510条的规定仍不能确定的，受损害方根据标的的性质以及损失的大小，可以合理选择请求对方承担修理、重作、更换、退货、减少价款或者报酬等违约责任。

（三）赔偿损失

当事人一方不履行合同义务或者履行合同义务不符合约定，造成对方损失的，损失赔偿额应当相当于因违约所造成的损失，包括合同履行后可以获得的利益；但是，不得超过违约一方订立合同时预见到或者应当预见到的因违约可能造成的损失。

当事人一方违约后，对方应当采取适当措施防止损失的扩大；没有采取适当措施致使损失扩大的，不得就扩大的损失要求赔偿。当事人因防止损失扩大而支出的合理费用，由违约方负担。

【例 3－9】承运人未预见到货物为进口货物的，托运人与进口事宜相关的费用损失不属于违约赔偿范围。

上海欣辰货物运输有限公司与李某等运输合同纠纷上诉案，法院经审理认为：违约方损失赔偿额应当相当于因违约所造成的损失，但不得超过违约方订立合同时预见到或者应当预见到的因违反合同可能造成的损失。本案货物运输合同的起运地和目的地为上海和荆州，属长江内河运输，原告与被告订立运输合同时，仅告知被告与运输有关的事项，并未告知其货物为进口货及用途等信息，且无其他相关证据材料证明被告在订立合同之时能预见到货物系进口货，存在进口增值税、进口运费、进口代理费等费用，其订立合同时的预见能力应与其承运上海本地生产或在上海至荆州时的预见能力无异，其预见程度亦应止于此。在此种情况下，要求被告赔偿进口海关增值税、货物进口的海运费及包干费、信用证开证费等进口代理费用损失，无疑属于扩大赔偿范围，法院不予支持。

案例来源：上海市高级人民法院（2013）沪高民四（海）终字第 94 号民事判决书。

（四）支付违约金

当事人可以约定一方违约时应当根据违约情况向对方支付一定数额的违约金，也可以约定因违约产生的损失赔偿额的计算方法。

约定的违约金低于造成的损失的，人民法院或者仲裁机构可以根据当事人的请求予以增加；约定的违约金过分高于造成的损失的，人民法院或者仲裁机构可以根据当事人的请求予以适当减少。

当事人就迟延履行约定违约金的，违约方支付违约金后，还应当履行债务。

（五）给付定金

当事人可以约定一方向对方给付定金作为债权的担保。定金合同自实际交付定金时成立。定金的数额由当事人约定；但是，不得超过主合同标的额的 20%，超过部分不产生定金的效力。实际交付的定金数额多于或者少于约定数额的，视为变更约定的定金数额。

债务人履行债务的，定金应当抵作价款或者收回。给付定金的一方不履行债务或者履行债务不符合约定，致使不能实现合同目的的，无权请求返还定金；收受定金的一方不履行债务或者履行债务不符合约定，致使不能实现合同目的的，应当双倍返还定金。

当事人既约定违约金，又约定定金的，一方违约时，对方可以选择适用违约金或者定金条款。定金不足以弥补一方违约造成的损失的，对方可以请求赔偿超过定金数额的损失。

四》 违约责任的免责事由

（一）不可抗力

不可抗力，是指不能预见、不能避免并不能克服的客观情况。当事人一方因不可抗力不能履行合同的，根据不可抗力的影响，部分或者全部免除责任，但是法律另有规定的除外。比如，根据《邮政法》第 48 条第 1 项的规定，因不可抗力造成的保价的给据邮件损失的，邮政企业仍然要承担赔偿责任。

因不可抗力不能履行合同的，应当及时通知对方，以减轻可能给对方造成的损失，并应当在合理期限内提供证明。当事人迟延履行后发生不可抗力的，不免除其违约责任。

常见的不可抗力有：（1）自然灾害。如地震、台风、洪水、海啸等。（2）政府行为。政府行为是指当事人在订立合同以后发生，且不能预见的情形。如运输合同订立后，由于政府颁布禁运的法律，使合同不能履行。（3）社会异常现象。一些偶发的事件阻碍合同的履行，如罢工骚乱等。

【例 3－10】承运人对不可抗力所造成的货物损失或损害不承担赔偿责任。

2006 年 5 月 26 日，大连船用柴油机厂将其售与上海外高桥船厂的船用柴油机一台以及吊具及支座等交由顺通公司所属“宝安城”轮由大连运往上海。“宝安城”轮从大连启航，5 月 28 日凌晨在黄海中部海域突遇大风浪，船舶左右剧烈摇晃，船长采取了调整航向的避风避浪措施，但第二货舱内货物发生移动，右舷前部舱壁有一破洞并有海水大量涌入，船员采取堵漏、排水等抢险措施后，由于货物棱角正好挡在破损处，且进水量大，堵漏未果。船长根据当时的情况决定弃船，“宝安城”轮沉没，船舶和货物全损。

气象资料证实，事故发生时港口出现了 9 级大风，该事故的发生属于“不能预见、不能避免并不能克服的情形”，应认定构成不可抗力，依照《合同法》第 311 条①的规定，承运人对因不可抗力所致的货物灭失或者损坏，不承担赔偿责任。

案例来源：福建省高级人民法院（2007）闽民终字第 170 号民事判决书。

（二）债权人的过错

债务人不履行或不适当履行合同是由债权人的原因造成的，债务人不承担违约责任。当事人一方违约造成对方损失，对方对损失的发生有过错的，可以减少相应的损失赔偿额。

（三）免责条款

免责条款是当事人以协议排除或限制其未来责任的条款。经营者对于未来可能发生的意外事件给自己带来的风险必须进行控制，其方法是事先达成免责条款。

（四）情势变更

所谓情势变更，是指在合同有效成立以后，如果合同履行的客观条件发生了重大变化，导致合同无法履行，或者履行结果显失公平，则依据诚实信用原则，应当允许当事人请求变更或者解除合同。1902 年，英国上诉法院判决的著名的克雷尔诉亨利案，确立了情势变更制度，使合同受挫得以免责。英美法系承认情势变更的理论对严格责任是一个有益的补充。

我国《民法典》第 533 条规定：“合同成立后，合同的基础条件发生了当事人在订立合同时无法预见的、不属于商业风险的重大变化，继续履行合同对于当事人一方明显不公平的，受不利影响的当事人可以与对方重新协商；在合理期限内协商不成的，当事人可以

① 此条内容对应《民法典》第 832 条的规定。

请求人民法院或者仲裁机构变更或者解除合同。人民法院或者仲裁机构应当结合案件的实际情况，根据公平原则变更或者解除合同。”

实训作业

一、实训项目

以下列茶叶买卖合同为例，分析合同中可能存在的问题，对合同进行完善。

合同编号：B08－038

签订日期：20××年×月×日　　签订地点：昆明市××区

供方：云南普洱茶场（甲方）　　法人代表：马××　　地址：昆明市××路××号

需方：××贸易公司（乙方）　　法人代表：刘××　　地址：郑州市××路××号

为了繁荣市场，保证茶叶供应，根据《中华人民共和国民法典》的规定，双方代表经平等协商，订立本合同，以资共同信守。

1. 需方购买供方一级云雾茶 5 000 千克，136 元/千克；一级镇江茶 3 000 千克，96 元/千克；特级茉莉花茶 2 000 千克，116 元/千克。总金额 120 万元。

2. 供方自 5 月开始三个月分三批交货，由供方负责包装并将货物运抵郑州东站，包装费及运费由需方负责。

3. 需方过秤验收后，一次性通过银行托收承付方式将全部货款及包装费、运费结清。

4. 需方拒绝收货，应处以汇款总额 20%的违约罚金；供方交货量不足，应处以货款总额 20%的违约罚金。

5. 供、需双方任何一方如要求变更或解除合同时，应及时通知对方，并采用书面形式由双方达成协议。未达成协议前，原合同仍然有效。当事人一方接到另一方要求变更或解除合同的建议后，应在收到通知之日起 15 天内做出答复，逾期不做答复的，即视为默认。

6. 执行本合同发生争议，由当事人双方协商解决。协商不成，双方同意由郑州市仲裁委员会仲裁或者向人民法院起诉。

7. 违约金或赔偿金应在供、需双方商定的日期内或由有关部门确定责任后 10 天内偿付，否则按逾期付款处理。

本合同一式三份，供、需双方各执一份，鉴证机关一份。本合同自签订之日起生效，至双方义务履行完毕之日失效。

鉴证机关：昆明市市场监督管理局

供方：云南普洱茶场	需方：××贸易公司
法人代表（签字或盖章）：	法人代表（签字或盖章）：
开户银行：	开户银行：
银行账号：	银行账号：
电话：	电话：
地址：	地址：
日期：	日期：

二、案例讨论

案例一：2011 年 8 月 24 日，路倍安公司（北京路倍安交通设施科技有限公司）的法定代表人王某与物华公司（北京物华货物运输有限公司）签订托运单，该托运单载明："发站北京、到站成都、托运人王某、收货人黄东升、货物名称移车器 8 件及支架 2 件、件数 10、运费 350 元、结算方式现付、备注送货。协定事项：托运人必须如实填写货物名称、件数、重量及收货人的详细地址和电话，并出具托运货物的合法手续；托运人托运的货物应上全额保险，如有货物损坏丢失，按照有关规定和损坏的程度确定赔偿金额，但最高赔偿额不能超过保险金额，没按规定上全额保险的，责任由托运人自负，如遇特殊原因需赔偿的，按运费的 5 倍赔偿。"托运人处有王某签字，该托运单加盖物华公司章。在运输中，双方当事人确认该托运单上载明的货物在运输途中因火灾而毁损。双方形成汽车货物运输合同责任赔偿纠纷。

问题：

1. 托运单上 5 倍运费的限额赔偿的格式条款有效吗？
2. 货物运输中货损责任如何认定？

案例二：2007 年 5 月 17 日，杨永强因开办酒店需购置中央空调，与苏宁电器（浙江省湖州苏宁电器有限公司）签订买卖合同，苏宁电器的人员对商品所有配件进行施工安装，收取安装费用；商品的保修期为一年，并由苏宁电器设计安装方案，承诺制冷量达到标准要求。合同订立后，杨永强依约向苏宁电器支付货款 27 万元。空调安装后，在运行中出现了漏水现象，之后出现制冷（热）功率达不到合同约定的效果，使酒店不断遭到客人的投诉。其间，苏宁电器员工多次前来检测维修，均无法解决上述问题。2008 年 1 月 28 日，杨永强再次书面致函苏宁电器，要求其限期排除质量问题或退货处理。后杨永强为维持酒店正常营业，自行购买、安装了 13 台分体式格力空调，花费 62 130 元，作为酒店暂行应急措施。

问题：

杨永强与苏宁电器签订的买卖合同能解除吗？为什么？

第四章　物资采购与销售法律制度

【学习目标】

- 了解：买卖合同的概念、特征，《联合国国际货物销售合同公约》的适用范围。
- 熟悉：买卖合同双方当事人的权利和义务，招标投标程序、开标、评标和中标。
- 掌握：买卖合同标的物所有权的转移和风险责任负担，国际货物买卖合同的订立，国际货物买卖合同双方的义务。

【导入案例】

德国蒂森克虏伯冶金产品有限责任公司（以下简称“德国克虏伯公司”）与中化国际（新加坡）有限公司（以下简称“中化新加坡公司”）国际货物买卖合同纠纷案。

2008 年 4 月 11 日，中化新加坡公司与德国克虏伯公司签订了购买石油焦的采购合同，中化新加坡公司按约支付了全部货款，但德国克虏伯公司交付的石油焦 HGI 指数仅为 32。中化新加坡公司认为德国克虏伯公司构成根本违约，请求判令解除合同，德国克虏伯公司返还货款并赔偿损失。

江苏省高级人民法院一审认为，根据《联合国国际货物销售合同公约》的有关规定，德国克虏伯公司提供的石油焦 HGI 指数远低于合同约定标准，导致石油焦难以在国内市场销售，签订买卖合同时的预期目的无法实现，故德国克虏伯公司的行为构成根本违约，判决支持中化新加坡公司的诉讼请求。德国克虏伯公司向最高人民法院提出上诉。

问题：

1. 本案是否适用国际条约？
2. 对于国际条约没有调整的事项，是否支持当事人选择的准据法？

扫码看解析

案例来源：人民法院为“一带一路”建设提供司法服务和保障的典型案例之二。

第一节　买卖合同

物流企业的采购活动本身就是买卖活动。采购合同是供应商转移标的物所有权于需方，需方支付价款的合同。采购合同俗称买卖合同，是商品交换中最普遍的合同形式。我国《民法典》合同编第九章中有买卖合同的具体规定。

一》 买卖合同概念

（一）买卖合同的概念和内容

买卖合同是出卖人转移标的物的所有权于买受人，买受人支付价款的合同。

买卖合同中的“买卖”为狭义的买卖，仅指物的所有权的有偿转让。因此，关于转让债权、出让和转让土地使用权的协议不属于《民法典》合同编规定的买卖合同。

（二）买卖合同的特征

1. 买卖合同是有名合同

买卖合同出现在《民法典》合同编第九章，属于有名合同。买卖合同是最基本的有名合同。

2. 买卖合同是卖方转移所有权、买方支付价款的合同

买卖合同是卖方转移所有权的合同。卖方不仅要将标的物交付给买方，而且要将标的物的所有权转移给买方。

3. 买卖合同是双务合同

出卖人与买受人互为给付，双方都享有一定的权利，又都负有相应的义务。因此，买卖合同是一种典型的双务合同。

4. 买卖合同是有偿合同

出卖人与买受人有对价关系，卖方取得价款是以转移标的物的所有权为代价的，买方取得标的物的所有权是以给付价款为代价的。买卖合同的任何一方从对方取得物质利益，都须向对方付出相应的物质利益。因此，买卖合同是典型的有偿合同。

5. 买卖合同多是诺成合同

一般来说，当事人就买卖达成合意，买卖合同即成立，而不以标的物或者价款的现实交付为成立的要件。

6. 买卖合同为要式或者不要式合同

买卖合同既有要式合同，又有不要式合同，法律对合同的形式一般不作要求。通常情况下，买卖合同的成立并不需要具备一定的形式，但法律另有规定的除外。书面形式仅仅起到提供合同证据的作用。

二》 买卖合同的标的物

《民法典》第 597 条规定：“因出卖人未取得处分权致使标的物所有权不能转移的，买受人可以解除合同并请求出卖人承担违约责任。法律、行政法规禁止或者限制转让的标的物，依照其规定。”

买卖合同的标的物有以下特征：

（一）标的物应为出卖人有权处分的物

在罗马法中，就有“任何人都无权处分不属于自己的东西”的私法格言，现代各国也将这一格言确立为买卖合同的一般原则，出卖人对出卖的标的物有处分权包括两种情形：一是标的物归出卖人所有；二是出卖人有权处分，这是指出卖人依所有权人的授权或者法

律的规定可以出卖该标的物。

出卖人对标的物是否有处分权，不影响买卖合同的效力，即使出卖他人之物，出卖人未经权利人追认或者在订立合同后也未取得处分权，买卖合同也是有效的。从买卖合同上说，若确认买卖合同有效，则出卖人不能将标的物转移给买受人时，应负违约责任，买受人可请求出卖人赔偿损失（包括可得利益损失）；若确认出卖人出卖无权处分之物的买卖合同无效，则出卖人仅负缔约过失责任，买受人则只能请求出卖人赔偿信赖利益。可见，对于出卖人出卖其无权处分之物的买卖合同，确认其有效，有利于保护善意买受人的利益。

（二）标的物须为非限制流通物

买卖的标的物一般须是可流通物。可把物按照它在市场上能否自由地流通分为流通物、限制流通物和禁止流通物。

所谓流通物，流通就是买卖，就是流转，简单地说，就是国家允许按民事程序在权利主体间自由买卖的物。

所谓限制流通物，是指基于法律、社会公众的利益，对某种物的流通作出了限制性的规定的那些物。比如，私人收藏的文物属于限制流通物，由文化行政管理部门指定的单位许可，才能在一定范围内买卖，严禁私自将文物卖给外国人。猎枪只有经批准才能购买。烈性麻醉品也应是限制流通物。

所谓禁止流通物，是指法律不允许在市场上流通的物。以前土地，还有某些自然资源、武器和装备等均为禁止流通物。现在土地已可有偿转让。武器、管制刀具依然是禁止流通物。毒品当然是禁止流通物。

此种分类的意义在于，进行商品交换签订合同的时候，必须注意合同的标的物，如果违背了法律的限制性或禁止性的规定，有可能导致合同的无效，甚至还有可能招致行政和刑事制裁。标的物的违法性是民事法律行为无效的构成要件中内容违法的主要内容之一。

（三）标的物为有体物

“买卖合同的标的物”，只能是有体物，包括动产和不动产。所谓“动产”就是指可以任意移动，而且不会因为移动而损害其价值的物。不动产就是指不能移动或者虽然能够移动，但是由于移动会损害其价值的物。不动产主要就是指土地或者说土地上的各种附属物。两者的区别在于：对于动产来讲，它以交付和占有作为所有权变动的表征；而对不动产来讲，是以登记作为所有权变动的重要的表征。

无体物，主要是财产权利的转让，不属于买卖合同的调整范围。例如，知识产权作为无形财产，其转让就不属于买卖合同而属于技术合同的范畴。《民法典》第 600 条规定：“出卖具有知识产权的标的物的，除法律另有规定或者当事人另有约定外，该标的物的知识产权不属于买受人。”

三》 买卖合同双方当事人的权利和义务

（一）出卖人的主要权利

《民法典》第 641 条规定：“当事人可以在买卖合同中约定买受人未履行支付价款或者其他义务的，标的物的所有权属于出卖人。出卖人对标的物保留的所有权，未经登记，不得对抗善意第三人。”

《民法典》第642条规定：“当事人约定出卖人保留合同标的物的所有权，在标的物所有权转移前，买受人有下列情形之一，造成出卖人损害的，除当事人另有约定外，出卖人有权取回标的物：（一）未按照约定支付价款，经催告后在合理期限内仍未支付；（二）未按照约定完成特定条件；（三）将标的物出卖、出质或者作出其他不当处分。出卖人可以与买受人协商取回标的物；协商不成的，可以参照适用担保物权的实现程序。”

《民法典》第643条规定：“出卖人依据前条第一款的规定取回标的物后，买受人在双方约定或者出卖人指定的合理回赎期限内，消除出卖人取回标的物的事由的，可以请求回赎标的物。买受人在回赎期限内没有回赎标的物，出卖人可以以合理价格将标的物出卖给第三人，出卖所得价款扣除买受人未支付的价款以及必要费用后仍有剩余的，应当返还买受人；不足部分由买受人清偿。”

（二）出卖人的主要义务

1. 交付标的物

交付标的物是出卖人的首要义务，也是买卖合同最重要的合同目的。标的物的交付是指转移标的物的占有。交付有多种形式：（1）现实交付，是指出卖人使标的物处于买受人的实际控制下，由其直接占有。（2）简易交付，是指在合同订立时买受人已实际占有标的物，自合同生效时标的物就为交付。（3）占有改定，是指当事人在买卖合同中约定，出卖人继续占有标的物，而买受人取得间接占有，以代替标的物的现实交付。（4）返还请求权的让与，又称为指示交付，是指在出卖的标的物为第三人占有时，出卖人将对于第三人的返还请求权让与买受人，由买受人直接向第三人要求返还标的物。最常见的指示交付，就是将提单、仓单等单证交给买受人，以代替标的物的现实交付。

卖方交付货物时，承担的具体义务包括如下六个方面：

（1）卖方应当按照约定的时间交付货物。

约定交付期限的，出卖人可以在该交付期限内的任何时间交付。当事人没有约定标的物的交付期限或者约定不明确的，可以协议补充；不能达成补充协议的，按照合同相关条款或者交易习惯确定；仍不能确定的，履行期限不明确，债务人可以随时履行，债权人也可以随时请求履行，但是应当给对方必要的准备时间。

（2）卖方应当按照约定的地点交付货物。

未约定地点或约定不明确，依据《民法典》第510条（合同漏洞填补规则）的规定仍不能确定的，适用下列规定：①标的物需要运输的，出卖人应当将标的物交付给第一承运人以运交给买受人。②标的物不需要运输，出卖人和买受人订立合同时知道标的物在某一地点的，出卖人应当在该地点交付标的物；不知道标的物在某一地点的，应当在出卖人订立合同时的营业地交付标的物。

（3）卖方应当按照约定或法律规定的质量标准交付货物。

出卖人应当按照约定的质量要求交付标的物。出卖人提供有关标的物质量说明的，交付的标的物应当符合该说明的质量要求。

因标的物不符合质量要求，致使不能实现合同目的的，买受人可以拒绝接受标的物或者解除合同。买受人拒绝接受标的物或者解除合同的，标的物毁损、灭失的风险由出卖人承担。

（4）卖方应当按照约定的数量交付货物。

在卖方少交的情况下，如果买方仍需要时，卖方应如数补交，并承担迟延部分的违约责任。出卖人多交标的物的，买受人可以接收或者拒绝接收多交的部分。买受人接收多交部分的，按照约定的价格支付价款；买受人拒绝接收多交部分的，应当及时通知出卖人。

（5）卖方应当按照约定的包装交付货物。

出卖人应当按照约定的包装方式交付标的物。对包装方式没有约定或者约定不明确，依据《民法典》第510条的规定仍不能确定的，应当按照通用的方式包装；没有通用方式的，应当采取足以保护标的物且有利于节约资源、保护生态环境的包装方式。

（6）交付所卖标的物的有关单证和资料。

出卖人应当履行向买受人交付标的物或者交付提取标的物的单证，并转移标的物所有权的义务。出卖人应当按照约定或者交易习惯向买受人交付提取标的物单证以外的有关单证和资料。提取标的物的单证，如提单、仓单等，是对标的物占有权利的体现，可以由卖方交付给买方作为拟制的交付以代替实际的交付。这种拟制的交付不需要合同作出专门的约定。

除了标的物的仓单、提单等用于提取标的物的单证外，现实生活中关于买卖的标的物，尤其是国际贸易中的货物，还有其他单证和资料，比如商业发票、产品合格证、质量保证书、使用说明书、产品检疫书、产地证明、保修单、装箱单等。对于这些单证和资料，如果买卖合同中明确约定了卖方交付的义务或者是按照交易的习惯卖方应当交付，卖方就有义务在履行交付标的物的义务以外，向买方交付这些单证和资料。《联合国国际货物销售合同公约》第34条规定："如果卖方有义务移交与货物有关的单据，他必须按照合同所规定的时间、地点和方式移交这些单据。"

2. 转移标的物所有权

取得标的物的所有权是买方的交易目的，因此，将标的物的所有权转移给买方，是卖方的一项主要义务。

3. 瑕疵担保义务

（1）物的瑕疵担保义务。物的瑕疵担保义务是指出卖人应担保所交付的标的物的品质，即质量符合要求。包括以下三个方面内容：

①价值瑕疵的担保，是指担保标的物无灭失或减少其价值的瑕疵。

②效用瑕疵的担保，是指担保标的物具备应有的使用价值。例如，在买卖用材林时，若未取得采伐许可，则不具备约定效用。

③所保证的品质担保。例如，不具备商品说明书中记载的品质，则为有瑕疵。

依据《民法典》第617条和第582～584条的规定，出卖人应对标的物承担瑕疵担保责任时，除当事人另有约定外，买受人可以合理选择要求出卖人承担修理、重作、更换、退货、减少价款或者报酬等违约责任。退货也就是解除合同。

《民法典》第618条规定："当事人约定减轻或者免除出卖人对标的物瑕疵承担的责任，因出卖人故意或者重大过失不告知买受人标的物瑕疵的，出卖人无权主张减轻或者免除责任。"

（2）权利瑕疵担保义务。权利瑕疵担保义务是指出卖人须向买受人保证不会出现第三人对买卖标的物主张权利的情况。

《民法典》第 612 条规定：“出卖人就交付的标的物，负有保证第三人对该标的物不享有任何权利的义务，但是法律另有规定的除外。”

《民法典》第 613 条规定：“买受人订立合同时知道或者应当知道第三人对买卖的标的物享有权利的，出卖人不承担前条规定的义务。”

《民法典》第 614 条规定：“买受人有确切证据证明第三人对标的物享有权利的，可以中止支付相应的价款，但是出卖人提供适当担保的除外。”

（三）买受人的主要义务

1. 支付价款

价款是买受人获取标的物的所有权的对价或代价。买受人应当按照约定的地点、约定的时间、约定的数额和支付方式支付价款，这是买受人的主要义务。对于地点、时间、数额和支付方式没有约定或约定不清的，可参照《民法典》第 510 条、第 511 条规定的合同漏洞的填补规则加以确定。

《民法典》第 627 条规定：“对支付地点没有约定或者约定不明确，依据本法第五百一十条的规定仍不能确定的，买受人应当在出卖人的营业地支付；但是，约定支付价款以交付标的物或者交付提取标的物单证为条件的，在交付标的物或者交付提取标的物单证的所在地支付。”

《民法典》第 628 条规定：“对支付时间没有约定或者约定不明确，依据本法第五百一十条的规定仍不能确定的，买受人应当在收到标的物或者提取标的物单证的同时支付。”

2. 受领标的物

对于出卖人交付标的物及其有关的权利和凭证，买受人有受领义务。在某些特殊情况下，买方也可能有意地拖延受领，这样会影响卖方资金的周转，增加卖方的费用负担。因此按约定及时地受领货物也是买方的一项义务。这实际上是买方协助卖方履行义务的协助义务。

3. 检验义务

《民法典》第 620 条规定：“买受人收到标的物时应当在约定的检验期限内检验。没有约定检验期限的，应当及时检验。”

《民法典》第 621 条规定：“当事人约定检验期限的，买受人应当在检验期限内将标的物的数量或者质量不符合约定的情形通知出卖人。买受人怠于通知的，视为标的物的数量或者质量符合约定。当事人没有约定检验期限的，买受人应当在发现或者应当发现标的物的数量或者质量不符合约定的合理期限内通知出卖人。买受人在合理期限内未通知或者自收到标的物之日起二年内未通知出卖人的，视为标的物的数量或者质量符合约定；但是，对标的物有质量保证期的，适用质量保证期，不适用该二年的规定。出卖人知道或者应当知道提供的标的物不符合约定的，买受人不受前两款规定的通知时间的限制。”

《民法典》第 622 条规定：“当事人约定的检验期限过短，根据标的物的性质和交易习惯，买受人在检验期限内难以完成全面检验的，该期限仅视为买受人对标的物的外观瑕疵提出异议的期限。约定的检验期限或者质量保证期短于法律、行政法规规定期限的，应当以法律、行政法规规定的期限为准。”

《民法典》第 623 条规定：“当事人对检验期限未作约定，买受人签收的送货单、确认单等载明标的物数量、型号、规格的，推定买受人已经对数量和外观瑕疵进行检验，但是有相关证据足以推翻的除外。”

《民法典》第 624 条规定：“出卖人依照买受人的指示向第三人交付标的物，出卖人和买受人约定的检验标准与买受人和第三人约定的检验标准不一致的，以出卖人和买受人约定的检验标准为准。”

《民法典》第 625 条规定：“依照法律、行政法规的规定或者按照当事人的约定，标的物在有效使用年限届满后应予回收的，出卖人负有自行或者委托第三人对标的物予以回收的义务。”

4. 保管义务

买方对于卖方不按合同约定条件交付的标的物，例如多交付、提前交付的标的物有瑕疵等有权拒绝接受。在特殊情况下，买方虽作出拒绝接受交付的意思表示，但有暂时保管并应急处置标的物的义务。买方在拒绝接受交付时为卖方保管及紧急变卖标的物的行为必须是基于善良的动机，不得扩大卖方的损失。卖方也不能因买方在上述情况下的保管或紧急变卖行为而免除责任。

四》 买卖合同的解除

因标的物的主物不符合约定而解除合同的，解除合同的效力及于从物。因标的物的从物不符合约定被解除的，解除的效力不及于主物。

标的物为数物，其中一物不符合约定的，买受人可以就该物解除。但是，该物与他物分离使标的物的价值显受损害的，买受人可以就数物解除合同。

出卖人分批交付标的物的，出卖人对其中一批标的物不交付或者交付不符合约定，致使该批标的物不能实现合同目的的，买受人可以就该批标的物解除。出卖人不交付其中一批标的物或者交付不符合约定，致使之后其他各批标的物的交付不能实现合同目的的，买受人可以就该批以及之后其他各批标的物解除。买受人如果就其中一批标的物解除，该批标的物与其他各批标的物相互依存的，可以就已经交付和未交付的各批标的物解除。

分期付款的买受人未支付到期价款的数额达到全部价款的五分之一，经催告后在合理期限内仍未支付到期价款的，出卖人可以请求买受人支付全部价款或者解除合同。出卖人解除合同的，可以向买受人请求支付该标的物的使用费。

五》 买卖标的物风险责任负担

（1）标的物毁损、灭失的风险，在标的物交付之前由出卖人承担，交付之后由买受人承担。买卖双方承担风险的责任划分界限即交付。交付是指出卖人将标的物交给买受人占有，即占有的转移。风险是指标的物因不可归责于任何一方当事人的事而遭受的意外损失。风险是由意外事件或自然灾害造成的。

以交付作为风险转移的标准需要注意以下问题：

①风险转移是独立发生的，与所有权转移无关，即使是保留所有权的交付或标的物非基于权利人意思而脱离占有，或交付后出卖人未能使买受人取得所有权，也不影响风险的转移。

②物的瑕疵也不影响风险的转移。

③标的物的交付不因该物为动产或不动产而不同。动产所有权的转移一般以交付为准，而不动产所有权的转移一般以办理过户登记手续为准。

在不动产双重买卖中，如出卖人先将房屋交付给买受人甲，后为买受人乙办理了所有权转移登记，其标的物的风险应归谁负担是有争议的。按照《民法典》第604条的规定，除法律另有规定或者当事人另有约定外，标的物的风险自交付时起转移。如果当事人仅是办理了过户手续而未转移标的物的占有，则标的物并未交付，不发生标的物风险的转移。

扫码看解析

【例4-1】 标的物毁损、灭失的风险转移的认定。

某自行车行有某甲寄售的市场稀缺的日本产“富士”牌新车一辆。一天，某乙到车行买车，决定买这辆“富士”牌车。“富士”牌车售价750元。当时，乙付款400元，讲妥余款第二天取货时付清。为了防止这辆车被别人买去，乙要求车行将其挑出的车子另行存放，车行随即将这辆车推到了后院的走廊下。不幸的是，这辆车当晚被盗。第二天，乙拿了350元取车时，车行工作人员说：“你的那辆车昨晚被盗，我们不能给你自行车，但你还得交清余款350元。”乙听后大吃一惊，便与车行发生了争吵。

问题：乙起诉到法院，要求车行退还货款，货款能否退回呢？

(2) 因买受人的原因致使标的物不能按照约定的期限交付的，买受人应当自违反约定之日起承担标的物毁损、灭失的风险。这是关于迟延受领时的风险负担，因买受人的原因致使标的物不能按照约定的期限交付时，自买受人违反约定之日起，视为标的物已交付。

(3) 出卖人出卖交由承运人运输的在途标的物，除当事人另有约定的以外，毁损、灭失的风险自合同成立时起由买受人承担。

这是关于运输途中标的物风险承担的规定。路货买卖是指标的物已在运输途中，出卖人寻找买主，出卖在途的标的物。它可以是出卖人先把标的物装上开往某个目的地的运输工具（一般是船舶）上，然后再寻找适当的买主订立买卖合同；路货买卖一般是在CIF条件下买方取得卖方交付的有关货物单证后转卖货物。

(4) 出卖人按照约定或者将标的物置于交付地点，买受人违反约定没有收取的，标的物毁损、灭失的风险自违反约定之日起由买受人承担。

(5) 出卖人按照约定将标的物运送至买受人指定地点并交付给承运人后，标的物毁损、灭失的风险由买受人承担。当事人没有约定或者约定不明确，标的物需要运输的，出卖人将标的物交付给第一承运人后，标的物毁损、灭失的风险由买受人承担。

这是关于交付地点不明又需运输时标的物风险的负担。在这种情况下，出卖人已经履行了交付义务，由买受人承担风险符合民法的精神。另外，买受人所处的地位使其能在目的地及时检验货物，在货物发生损失时采取必要的措施，及时向有责任的承运人请求赔偿以及向保险公司索赔等。

(6) 出卖人按照约定未交付有关标的物的单证和资料的，不影响标的物毁损、灭失风险的转移。标的物毁损、灭失的风险由买受人承担的，不影响因出卖人履行债务不符合约定，买受人要求其承担违约责任的权利。

六》 特殊买卖合同

《民法典》合同编对特殊买卖合同作了专门规定。

凭样品买卖的当事人应当封存样品，并可以对样品质量予以说明。出卖人交付的标的物应当与样品及其说明的质量相同。凭样品买卖的买受人不知道样品有隐蔽瑕疵的，即使交付的标的物与样品相同，出卖人交付的标的物的质量仍然应当符合同种物的通常标准。

试用买卖的当事人可以约定标的物的试用期限。对试用期限没有约定或者约定不明确，依据《民法典》第511条的规定仍不能确定的，由出卖人确定。试用买卖的买受人在试用期内可以购买标的物，也可以拒绝购买。试用期限届满，买受人对是否购买标的物未作表示的，视为购买。试用买卖的买受人在试用期内已经支付部分价款或者对标的物实施出卖、出租、设立担保物权等行为的，视为同意购买。试用买卖的当事人对标的物使用费没有约定或者约定不明确的，出卖人无权请求买受人支付。标的物在试用期内毁损、灭失的风险由出卖人承担。

招标投标买卖的当事人的权利和义务以及招标投标程序等，依照有关法律、行政法规的规定。拍卖的当事人的权利和义务以及拍卖程序等，依照有关法律、行政法规的规定。

当事人约定易货交易，转移标的物的所有权的，参照适用买卖合同的有关规定。

第二节　招标投标法

一、招标投标的基本概念

招标投标，是指招标人应用技术经济的评价方法和市场竞争机制的作用，通过有组织地开展择优成交的一种成熟的、规范的和科学的特殊交易方式。也就是说，它是由招标人或招标人委托的招标代理机构通过招标公告或投标邀请信，发布招标采购的信息与要求，在同等条件下，邀请潜在的投标人参加平等竞争，由招标人或招标人委托的招标代理机构按照规定的程序和办法，通过对投标竞争者的报价、质量、工期（或交货期）和技术水平等因素进行科学比较和综合分析，从中择优选定中标者，并与其签订合同，以达到招标人节约投资、保证质量和资源优化配置的目的的一种特殊的交易方式。

二、招标投标的特征

（一）组织性

招标投标是一种有组织的交易方式，具有明显的组织性特征。它主要表现在以下五个方面：

（1）招标的组织者是法人或其他组织，一般情况下，自然人不能成为招标人；招标人邀请招标机构代理招标，按规定双方应签订招标委托协议。

（2）招标决策的群体性。对中标者的选择，无论是委托招标还是自行招标，是公开招标还是邀请招标，其决策过程都是按照招标人（业主、买方、用户）在招标文件中载明的标准、方法与要求，对投标人的报价、质量、技术、工期与其他综合因素及其综合实力，通过依法组建的评标委员会进行比较、评估而择优推荐，并按规定的程序与办法确定的，而非个人行为。

（3）要在规定的场所进行。投标地点、开标地点都必须是按招标文件、招标公告事先已经规定的场所。

（4）要在规定的时间进行。招标文件的发售、投标文件的递交和开标，也都要按事先公开规定的时间进行。

（5）对国家规定必须进行的招标项目，招标过程中有一些重要环节必须履行报批或备案程序的，要接受上级行政主管部门的监督管理。

综上所述，招标是一种有组织、有计划的特殊的商业交易活动，它的进行过程必须按照招标文件的规定，即按事先规定的规则、标准、方法进行，有严密的程序，处处体现高度的组织性。

（二）投标的一次性

招标投标活动中，投标人只能应邀一次性递价，以合理的价格定价。标书在投递后一般不得随意撤回或者修改。

（三）公平性和公正性

任何符合投标条件的投标人均可以参加投标，在投标规则面前各投标人具有平等的竞争机会。其具体表现为：

（1）对待各方投标者一视同仁，招标方不得有任何歧视某一个投标者的规定和行为。

（2）招标过程实行公开公正方式。开标过程中，请公证机关的公证人员或投标人代表当众核查密封，当场监督，确保开标活动的公开、公平和公正性。

（3）公开评标标准和评标办法，是保证和约束评标委员会评标过程公正性的重要措施之一。

（四）公开性

招标人必须将招标投标的程序和结果向所有的投标人公开，使招标投标活动接受公开的监督。其具体表现为：

（1）进行招标活动的信息公开。

（2）开标的程序和内容公开。

（3）评标标准和评标办法公开。

（4）中标的结果公开。

国家鼓励利用信息网络进行电子招标投标。数据电文形式与纸质形式的招标投标活动具有同等法律效力。

三》 招标的项目

明确哪些项目必须进行招标，哪些项目可由当事人选择招标方式，是推行招标投标制度的前提条件。

（一）招标的标的

招标的标的通常分为货物、工程和服务。

（二）必须招标的项目

我国立法将必须招标的标的限制为三类具体工程项目：

（1）大型基础设施、公共事业等关系社会公共利益、公共安全的项目；

（2）全部或者部分使用国有资金投资或者国家融资的项目；

（3）使用国际组织或者外国政府贷款、援助资金的项目。

根据《招标投标法》第3条的规定，招标的内容涉及上述三类工程项目的各个环节，包括项目的勘察、设计、施工、监理以及与工程建设有关的重要设备、材料的采购，必须进行招标。但是，涉及国家安全、国家秘密、抢险救灾或者属于利用扶贫资金实行以工代赈、需要使用农民工等特殊情况不适宜进行招标的项目，按照国家有关规定可以不进行招标。

（三）可选择的项目

凡不属于法律明文规定必须采用招标投标方式交易的项目，当事人可自己决定是否采取招标方式。

四》 招标投标活动当事人

（一）招标人

招标人是指依照《招标投标法》的规定提出招标项目、进行招标的法人或者其他组织。招标人不得为自然人。

招标人有权自行选择招标代理机构，委托其办理招标事宜。任何单位和个人不得以任何方式为招标人指定招标代理机构。

招标人具有编制招标文件和组织评标能力的，可以自行办理招标事宜。任何单位和个人不得强制其委托招标代理机构办理招标事宜。招标人具有编制招标文件和组织评标能力，是指招标人具有与招标项目规模和复杂程度相适应的技术、经济等方面的专业人员。

依法必须进行招标的项目，招标人自行办理招标事宜的，应当向有关行政监督部门备案。

（二）招标代理机构

1. 招标代理机构的概念和资格认定

招标代理机构是指依法设立、从事招标代理业务并提供相关服务的社会中介组织。招标代理机构应当具备下列条件：有从事招标代理业务的营业场所和相应资金；有一定数量的具备编制招标文件、组织评标等相应能力的专业人员。

2. 招标人的自由选择权

招标人有权决定自行办理招标事宜或者委托招标代理机构代为办理；委托办理的，招标人有权自行选择招标代理机构。投标招标活动是一种组织性、规范性及专业性较强，具有较高难度的交易运作方式，许多建设单位难以凭借自己的力量进行招标投标。因此，发展招标代理机构很有必要。

3. 投标人

投标人是指响应招标、参加投标竞争的法人或者其他组织。对于自然人，法律作出不同于招标人的特殊规定，即依法招标的科研项目允许个人参加投标的，投标的个人适用《招标投标法》有关投标人的规定。

为保证投标人成为中标人后能顺利履行合同，必须对其权利能力和行为能力提出要求。《招标投标法》规定：投标人应当具备承担招标项目的能力；国家有关规定对投标人资格条件或者招标文件对投标人资格条件有规定的，投标人应当具备规定的资格条件。

五》招标投标程序

（一）招标的方式

从世界各国的情况看，招标主要有公开招标和邀请招标两种方式。

1. 公开招标

这是指招标人以招标公告的方式邀请不特定的法人或者其他组织投标。其特点是能保证其竞争的充分性，具体体现在：

（1）招标人以招标公告的方式邀请投标；

（2）邀请投标的对象为不特定的法人或者其他组织。

2. 邀请招标

这是指招标人以投标邀请书的方式邀请特定的法人或者其他组织投标。其特征为：

（1）招标人向三个以上具备承担招标项目的能力、资信良好的特定的法人或者其他组织发出投标邀请；

（2）邀请投标的对象是特定的法人或者其他组织。

3. 公开招标和邀请招标的区别

（1）发布信息的方式不同。公开招标采用公告的形式发布，邀请招标采用投标邀请书的形式发布。

（2）选择的范围不同。公开招标因使用招标公告的形式，针对的是一切潜在的对招标项目感兴趣的法人或者其他组织，招标人事先不知道投标人的数量；邀请招标针对已经了解的法人或者其他组织，而且事先已经知道投标人的数量。

（3）竞争的范围不同。由于公开招标使所有符合条件的法人或者其他组织都有机会参加投标，竞争的范围较广，竞争性体现得也比较充分，招标人拥有绝对的选择余地，容易获得最佳招标效果；邀请招标中投标人的数目有限，竞争的范围有限，招标人拥有的选择余地相对较小，有可能提高中标的合同价，也有可能将某些技术上或报价上更有竞争力的供应商或承包商遗漏。

（4）公开的程度不同。公开招标中，所有的活动都必须严格按照预先指定并为大家所知的程序和标准公开进行，大大减少了作弊的可能性；相比而言，邀请招标的公开程度逊色一些，产生不法行为的机会也就多一些。

（5）时间和费用不同。由于邀请招标不发公告，招标文件只送几家，使整个招投标的时间大大缩短，招标费用也相应减少。公开招标的程序比较复杂，从发布公告、投标人做出反应、评标，到签订合同，有许多时间上的要求，要准备许多文件，因而耗时较长，费用也比较高。

由此可见，两种招标方式各有千秋。公开招标与邀请招标相比较，前者更有利于充分竞争的开展，因而法律对后者的使用作出了限制性规定。

（二）招标程序

1. 发布招标公告与投标邀请书

（1）公开招标的，应发布招标公告。招标人通过国家指定的报刊、信息网络或者其他媒介发布招标公告。招标公告应当载明招标人的名称和地址，招标项目的性质、数量、实施地点和时间以及获得招标文件的办法等事项。

（2）邀请招标的，应发出投标邀请书。招标人向三个以上具备承担招标项目能力、资信良好的特定的法人或者其他组织发出投标邀请书。投标邀请书应载明的事项与招标公告应载明的事项相同。

2. 审查投标人的资格

招标项目一般都是大中型建设项目、“交钥匙”项目和技术复杂的项目，为了确保建设工程的质量以及避免招标工作上的财力和时间的浪费，法律允许招标人要求潜在的投标人提供有关资质证明文件和业绩情况，并对其进行资格审查。

3. 编制招标文件

招标人应当根据招标项目的特点和需要编制招标文件。招标文件应当包括招标项目的技术要求、对投标人资格审查的标准、投标报价要求和评标标准等所有实质性要求和条件以及拟签订合同的主要条款。国家对招标项目的技术、标准有规定的，招标人应当按照其规定在招标文件中提出相应要求。招标人可以在招标文件中合理设置支持技术创新、节能环保等方面的要求和条件。

4. 禁止规定

（1）禁止不公正的倾向性。招标文件不得要求或者标明特定的生产供应商，不得含有排斥潜在投标人的内容，以及不得含有排斥潜在投标人倾向的内容。

（2）禁止泄密。招标人不得向他人透露已获得招标文件的潜在投标人的名称、数量以及可能影响公平竞争的有关招标投标的其他情况；招标人设有标底的，标底必须保密。

（三）投标程序

1. 编制投标文件

投标文件是投标人向招标人发出的要约，反映投标人希望和招标人订立招标投标合同的愿望和具体条件。为此，投标人应当按照招标文件的要求编制投标文件，而且投标文件应当对招标文件提出的实质性要求和条件做出响应。

2. 联合体投标

联合体投标是指两个以上的法人或者其他组织，共同组成一个非法人的联合体，以该联合体的名义作为一个投标人参加投标竞争。

联合体投标具有以下特征：

（1）联合体的主体包括两个以上的法人或者其他组织。

（2）联合体是为了进行投标及中标后履行合同而组织起来的一个临时性的非法人组织。

（3）联合体以一个投标人的身份共同投标。

（4）就中标项目，联合体各方对招标人承担连带责任。

为了确保联合体投标的质量，防止利用联合体的方式规避法律，使不具备投标资格者投标甚至中标，《招标投标法》规定，联合体的各方均应当具备承担招标项目的相应能力，国家有关规定或者招标文件对招标人资格条件有规定的，联合体各方应当具备相应的资格条件。由同一专业的单位组成的联合体，按照资质等级较低的单位确定资质等级。

此外，《招标投标法》规定，招标人不得强制投标人联合投标，不得限制投标人之间的竞争。投标人之间的联合投标应当是出于自愿。

六》开标、评标和中标

（一）开标

开标是指招标人揭晓所有的投标文件。开标使招标人和全体投标人能够知道实际参加投标的人有哪些、各投标人的投标价格以及投标文件的其他主要内容。在此基础上评价并确定中标人。

1. 开标的时间和地点

开标应当在招标文件确定的提交投标文件截止时间的同一时间公开进行。开标地点应当是招标文件预先确定的地点。在此之前，投标文件由招标人签收保存，不得开启。

2. 出席开标

开标由招标人主持，邀请所有投标人参加。这样可以增加投标程序的透明度，使投标人了解招标投标活动是否依法进行，确保竞争的公平进行。

3. 开标程序

开标时，由投标人或者其推选的代表检查投标文件的密封情况，也可以由招标人委托的公证机构检查并公证；经确认无误后，由工作人员当众拆封，宣读投标人名称、投标价格和投标文件的其他主要内容。

招标人在招标文件要求提交投标文件的截止时间前收到的所有投标文件，开标时都应当当众予以拆封、宣读。开标过程应当记录，并存档备查。

（二）评标

评标是指对投标文件，按照规定的标准和方法，进行评审并选出最佳投标人。评标是招标投标活动中最重要的环节。

1. 评标委员会

《招标投标法》第 37 条规定："评标由招标人依法组建的评标委员会负责。依法必须进行招标的项目，其评标委员会由招标人的代表和有关技术、经济等方面的专家组成，成员人数为五人以上单数，其中技术、经济等方面的专家不得少于成员总数的三分之二。前款专家应当从事相关领域工作满八年并具有高级职称或者具有同等专业水平，由招标人从国务院有关部门或者省、自治区、直辖市人民政府有关部门提供的专家名册或者招标代理机构的专家库内的相关专业的专家名单中确定；一般招标项目可以采取随机抽取方式，特殊招标项目可以由招标人直接确定。与投标人有利害关系的人不得进入相关项目的评标委员会；已经进入的应当更换。评标委员会成员的名单在中标结果确定前应当保密。"

2. 评标的保密性和独立性

为防止暗箱操作，使评标委员会成员真正独立地、公平公正地对投标文件进行评审，保证评标具有良好的工作环境，《招标投标法》规定，招标人应当采取必要的措施，保证评标在严格保密的情况下进行。

鉴于我国目前仍然存在一些权力部门或者领导以各种方式干预、影响招标投标活动的情况，《招标投标法》有针对性地规定，任何单位和个人不得非法干预、影响评标的过程和结果。

3. 询标

（1）询标的含义。询标是指评标委员会对投标文件内容含义不明确的部分向投标人所做的询问。为了使评标委员会能够公正、公平、有效地评审投标文件，《招标投标法》第39条规定："评标委员会可以要求投标人对投标文件中含义不明确的内容作必要的澄清或者说明。"

（2）对澄清或者说明的限制。根据法律的规定，投标人的澄清或者说明不得超过投标文件的范围或者改变投标文件的实质性内容。这种限定是为了防止投标人的澄清或者说明变成实质上的新要约。

4. 评标标准和中标条件

按照《招标投标法》的规定，评标委员会应该按照招标文件已经确定了的评标标准和方法来评审。对设有标底的，还应该参考标底。评标委员会完成评审后，以书面形式向招标人报告，并推荐合格的中标人，由招标人或由其授权的评标委员会确定中标人。

我国《招标投标法》规定，中标人的投标应当符合下列条件：

（1）能够最大限度地满足招标文件中规定的各项综合评价标准。

（2）能够满足招标文件的实质性要求并且其投标价格最低；但是投标价格低于成本的除外。

在中标人确定前，法律禁止招标人与投标人事先就投标实质性内容进行谈判。因为如果允许招标人与投标人就投标实质性内容谈判，可能会出现招标人与投标人串通影响正常评价结果的情况。

5. 废标

在招标投标过程中，如果评标委员会在对所有的投标文件进行评价、审查以后，认为所有的投标都不符合招标文件要求的，根据《招标投标法》第42条的规定，评标委员会可以否决所有投标。

对于依法必须进行招标的项目，在出现废标的情况下，招标人应当重新招标。

6. 评标委员会成员应遵守的准则

（1）客观、公正地履行职务。《招标投标法》第44条规定："评标委员会成员应当客观、公正地履行职务，遵守职业道德，对所提出的评审意见承担个人责任。"评标委员会的评标结果是评标委员会全体成员的集体意思表示。评标结果应当是综合全体委员会成员意见而形成的。

（2）禁止非法接触。在招标投标活动中，有些投标人为了中标，不惜采取各种不正当的手段来达到其目的。为了防止这些行为对评标的影响，《招标投标法》第44条规定："评标委员会成员不得私下接触投标人，不得收受投标人的财物或者其他好处。"

（3）保密义务。《招标投标法》第44条规定："评标委员会成员和参与评标的有关工作人员不得透露对投标文件的评审和比较、中标候选人的推荐情况以及与评标有关的其他情况。"

（三）中标

中标是指经招标人评标，投标人投标成功，并与招标人签订合同。

1. 中标通知书的性质及法律效力

《招标投标法》第45条规定："中标人确定后，招标人应当向中标人发出中标通知书，并同时将中标结果通知所有未中标的投标人。中标通知书对招标人和中标人具有法律效力。”

中标通知书发出后，如果招标人改变中标结果或者中标人放弃中标项目，应当依法承担法律责任。这种法律责任是指缔约过失责任。由于招标人或者投标人的上述行为在订立合同时违背诚实信用原则，给对方造成损失，应当承担赔偿责任。

2. 订立招标合同

招标合同是指招标人和中标人依照招标文件和投标文件订立的确定招标人和中标人之间的权利和义务关系的书面协议。根据《招标投标法》第 46 条的规定，合同订立的时间是自中标通知书发出之日起 30 日内。招标合同的形式，必须采用书面形式。招标合同的内容，应该是对招标文件和投标文件中所载内容的肯定。招标人和中标人不得再行订立背离合同实质性内容的其他协议。

履约保证金是指招标人要求投标人在接到中标通知后提交的保证履行合同各项义务的担保。一旦中标人不履行合同义务，该项担保用于赔偿招标人因此所受的损失。《招标投标法》规定，招标文件要求中标人提交履约保证金的，中标人应当提交。

扫码看解析

【例 4-2】 2008 年 4 月，延庆经管委（北京市延庆经济开发区管理委员会）就 2008 年冬季供暖燃煤采购事项进行招标。招标文件要求，中标公司必须在签订供煤合同前缴纳保证金，金额为中标总供价的 20%；中标公司必须在中标后 1 周内签订供煤合同，否则视为自动放弃；如果中标的投标公司不按规定签订合同的，竞标保证金视为放弃，不予退还。竞标方案合同主要条款部分规定了招标方和投标方的权利与义务。同月，同兴昌公司（北京市同兴昌商贸有限公司）向延庆经管委缴纳竞标保证金 5 万元。经公开竞标，同兴昌公司中标，延庆经管委递向同兴昌公司送达了中标通知书。后延庆经管委要求同兴昌公司按照招标文件规定缴纳 20% 的保证金并签订书面供煤合同，同兴昌公司认为延庆经管委未将付款方式和时间写入招标文件，不能接受延庆经管委提供的合同文本中的付款方式和时间，故不同意签订书面供煤合同。

同兴昌公司以延庆经管委的招标文件中遗漏付款时间、付款方式，其不同意延庆经管委提供合同文本中载明的相关条件为由提起诉讼，请求判令延庆经管委退还竞标保证金 5 万元。

问题：

1. 中标人能以招标文件瑕疵拒签合同吗？
2. 中标人拒签合同是否应承担缔约过失责任？

案例来源：北京市第一中级人民法院（2008）一中民终字第 13564 号。

3. 履行合同

（1）亲自履行的义务。合同订立后，中标人应当按照合同约定亲自履行义务，完成中标项目，不得转让或变相转让中标项目。中标项目的转让，是指中标人将中标项目倒手转让他人，使他人成为该中标项目实际上的完成者。中标项目的转让在实践中具有很大的危害性，使招标投标有名无实，对工程质量造成严重影响。从合同法律关系上讲，中标项目的转让行为属于擅自变更合同主体的违约行为。

（2）分包及其限制。中标项目虽然不能转让，但可以分包。所谓分包中标项目，是指对中标项目实行总承包的中标人，将中标项目的部分工作再发包给他人完成的行为。原则上讲，中标人应该独立地履行义务。但是，由于有的招标项目比较庞大、复杂，为使中标项目能够更好地完成，法律允许中标人在一定的条件下将中标项目分包给他人。

第三节 《联合国国际货物销售合同公约》

1977 年国际贸易法委员会第十届年会通过了《国际货物买卖合同公约（草案）》，1978 年在第十一届年会上通过了《国际货物买卖合同成立公约（草案）》，并决定两个公约合并为《联合国国际货物销售合同公约（草案）》，1980 年 3 月，《联合国国际货物销售合同公约》（以下简称《公约》）在由 62 个国家代表参加的维也纳外交会议上通过，于 1988 年正式生效。中国于 1986 年批准加入了该公约。《公约》除序言外，分为四部分，共计 101 条。第一部分共 13 条，对《公约》的适用范围和总则作出规定；第二部分共 11 条，规定合同订立程序和规则；第三部分共 64 条，就货物买卖的一般规则、买卖双方的权利义务、风险的转移等作出规定；第四部分是最后条款，对《公约》的保管、签字、加入、保留、生效、退出等作出规定。

一》《公约》的适用范围

（一）货物销售合同

1. 适用《公约》的货物销售合同

《公约》只适用于国际货物销售合同，国际因素以当事人的营业地位于不同国家为标准，而不考虑当事人的国籍。如果当事人有两个以上营业地时，应以与合同及合同的履行关系最密切的营业地为其营业地。如果当事人没有营业地，则以其惯常居住地为准。

2. 不适用《公约》的货物销售合同

并非所有的国际货物销售合同都适用《公约》，《公约》在第 2 条和第 3 条对不适用《公约》的合同进行了规定。

《公约》第 2 条从合同的种类上排除了六种不适用《公约》的合同：（1）购供私人、家人或家庭使用的货物的销售，除非卖方在订立合同前任何时候或订立合同时不知道而且没有理由知道这些货物是购供任何这种使用；（2）经由拍卖的销售；（3）根据法律执行令状或其他令状的销售；（4）公债、股票、投资证券、流通票据或货币的销售；（5）船舶、船只、气垫船或飞机的销售；（6）电力的销售。

《公约》第 3 条还排除了提供服务的合同：《公约》不适用于供应货物一方的绝大部分义务在于供应劳力或其他服务的合同。这一项不适用的合同反映了《公约》适用范围的一条原则，即《公约》适用货物的国际销售，而不适用于劳务或服务的国际销售。

3.《公约》未涉及的法律问题

《公约》并没有对所有涉及国际货物销售的法律问题均进行了规定，《公约》的规定仅限于因合同而产生的双方的权利义务关系问题。下列几个方面的问题均由于各国法律的规定分歧较大，很难统一，《公约》没有涉及这些法律问题。

(1)《公约》不涉及有关销售合同的效力或惯例的效力问题。

(2)《公约》不涉及销售合同对所售出的货物的所有权问题。

(3)《公约》不涉及卖方对货物引起的人身伤亡的责任问题。

(二)中国加入《公约》时的保留

1. 合同形式的保留

合同形式的保留针对的是《公约》第 11 条,依该条的规定,销售合同无须以书面订立或书面证明,在形式方面也不受任何其他条件的限制。销售合同可以用包括人证在内的任何方法证明。我国在核准《公约》时对此进行了保留,即认为国际货物买卖合同应采用书面的方式,《公约》有关口头或书面以外的合同也有效的规定对中国不适用。当然,营业地在中国的当事人与营业地在非缔约国的当事人订立的涉外合同则可以采用口头的形式,因为不涉及《公约》的适用。

2. 扩大适用的保留

扩大适用是指允许通过国际私法的引用而使《公约》适用于非缔约国。对此,我国在核准《公约》时也提出了保留,即我国仅同意对双方的营业地所在国均为缔约国的当事人之间的订立的国际货物销售合同适用《公约》。

二》 国际货物买卖合同概述

(一)国际货物买卖合同的概念

国际货物买卖合同是指营业地位于不同国家的当事人之间就有关货物买卖的权利义务关系而达成的协议。国际货物买卖合同的国际性以当事人的营业地位于不同国家为准,而不考虑当事人的国籍。国际货物买卖合同强调的是合同的标的物需要进行超越国境的运输,因此,即使是不同国家的当事人在同一国境内订立的货物买卖合同,也不是国际货物买卖合同。国际货物买卖合同的标的是货物,货物指有形动产。但适用于 1980 年《公约》的货物并非包括所有的有形动产,用于个人消费的有形动产被排除在外;船舶和飞机等虽然在物理属性上属于动产,但由于其标的巨大,且价值很高,各国对其转让一般均进行了特别的规定,因此《公约》也不适用此类货物。

(二)国际货物买卖合同的当事人

我国《中华人民共和国对外贸易法》(以下简称《对外贸易法》)对对外贸易经营者的规定如下:

其一,外贸经营权的获得实行登记制。《对外贸易法》第 9 条规定:“从事货物进出口或者技术进出口的对外贸易经营者,应当向国务院对外贸易主管部门或者其委托的机构办理备案登记;但是,法律、行政法规和国务院对外贸易主管部门规定不需要备案登记的除外。备案登记的具体办法由国务院对外贸易主管部门规定。对外贸易经营者未按照规定办理备案登记的,海关不予办理进出口货物的报关验放手续。”

其二,可以从事外贸的主体包括自然人。《对外贸易法》第 8 条规定,对外贸易经营者“是指依法办理工商登记或者其他执业手续,依照本法和其他有关法律、行政法规的规定从事对外贸易经营活动的法人、其他组织或者个人”。但这并不意味着任何个人可以不受限制地从事进出口贸易。事实上,经营外贸仍然需要依法办理工商登记或者其他执业手续，才可获得对外贸易经营者的资格。

（三）国际货物买卖合同的主要条款

国际货物买卖合同的条款主要包括约首、正文和约尾三部分。约首是合同的开头部分，包括合同的名称、合同的编号、订约日期、订约地点、双方当事人的名称和地址以及合同的序言等内容。正文部分是合同的主体部分，包括合同的实质性条款，即规定双方当事人权利义务的条款。约尾主要载明合同以何种文字作成，以及各种文字的效力、正文的份数、附件及其效力、双方当事人的签名等。下面主要阐述正文部分条款的内容。

1. 品质规格条款

品质规格条款是合同的主要条款，由于国际货物买卖的双方分处不同的国家，因此，双方在合同中对货物品质的约定就更加重要。依某些国家的法律规定，买卖合同中有关货物品质的说明是合同的要件，如果卖方所交货物的品质与合同的约定不符，买方有权拒收货物，并可以要求损害赔偿。在国际货物买卖中，不同种类的货物有不同的品质表示方法，主要有下列几种：

（1）凭样品确定货物品质的买卖，指交易双方约定以样品作为交易的品质依据的买卖。

（2）凭规格、等级或标准确定货物品质的买卖。

（3）凭商标或牌名确定货物品质的买卖。

（4）凭说明书确定货物品质的买卖。

2. 数量条款

国际货物买卖合同中的数量通常用重量、体积、长度、面积、个数等计量方式来表示。但由于各国的度量衡制度不同，同一计量单位所代表的数量可能会有差异，因此合同中必须规定明确。数量条款是确定卖方交货数量的依据。对于有些农产品货物或矿产品货物，由于货物本身的特性，或受包装和运输工具的限制，或由于蒸发的原因等，使货物的重量和数量很难与合同相同，国际惯例允许在合同规定的数量与实际交货的数量之间有一定的波动幅度。

3. 包装条款

包装条款主要包括包装的种类和性质、包装材料、包装尺寸、包装费用和运输标志等内容。在国际贸易中，除一些货物因其本身特点不需要包装外，多数货物都需要一定的包装。包装的费用计入成本之中。

4. 价格条款

价格条款主要规定货物的计价货币、计价单位、单位价格金额等。国际贸易术语常常被用来表示货物的单价，如规定“每公吨500美元CIF纽约”的单价中，重量的单位是公吨，计价货币是美元，单位价格金额是500美元，目的港是纽约，价格构成是货物的成本加运费和保险费。货物买卖合同的总价是单价乘以交易商品的数量。价格条款是确定买方支付义务的主要依据。

5. 商检条款

商检条款通常规定商品检验所应依据的标准、检验机构、检验期间及商检权等内容。商检条款的作用是提供一个确定卖方所交货物是否符合合同的依据，关系到合同的履行、索赔、诉讼等许多法律问题。

6. 装运条款

装运条款主要规定装运时间、装运港或装运地、装运通知等事项。装运是指将货物装上运输工具。装运条款会涉及运输问题和支付单据中的要求，因此，将在后面的内容中阐述。

7. 保险条款

合同中的保险条款是指具体规定由哪一方当事人负担货物运输的保险责任，及应投保的险别等内容的条款。其目的在于把保险责任具体化。例如，货物是按 FOB 价格条件出售的，则保险费用应由买方支付，即使卖方经买方的请求而投保，其保险费用也应由买方承担。

8. 支付条款

支付条款是合同中有关买方支付货款内容的条款，包括下列内容：（1）支付与结算使用的货币币种；（2）支付工具是指用货币还是票据，一般是采用票据中的汇票；（3）支付方式指是采用汇付、托收还是信用证，合同中经常采用的是跟单信用证付款方式，有些情况下也采用托收的方式；（4）支付的时间与地点。此外，还有卖方为取得货款应提供的单证等各项规定。

9. 不可抗力条款

不可抗力条款是规定在合同订立后，发生当事人在订立合同时不能预见、不能避免、不可控制的意外事故，以致不能履行合同或不能如期履行合同时，遭受不可抗力的一方可以免除履行合同的责任的条款。不可抗力的事故主要包括两种情况：一种是由于自然力量引起的，如水灾、风灾、旱灾、地震等；另一种是社会原因引起的，如战争、封锁、政府禁令等。构成不可抗力的意外事故应具备以下条件：（1）意外事故是在签订合同以后发生的；（2）意外事故是当事人所不能预见、不能避免和不可控制的；（3）意外事故不是由当事人疏忽或过失等主观因素引起的。依 1980 年《公约》的规定，遭受不可抗力的一方可解除合同或延迟履行义务而不承担责任。只有在不可抗力因素与当事人的过失同时存在的情况下，当事人才承担相应的赔偿责任。

10. 仲裁条款

在争议的解决上，国际货物买卖合同中一般规定，如发生与本合同有关的争议，应友好协商解决，不能协商解决时，应将争议提交给某仲裁机构进行仲裁。合同的仲裁条款应订明仲裁地点、仲裁机构、仲裁规则等方面的内容。

11. 法律适用条款

法律适用条款是当事人依意思自治原则，经过双方的协商选择的适用于合同的法律。我国的司法解释要求当事人对法律的选择应当是明示的，当事人的选择一般应与合同有一定的联系。当事人可以选择适用某国的国内法，也可以选择适用国际公约或国际惯例。

以上是国际货物买卖合同正文部分的主要条款，其多寡繁简一般根据货物的性质、交易量的大小、当事人之间的关系、签约当事人的法律知识与水平等因素而协商决定。

三》 国际货物买卖合同的订立

（一）要约（offer）

1. 要约的含义

根据《公约》第 14 条的规定，凡向一个或一个以上特定的人提出的订立合同的建议，如果十分确定并且表明要约人有当其要约一旦被接受就将受其约束的意思，即构成要约。按照这项规定，要约应符合以下要求：

（1）要约应向一个或一个以上的特定人提出。

要约是由要约人向受要约人发出的。因此，这里是指受要约人须是特定人，即要约人在要约时必须指明收受该项要约的公司、企业或个人的名称或姓名。这项规定的目的是把刊载普通商业广告或向广大公众散发商品目录、价目表等行为与要约区别开来。前者是向广大公众发出的，而不是向某一个或某几个特定的人发出的，其对象是广大公众，而不是特定的人。按照《公约》第 14 条第 2 款的规定，凡不是向一个或一个以上特定的人提出的订约建议仅应视为要约邀请，而不是一项要约。但是，如果此项建议符合作为要约的其他要求而且提出该建议的人明确表示有相反的意向，如明确表示他所刊载的广告是作为一项要约提出来的，则这项建议亦得视为要约。这里所说的“明确表示”，可以有不同的表示方式，例如，在刊登商业广告时注明“本广告构成要约”，或注明“广告所列的各种商品将售予最先支付现金或最先开来信用证的人”等。如有这类特别说明，则该项广告就将被认为是一项要约。

（2）要约的内容必须十分确定。

要约一般应包括拟订立合同的主要条件，如商品的名称、价格、数量、品质或规格、交货日期和地点以及付款方式等，以便一旦为对方所接受，就足以成立一项有效的合同，不致由于欠缺某项重要条件而影响合同的有效成立，或使合同无法执行。但是，要约人不需在其要约中详尽无遗地列出全部条款，只要达到足以确定合同内容的程度即可。根据《公约》第 14 条的规定，一项关于订立合同的建议如要成立，一项要约其内容必须十分确定。所谓“十分确定”，是指必须符合《公约》所提出的最低限度的要求。《公约》认为，一项关于订立合同的建议，如果包含了以下三项内容即符合“十分确定”的要求：①应当载明货物的名称；②应明示或默示地规定货物的数量或规定如何确定数量的方法；③应明示或默示地规定货物的价格或规定如何确定价格的方法。

按照《公约》的规定，一项订约建议如果包含了以上三项内容，便应当认为是“十分确定”的，就是一项有效的要约。一旦它被对方接受，买卖合同即告成立。至于要约中没有规定的其他事项，在买卖合同成立后，可按《公约》有关规定办理。例如，如果在要约中对交货时间没有作出具体规定，则在合同成立后，根据《公约》第 33 条的规定，卖方应在订立合同后的一段合理时间内交货。如果在要约中对买方支付货款的时间没有作出规定，则按《公约》第 58 条的规定，买方应于卖方把货物或把有权的单据交给买方支配时支付货款。总之，在报价中只要包括上述三项内容就满足了《公约》的最低要求，至于其他事项，在合同成立后可以通过援引《公约》的有关规定来填补解决，不致因此而影响合同的有效。

（3）要约人须有当其要约被接受时即受约束的意思。

要约的目的是同对方订立合同。因此，要约一旦被对方接受，合同即告成立，要约人即须受到约束。如果要约人在其要约中附有某种保留条件，表明即使他的“要约”被对方接受，他亦不受任何约束，那么，这就不是一项真正的、法律意义上的要约，而只是一项要约邀请。按照这项规定，我国外贸公司在外贸业务中所发出的“实盘”是完全符合《公约》关于要约的要求的，因为我国外贸公司发出的实盘一旦被对方接受，合同即告成立，我国外贸公司即须受约束。但是，我国外贸公司所发出的“虚盘”则不符合《公约》关于要约的要求，因为“虚盘”一般都附有保留条件，如“须以我公司最后确认为准”“须以货物尚未出售为准”等或注明“仅供参考”等字样，这些都表明我国外贸公司在发出“虚盘”时并无受其约束的意思，即使“虚盘”已被对方“接受”，我国的外贸公司仍然可以不予确认、不受约束、不与对方订立合同。因此，“虚盘”不是《公约》意义上的要约，而只是一项要约邀请。

2. 要约生效的时间

《公约》第 15 条第 1 款规定要约于其到达受要约人时生效。在这一点上，各国法律是没有分歧的。因为要约是一种意思表示，受要约人必须在收到要约之后才能决定是否予以接受。因此，如果一方仅凭以往交易的经验，或通过其他途径了解到对方可能向他发出报价的内容，或是在收到报价之前主动作出接受的表示，那么即使他这样做，也不能因此而认为双方已成立了合同关系，而只能认为是双方的交互报价。明确规定报价生效的时间不仅是一个理论问题，而且在确定发价人能否撤回或变更其报价内容时具有重大的实际意义。

3. 要约的终止或失效

根据《公约》第 17 条的规定，一项要约即使是不可撤销的要约，应于拒绝该要约的通知送达要约人时终止。综观《公约》第 17 条及其他有关条文的规定，要约的终止有以下四种情况：

（1）要约因被拒绝而终止。拒绝要约有两种方式：一种是直截了当地表示拒绝接受某项要约；另一种是对要约人在要约中所提出的交易条件进行讨价还价，这也是对要约的拒绝，并构成还盘或反要约。按照《公约》第 17 条的规定，任何要约包括不可撤销的要约，于拒绝该要约的通知到达要约人时即告终止，此后要约人就不再受该要约的约束。

（2）要约因被要约人撤销而终止。除《公约》特别规定不可撤销的要约之外，其他的均可因其被要约人撤销而告终止。

（3）要约因其所规定的接受期限届满而终止。凡规定了接受期限的要约，如受要约人不在规定期限内接受，该要约即告终止。

（4）要约因“合理期限”已过而终止。如果要约中没有规定接受的期限，则只要受要约人未能在一段合理时间内把接受通知送达要约人，该项要约即告失效。

（二）承诺（acceptance）

1. 承诺的含义

按照《公约》第 18 条的规定，受要约人以作出声明或以其他行为对某一要约表示同意，即为承诺。承诺的实质是对要约表示同意。这种同意要约的意旨必须以某种方式向要约人表示出来。按照《公约》的规定，受要约人可以两种方式表示其对要约的承诺：一种是采取向要约人发出声明的方式（口头或书面均可）；另一种是通过某种行为。例如，受要约人按照要约中规定的品质规格和数量发运货物或支付货款，这种发货和付款的行为就是承诺要约的一种方式。

2. 承诺生效的时间

承诺从什么时候开始生效是一个十分重要的问题。因为承诺一旦生效，合同即告成立，双方当事人就要受合同的约束承担由合同所产生的权利与义务。承诺生效的时间与地点就是合同成立的时间与地点。《公约》对承诺生效的时间，原则上是采取到达生效的原则。

3. 对要约中的条件作了变更的承诺的效力

承诺是同意要约所提出的订约条件的一种意思表示。如果承诺的内容与要约的内容不一致，那就不是真正有效的承诺，而是一项反要约。按照《公约》第 19 条第 1 款的规定，对要约表示承诺时，如载有添加、限制或其他更改，应视为对要约的拒绝并构成反要约。但是，为了避免由于承诺的内容与要约稍有出入而影响到合同的有效成立，《公约》提出了一个比较灵活的处理办法。按照《公约》第 19 条第 2 款的规定，对要约表示承诺但载有添加或不同条件的答复，如所载的添加或不同条件在实质上并不变更该项要约的条件，则除要约人在不过分延迟的期间内以口头或书面方式提出异议外，仍可作为承诺，合同仍可有效成立。在这种情况下，合同的条件就以该项要约所提出的条件以及承诺时所添加或更改后的条件为准。

对于哪些变更是属于“实质性”的变更的问题，《公约》第 19 条第 3 款用举例的方式做了回答。它规定，凡在承诺中对下列事项作了添加或变更者，均认为在实质上变更了要约的条件：（1）货物的价格；（2）付款；（3）货物的质量与数量；（4）交货的时间与地点；（5）当事人的赔偿责任范围；（6）解决争端的方法等。如果受要约人在承诺要约时，对要约中所涉及的上述任何一项条件作了添加或变更，就不能认为是真正的承诺，而是反要约，即使要约人没有提出异议，合同也不能成立。

四》 国际货物买卖合同双方的义务

（一）卖方的义务

1. 交付货物

交付货物既是卖方的主要义务，也是其行使收取货款的权利的前提条件。交付货物既包括实际交货，即由卖方将货物置于买方的实际占有下；也包括象征性交货，即由卖方将控制货物的单据交给买方，由买方在指定地点凭单向承运人提货。依《公约》的规定，卖方应依合同规定的地点、时间及方式完成其交货义务。

（1）交付货物的地点。《公约》第 31 条分下列情况对交付货物的地点进行了规定：①当国际货物买卖合同涉及货物的运输，则交货地点即为货交第一承运人的地点；②如果合同指的是特定货物从特定存货中提取的或尚待制造或还在生产中未经特定化，而双方当事人在订立合同时已知道这些货物的特定地点，则卖方应在该地点交货；③在其他情况下，卖方应在订立合同时所在的营业地交货。

（2）交货的时间。《公约》第 33 条对交货的时间作出了规定：①如果合同规定有交货的日期，或从合同可以确定交货的日期，应在该日期交货；②如果合同规定有一段时间，或从合同可以确定一段时间，除非情况表明应由买方选定一个日期外，应在该段时间内任何时候交货；③在其他情况下，应在订立合同后一段合理时间内交货。

2. 质量担保

货物的质量担保义务指卖方必须保证其交付的货物与合同的规定相符。依《公约》第 35 条第 1 款的规定，卖方交付的货物必须与合同规定的数量、质量和规格相符，并须按照合同所规定的方式装箱或包装。在合同没有对数量、质量、规格和包装做出明确规定的情况下，则应依《公约》第 35 条第 2 款的规定，其规定如下：

（1）适用于通常使用目的。货物适用于同一规格货物通常使用的目的。这种情况是指买方订货时，是依一般的规格订货，而没有向卖方指出货物的任何用途。《公约》所指的是同一规格货物通常使用的用途，如购买商品通常是为了消费和转卖；购买机器通常是用于生产；购买粮食一般是既能用于人类消费又能喂牲畜，如卖方提供的货物只能用于喂牲畜，则没有达到适合于一般用途。

（2）适用于特定目的。货物适用于订立合同时明示或默示地通知卖方的任何特定目的。如果买方对该特定用途所需要的货物的规格不太了解，其可将购买该货物的特定用途告知卖方，如告知其需要购买的是专门用于钻碳钢板的某个尺寸的钻头，则卖方提供的钻头就应要达到钻碳钢板的硬度要求。

（3）与样品或样式相符。货物的质量与卖方向买方提供的货物样品或样式相同。当订立的合同是以样品或样式为基础时，卖方即应保证货物符合样品或样式的质量。

（4）在包装上的要求。货物应按照同类货物通用的方式装箱或包装，如果没有此种通用方式，则按照足以保全和保护货物的方式装箱或包装。一般认为，因卖方包装不符而造成的货损应由卖方承担责任。

《公约》除了规定卖方对货物质量的担保责任外，还规定了卖方对质量责任的免除。《公约》第 35 条第 3 款规定，如果买方在订立合同时知道或者不可能不知道货物不符合同，卖方就无须按上述四项负不符合同的责任。在国际货物买卖中，有时买方已经知道货物在品质上有缺陷，但由于急需该货物等原因，而同意以减价为条件接受货物，在这种情况下，一旦买方知道了货物缺陷的事实而接受货物，则卖方不承担对此种缺陷的品质担保责任。

3. 权利担保

（1）权利担保的内容。权利担保可以概括为所有权担保和知识产权担保两个方面：①所有权担保是指卖方保证对其出售的货物享有完全的所有权，必须是第三方不能提出任何权利或要求的货物，如不存在任何未向买方透露的担保物权等。②知识产权担保是指卖方所交付的货物，必须是第三方不能依工业产权或其他知识产权主张任何权利或要求的货物。如果在买方接收货物后，任何第三人通过司法程序指控买方所购的货物侵犯了其知识产权，卖方应代替买方辩驳第三人的指控。

（2）对知识产权担保义务的限制。由于在国际贸易中，货物通常是销往卖方以外的国家，特别是还有转卖的情况，而要求卖方了解所有国家有关的法律是不可能的，因此，《公约》对卖方的知识产权担保义务进行了某些限制，主要表现在：①地域限制。《公约》虽然规定了卖方的知识产权担保义务，但并不是其出售的货物不得侵犯全世界任何一个知识产权人的权利，这是不现实的，对此，《公约》第 42 条规定了限制标准。②时间限制。《公约》在确定卖方的知识产权担保上还规定了时间标准，《公约》第 42 条第 2 款规定，卖方在下列两种情况下，免除其知识产权担保的义务：第一，买方在订立合同时已知道或不可能不知道此项权利或要求；第二，此项权利或要求的发生，是由于卖方要遵照买方所提供的技术图样、图案、款式或其他规格。

（3）买方的及时通知义务。《公约》第 43 条规定了买方的及时通知义务，即当买方在已知道或理应知道第三方的权利或要求后一段合理时间内，应将此项权利或要求的性质通知卖方，否则就丧失了买方依《公约》本来可以得到的权利，即要求卖方承担辩驳第三方的责任。

4. 交付单据

在国际贸易中，单据对买方很重要，特别是在象征性交货的情况下，单据可能影响买方是否能及时提取货物和转卖货物，也会影响买方办理相关的海关手续。《公约》第 34 条对卖方交付单据的义务进行了规定，依该条规定，如果卖方有义务移交与货物有关的单据，其必须按照合同规定的时间、地点和方式移交这些单据。卖方交付单据的义务，通常是在买卖合同或信用证中加以规定。

如果卖方在约定的时间以前已移交这些单据，则可在期间届满前纠正单据中任何不符合合同规定的情形；但是，此项权利的行使不得使买方遭受不合理的不便或承担不合理的开支，而且，买方可以保留《公约》规定的要求损害赔偿的权利。

（二）买方的义务

1. 支付货款

（1）准备步骤。买方支付货款的义务包括依合同或任何有关法律和规章规定的步骤和手续。买方付款义务所需的一切准备步骤是其付款义务不可分割的组成部分，与支付货款本身一起构成了买方支付货款的义务。如果买方没有依合同或有关法律的规定为使支付成为可能而完成一切必要的步骤和手续，也构成违约，将引起相应的违约赔偿。这些准备步骤包括申请信用证或银行的付款担保，在实行外汇管制的国家，还包括获得必要的外汇以及将货款汇出的政府许可等。应该指出的是，《公约》只是规定买方应依合同或有关规定的要求采取这些步骤，并没有要求买方保证其努力的结果，例如保证一定能获得政府的批准。因此，买方的此项义务不是绝对的，只要买方已采取了一切合理的步骤，但由于其不能控制的障碍仍不能获得所需的批准时，买方可以免除其责任。

（2）支付的地点。由于各国在外汇管制上的规定不同，因此，支付的地点会对支付的顺利完成产生影响。国际货物买卖的双方通常也会在合同中对支付方式和地点做出约定。依《公约》的规定，支付的地点首先应以当事人在合同中的约定为准，在合同对此没有规定的情况下，《公约》对支付地点进行了下列补充规定：①卖方营业地为支付地，在卖方有一个以上营业地的情况下，买方的支付地点为卖方与合同及合同的履行关系最密切的营业地；②如凭移交货物或单据支付货款，则移交货物或单据的地点为支付地。

（3）支付的时间。如果双方当事人未在合同中具体约定付款的时间，则买方应依《公约》规定的下列时间支付货款：①在卖方将货物或单据置于买方控制下时付款。依《公约》的规定，卖方可以买方支付货款作为移交货物或单据的条件，不付款则不交货物或不交单据。②在买卖合同涉及运输时，在收到银行的付款通知时付款。在涉及运输时，卖方一般会在合同中订明交货的条件。在买方支付货款后，才能取得代表货物所有权的装运单据，即以付款交单为支付条件，在此种情况下，买方必须在接到银行的付款通知时支付货款。③在买方没有机会检验货物前，无义务支付货款。《公约》第 58 条第 3 款的规定是将买方付款的义务与其检验货物的权利联系在一起的。但是，如果买方这种检验货物的机会与双方约定的交货或付款程序相抵触，则买方丧失其在付款前检验货物的权利。例如，在 CIF 贸易条件的情况下，买方只有在付款赎单后才能提货，才能对货物进行检验，此时不能以检验作为付款的条件。

2. 接收货物

依《公约》的规定，买方接收货物的义务由两部分组成：其一为“采取一切理应采取的行动”，其二为“提取货物”。

（1）采取一切理应采取的行动。在国际货物买卖中，一方当事人应当采取与另一方当事人相适应的步骤，即双方有相互合作的义务。为了使卖方能交付货物，买方应当采取的行为包括为卖方指定准确的发货地点，委托代理人接收货物，依贸易术语的要求做出相应的运输安排等。为此，《公约》规定，买方应采取一切理应采取的行动，以期卖方能交付货物。

（2）提取货物。提取货物要求买方将货物置于自己的实际控制下，买方提货虽然是自身利益的所在，但也会对卖方产生一定的影响。例如在 CIF 情况下，卖方是通过承运人依运输合同交付货物，如买方不按时从承运人占有下提取货物，就会引起滞期费等费用，此笔费用如在买卖合同中没有相应的安排，就只能由与承运人订立运输合同的卖方承担。

五》违反合同的补救办法

（一）卖方违反合同时适用于买方的补救办法

1. 要求实际履行

卖方违反合同时，买方可以采取要求实际履行的补救办法，除非买方已采取与此要求相抵触的某种补救办法。《公约》以实际履行作为第一种补救办法，目的是保证合同履行的稳定性。另外，《公约》第 47 条还规定了一个合理的履约宽限期，即买方可以规定一个合理时限的额外时间，让卖方履行其义务。

2. 交付替代物

交付替代物是在货物与合同不符时的一种补救办法，即要求卖方交付与合同相符的替代物。依《公约》的规定，买方只有在货物与合同不符构成根本违反合同时，才可以要求交付替代货物，而且关于替代货物的要求，必须与说明货物与合同不符的通知同时提出，或者在该项通知发出后一段合理时间内提出。

3. 修理

修理是指卖方对所交付与合同不符的货物进行的修补、调整或替换有瑕疵部分等。买方请求修理的要求须与发出货物不符的通知同时提出，或在该通知发出后一段合理时间内提出。

4. 减价

若货物与合同不符，不论货款是否已付，买方都可以减低价格。减价按实际交付的货物在交货时的价值与符合的货物在当时的价值两者之间的比例计算。如果买方请求了损害赔偿就不能再进行减价了，当然，如果减价不足以补偿买方的损失，还可同时请求损害赔偿。

5. 宣告合同无效

当卖方在完全不交付货物或不依合同规定交付货物等于根本违反合同时，买方可以宣告合同无效。根本违反合同是指因一方当事人违反合同而使另一方当事人遭受损害，实际上剥夺了其依合同规定期待取得的东西，即合同的存在对买方期待取得的利益已没有什么意义了，此时买方可以宣告合同无效。如果卖方只交付了一部分货物或交付的货物中只有一部分相符，则前述有关实际履行、交付替代物、修理、减价等补救办法适用于未交付的部分和不符合同规定部分的货物。

（二）买方违反合同时适用于卖方的补救办法

1. 要求履行义务

如果买方不履行其在合同中和《公约》中规定的任何义务，卖方可以要求其履行义务，卖方可以要求买方支付货款、收取货物以及其他应履行的义务。只要卖方没有采取与此要求相抵触的某种补救办法，卖方就可以规定一段合理时限的额外时间，让买方履行义务。除非卖方收到买方的通知，声称其将不在所规定的时间内履行义务，卖方不得在这段时间内对买方违反合同采取任何补救办法。当然，卖方并不因此而丧失因买方迟延履行要求损害赔偿的权利。

2. 宣告合同无效

卖方在下列情况下可以宣告合同无效：（1）当买方没有履行合同或《公约》规定的义务等于根本违反合同时；（2）买方不在卖方规定的额外时间内履行支付价款的义务或收取货物，或买方声明其将不在所规定的时限内履行。但如果买方支付了全部货款，卖方原则上就丧失了宣告合同无效的权利。

（三）适用于买卖双方的一般规定

1. 预期违反合同和分批交货合同

预期违反合同是指在合同订立后，履行期到来前，一方明示拒绝履行合同的意图，或通过其行为推断其将不履行。当出现一方预期违反合同的情况时，依《公约》的规定，另一方可以采取中止履行义务的措施。《公约》第 71 条对中止履行义务的内容进行了规定。

（1）中止履行义务的适用条件。①必须是被中止方当事人在履行义务的能力或信用方面存在严重缺陷。②被中止方当事人必须在准备履行或履行合同的行为方面表明其将不能履行合同中的大部分重要义务。如，在甲合同中，货物不符是由当事人所使用的原料造成的，而情况表明乙合同和甲合同使用的原料都出自同一产地，因此，如果乙合同的当事人准备使用或已经使用了这种原料，那么，这种准备使用或已经使用了的行为，就表明乙合同的当事人不能履行合同的大部分重要义务。如不按上述条件采取中止履行义务的措施，中止履行本身就是违反合同。

（2）中止履行义务的结束。依《公约》的规定，中止可因被中止方当事人提供了履行合同义务的充分保证而结束，《公约》规定，中止履行的一方当事人不论是在货物发运前还是发运后，都必须通知另一方当事人，如果另一方当事人对履行义务提供了充分保证，则中止履行的一方必须继续履行义务。当然，中止除了因继续履行而结束外，也可以因中止方当事人宣告合同无效而结束。

（3）分批交付的货物无效的处理：①在一方当事人不履行任何一批货物的义务构成对该批货物的根本违约时，只能宣告合同对该批货物无效。②如有充分理由断定今后对各批货物将会发生根本违反合同，则可在一段合理时间内宣告合同今后无效。③当买方宣告合同对任何一批货物的交付为无效，而各批货物又是相互依存的情况下，可宣告对已交付的或今后交付的各批货物均无效。例如，当货物是一种机器的不同部件，则各批货物之间有内在的联系，一批不能履行，则前面已履行的部分也没有意义了。

2. 损害赔偿

损害赔偿是《公约》违约补救制度中运用最广泛的一种补救办法，买方或卖方所进行的其他补救，并不妨碍其同时提出损害赔偿。如宣告合同无效，虽已终止了买卖双方当事人在合同中的义务，但其中受损害一方当事人请求损害赔偿的权利并不受此影响。

(1) 损害赔偿的概念。依《公约》的规定，损害赔偿是指对由于一方当事人违反合同而给另一方当事人造成的损害或损失，给予金钱上的补偿。

(2) 赔偿金额的计算。赔偿金额的计算是损害赔偿的中心内容，其计算的原则是：一方当事人违反合同应负的损害赔偿额，应与另一方当事人遭受的包括利润在内的损失额相等。依《公约》的这一原则，计算损害赔偿金的目的是要使受损害一方当事人获得合同被履行后所应有的经济地位，补偿其实际损失。

(3) 要求损害赔偿的一方减少损失的责任。声称另一方违约的当事人，必须按情况采取合理措施，以减轻由于另一方违约而引起的损失；如果不采取这种措施，违约的一方可以要求从损害赔偿中扣除原可以减轻的损失数额。

3. 支付利息

支付利息是指拖欠价款或其他金额的一方当事人应向另一方当事人支付上述款项的利息。支付利息有两种：一种是货款的利息，另一种是拖欠金额的利息。采用了支付利息的补救办法后，仍然可以要求损害赔偿。

4. 免责

(1) 免责的条件。①不履行必须是由于当事人不能控制的障碍，例如战争、禁运、风暴、洪水等；②这种障碍是不履行一方在订立合同时不能预见的；③这种障碍是当事人不能避免或不能克服的。《公约》所称的“不能控制的障碍”实际上就是“不可抗力”，《公约》没有采用“不可抗力”这一传统用语的原因是由于各国对该用语的理解有一定的差异，沿用传统用语可能会引起不必要的误解。

(2) 免责的通知。不履行义务的一方必须将障碍及其对其履行义务能力的影响通知另一方。如果对方在不履行义务的一方已知道或理应知道此一障碍后一段合理时间仍未收到通知，则不履行义务的一方对由于对方未收到通知而造成的损害应负赔偿责任。

(3) 免责的后果。免责一方所免除的是对另一方损害赔偿的责任，但受损方依《公约》采取其他补救措施的权利不受影响。

5. 保全货物

(1) 保全货物的概念。保全货物是指在一方当事人违约时，另一方当事人仍持有货物或控制货物的处置权时，该当事人有义务对其所持有的或控制的货物进行保全。保全货物的目的是减少违约一方当事人因违约而给自己带来的损失。

(2) 履行保全货物义务的条件。买卖双方都有保全货物的义务，但条件不同：①卖方保全货物的条件是买方没有支付货款或接收货物，而卖方仍拥有货物或控制着货物的处置权；②买方保全货物的条件是买方已接收了货物，但打算退货。

(3) 保全货物的方式。①将货物寄放于仓库：有义务采取措施以保全货物的一方当事人，可以将货物寄放于第三方的仓库，由对方承担费用，但该费用应合理。②将易坏货物出售，对易于迅速变坏的货物或保全会发生不合理费用的货物，可以出售，并应将出售货物的打算在可能的范围内通知对方。出售货物的一方可从出售货物的价款中扣除保全货物和销售货物发生的合理费用。

实训作业

一、实训项目

系统学习招投标基本程序，以教学扩音器招投标为例，将学生分组为招标人、招标代理机构、投标人、投标评审委员会等角色，落实招标文件，委托招标代理机构编制招标文件，发布招标公告，进行资格审查，开标评标，签订合同。要求学生提交相关材料，并根据招投标条件最终拟定一份教学扩音器采购合同。

二、案例讨论

永川中医院（重庆市永川区中医院）委托招投标中心集中采购监控设备一套。天网高新技术公司（重庆天网高新技术有限公司）向招投标中心递交投标书，该投标书中“商务部分应答”明确免费保修期为18个月。此后，招投标中心确认天网高新技术公司为中标人。随后永川中医院与天网高新技术公司签订了《电子监控系统购销合同书》，约定：保修期为一年；销售人投标书中的所有内容均不得偏离，任何偏离的合同条款都属无效。天网高新技术公司按约对监控设备进行了安装，永川中医院、天网高新技术公司以及招投标中心对安装后的设备进行了验收并支付了价款。后该监控设备出现故障，不能工作，永川中医院多次通知天网高新技术公司按约履行保修义务，天网高新技术公司拒不履行。

问题：

天网高新技术公司免费保修期应该是投标书中的18个月，还是合同书中约定的一年？

第五章　货物运输法律制度

【学习目标】

- 了解：货物运输的概念，货物运输合同的法律特征。
- 熟悉及掌握：公路货物运输合同规范，水路货物运输合同规范，多式联运经营人的责任，铁路货物运输当事人的权利和义务，航空货物运输中的运单及合同，国际货物运输中的提单。

【导入案例】

哈池曼海运公司与上海申福化工有限公司（以下简称“申福公司”）、日本德宝海运株式会社（以下简称“德宝公司”）海上货物运输合同货损赔偿纠纷案

2008 年 8 月 23 日，涉案 1 001.53 吨苯酚在西班牙维尔瓦港装船，承运人德宝公司签发了清洁指示提单。申福公司经背书受让了该提单，并据此在卸货港青岛港提取了船载货物。因承运期间苯酚色度升高造成货损，申福公司提起诉讼，要求德宝公司和实际承运人哈池曼海运公司连带赔偿货物损失人民币 8 347 849.57 元及其利息损失等。

青岛海事法院以货物修复费用计算货损赔偿额，判令德宝公司、哈池曼海运公司连带赔偿申福公司货物损失人民币 3 715 676.30 元及利息；驳回申福公司的其他诉讼请求。山东省高级人民法院采用实际价值差额法，予以部分改判。哈池曼海运公司向最高人民法院申请再审。

扫码看解析

问题：结合本案思考海上货损的赔偿规则是什么。

案例来源：人民法院为“一带一路”建设提供司法服务和保障的典型案例之三。

第一节　货物运输概述

一、货物运输的概念

货物运输是指物流经济活动主体所从事货物运输的生产经营活动。货物运输是将物品借助运力在空间内所发生的位置移动，具体说，就是通过火车、汽车、轮船、飞机等交通运输工具将货物从一处运送到另一处的活动。

货物运输实现了物品空间位置的物理转移，实现了物流的空间效用。货物运输被视为

“第三个利润源泉”最主要的来源，货物运输活动是物流管理系统中最重要的组成部分。

二》货物运输在物流中的地位和作用

物流涉及许多服务领域，但最主要的是运输、仓储和电子商务。在这三者之中，运输又是实现物的流动的关键。

第一，货物运输是物流的主要功能要素之一。从物流的概念上来说，物流是物的客观性运动，这种运动不但改变了物的时间状态，而且改变了物的空间状态。货物运输是改变物体空间状态的主要手段，它再配以搬运、配送等活动，就能圆满地完成改变物体空间状态的任务。

第二，货物运输是物流过程中各项业务活动的中心。物流过程的其他各项活动，诸如包装、装卸搬运等，都是围绕着运输而进行的。货物运输条件是企业选择工厂、仓库、配送中心等地点需要考虑的主要因素之一；货物运输方式决定了物品运输包装的要求；货物运输工具决定了配套使用的装卸、搬运设备以及运输节点的设置；货物运输状况影响着库存储备量的大小，发达的运输系统能够适量、快速和可靠地补充库存，从而降低库存量。

第三，在物流过程的各项业务活动中，货物运输是关键，起着举足轻重的作用。货物运输是物流的动脉系统；货物运输是创造物流空间效用的环节；货物运输是降低物流费用、提高物流速度、发挥物流系统整体功能的中心环节；货物运输是加快资金周转速度、提高物流经济效益和社会效益的重点所在。

第四，在物流各环节中，如何提高货物运输工作效率，不仅关系到物流时间占用的多少，而且还会直接影响到物流费用的高低。在物流中支付的直接费用主要有运费、保管费、装卸搬运费、物流过程中的损耗等，其中，货物运输费用所占的比重最大，是影响物流费用的一项重要因素，特别是在我国交通运输不是很发达的情况下更是如此。因此，不断降低货物运输费用，对于提高物流经济效益和社会效益起着重要的作用。

三》几种常见的货物运输方式

（一）公路货物运输

公路货物运输是指使用汽车和其他交通工具在公路上载运货物的一种运输方式。公路货物运输的工具以汽车为主，故又称汽车货物运输，是陆路货物运输的方式之一。公路运输的主要优点是运输速度较快，效率高，运输费用相对较低，机动灵活，可以满足用户的多种需求，适于近距离、中小量货物运输；缺点是运量小，长途运输成本高，对环境造成的污染严重。公路货物运输快捷方便，是物流运输的主要方式，目前无论大型国际物流服务企业还是小型物流服务企业都有自己的公路货物运输车队。

（二）铁路货物运输

铁路货物运输是指将火车车辆编组成列车在铁路上载运货物的一种运输方式，是陆路运输的方式之一。铁路运输的优点是运行速度较快，运输能力大，很少受自然条件的限制，适宜各种货物的运输，运输的安全性和运输时间的准确性较高，远距离铁路运输的成本较低；缺点是受铁轨和站点的限制，受运行时刻、配车、编列、中途编组等因素的影响，不能适应用户的紧急需要，近距离运输的费用较高。铁路是我国的重要交通工具，物流中常常利用铁路来完成中长距离的大宗货物运输任务。

（三）水路货物运输

水路货物运输是指使用船舶及其他航运工具，在江河湖泊、运河和海洋上载运货物的一种运输方式。水路运输的优点是运载能力大，适合运输体积和重量较大的货物，相比较而言，水路货物运输的成本最低；缺点是受自然条件的影响很大，运输速度较慢，运输时间较长，装卸和搬运费用较高。物流中，通常通过水路来运输量大、运距长、对时间要求不太紧、运费负担能力较低的货物。

（四）航空货物运输

航空货物运输是指在具有航空线路和航空港（飞机场）的条件下，利用飞机进行货物运输的一种运输方式。航空运输的优点是运输速度快，安全性和准确性很高，散包事故少，货物包装费用小；缺点是运输成本较高，飞机的运载能力有限，机场所在地以外的城市受到限制。在物流中，航空货物运输最适合运送量小、距离远、时间紧、运费负担能力相对较高的货物。

（五）管道运输

管道运输是指利用管道输送气体、液体的一种运输方式，是现代物流中发展越来越快的一种运输方式。该方式与其他运输方式的区别就在于其运输载体是静止不动的，而货物是流动的。管道运输的特点明显，其运输管道属于封闭设备，这样可以避免在一般运输中的丢失、散失等问题，同样也可以避免其他运输设备经常遇到的回程空驶等无效运输问题，这样无形中节约了成本。当然，管道运输的局限性也很明显，仅适用于流体物品的运输，并且管道铺设的成本很高。

（六）多式联运

多式联运是指把两种或两种以上的运输方式结合起来，实行多环节、多区段相互衔接的一种接力式运输方式，是一种综合性的运输方式。多式联运具有托运手续简单方便，能够缩短货物在途时间，车船周转快，运输工具利用率高等优点。但是，进行多式联运必须具有一定的条件，在运输沿线上必须具有装卸搬运的车站、码头，具有高效率、高质量的中途转乘和换乘管理，以及具有物流信息系统支持等。多式联运能够充分发挥各种运输方式的长处，实现运输最优化，但对物流企业在各方面的要求都较高。

四》 货物运输合同

（一）货物运输合同的概念

《民法典》第 809 条规定：“运输合同是承运人将旅客或者货物从起运地点运输到约定地点，旅客、托运人或者收货人支付票款或者运输费用的合同。”

运输合同是运输经济主体间的基本联系形式。运输合同法是这一经济联系的法律表现形式。在运输合同法规范和调整运输合同关系过程中形成的法律关系，是运输合同法律关系。由此看来，运输合同关系是以物质利益为内容的经济关系，运输合同法律关系则是以权利义务为内容的意志关系。研究运输合同的法律问题，就是以运输合同关系为研究对象，分析这一部类的经济关系与作为上层建筑的法律关系之间的关系，进而总结法律反映和调整这一特定社会关系的规律、特点和方式。

（二）货物运输合同的特征

（1）运输合同为双务、有偿合同。承运人的义务是将旅客或货物运送到指定地点，旅客、托运人的义务是支付运费。运输合同特殊情况可不收运费，如承运人为照顾残疾人、军人等而不收取运费，但不能因此而减轻承运人的责任。

（2）运输合同为诺成合同。客运合同自承运人向旅客支付客票时成立，但当事人另有约定或者另有交易习惯的除外。如果将运输合同界定为实践合同，则托运人不交付货物或承运人拒绝接收货物都不构成违约，这将导致托运人和承运人无法按预定计划安排运输事宜，因此，运输合同应为诺成合同。

（3）运输合同的标的是运送行为。在运输合同中，承运人以将旅客、货物运送到约定地点为目的。可见，运输合同属于提供劳务合同。

（4）运输合同多为格式合同。运输合同的承运人为从事客、货运输营业的人，作为合同表现形式的客票、货运单、提单等多数情况下也是统一印制的，运费也是统一规定的。一般说来，旅客或承运人购买车票或填写货运单等合同即可成立，而无须就运输合同的内容与承运人一一协商，因此，运输合同多属于格式合同。

（5）运输合同的主体较为复杂。具体包括承运人、旅客、托运人和收货人等。承运人是指提供运输服务的当事人。旅客是乘坐交通工具，接受运输服务的自然人。托运人是指把行李、包裹和货物交给承运人进行运输的人。收货人则是在约定的地点从承运人处接收货物的人，是运输合同的受益人。

（6）运输合同一般具有缔约强制性。在运输合同中，承运人一般属于公用企业，提供的服务具有一定的行业垄断性，旅客、托运人除接受其提供的服务外，一般别无选择。

（三）运输合同的种类

（1）依据运输合同的运输对象，分为旅客运输合同和货物运输合同。

（2）依据运输合同的运输工具，分为铁路运输合同（铁路法）、公路运输合同、航空运输合同（民用航空法）、水路运输合同、海上运输合同（海商法）、管道运输合同等。其他法律没有规定的，适用《民法典》关于运输合同的规定。

（3）依据运输合同的运输方式，分为单式运输合同（一种运送工具运送，如单一的公路运输、铁路运输或航空运输）和多式联运合同（两种以上运送工具运送，包括公路—铁路联运、公路—航空联运、铁路—水运—航空联运等）。现代物流配送中的货物运输，在我国一般是短程、快捷的公路运输。物流配送目前多是作为一种独立的营运方式而存在，有时也作为综合物流服务的一个环节。

（4）依据运输合同的运输区域，分为国内运输合同和国际运输合同。

（四）货物运输合同的订立

货运合同要经过要约和承诺而成立。要约是由托运人向承运人提出的运送货物的意思表示，承诺是承运人同意运送货物的意思表示。《民法典》第 810 条规定："从事公共运输的承运人不得拒绝旅客、托运人通常、合理的运输要求。"

托运人托运货物时，应当按照规定办理托运手续。办理托运手续时，承运人要求填写托运单的，托运人应当按照要求填写托运单。根据《民法典》第825条的规定，托运单应当包括以下内容：(1) 收货人的名称、姓名或者凭指示的收货人，也就是说，托运单可以是记名托运单，也可以是指示托运单；(2) 货物的相关情况，包括货物的名称、性质、重量、数量等；(3) 收货人的地点；(4) 其他有关运输的必要情况。

托运单为合同的组成部分。托运单就其性质而言，应为证明货物内容的一种凭证。承运人对于托运单的签发只是证明承运人查验货物与托运单上填写的一致。因为货运合同原则上为诺成合同，办理托运手续只是合同履行的必要阶段，而不是合同的订立。只有在当事人明确约定或法律明确规定货运合同为实践合同时，承运人签发托运单才为合同的成立。

托运人办理托运手续后，可以请求承运人签发提单或其他提货凭证。提单除应记载托运单上记载的事项外，还应记载：(1) 运费及其支付人；(2) 提单填发地及填发日期；(3) 运送人签章。提单是一种有价证券，具有物权性，即提单代表着货物所有权。提单可以是记名提单、无记名提单或指示提单，它们的转让方式不同。无记名提单得以单纯交付而转让，记名提单和指示提单应以背书的方式转让。

(五) 承运人的基本义务

承运人是指与托运人订立货物运输合同并提供运输服务的人，包括运输企业和从事运输服务的个人。凡是取得运输服务资格的企业和个人都可以在营业范围内从事运输活动。承运人是货物运输合同的另一方当事人，负责用约定的运输方式把货物运送到指定的目的地。承运人的基本义务如下：

1. 不得拒绝当事人合理的运输要求

承运人承担该义务须满足下列条件：

(1) 承运人须为从事公共运输的承运人。

公共运输，通常是指面向社会公众、为社会提供运力的运输。

(2) 旅客、托运人的要求须为通常、合理的运输要求。

公共运输为公众提供服务，具有一定的社会公益性。但公共运输又有一定的垄断性，运输合同多为承运人制定的格式合同，因此，在订立条款时，承运人往往只考虑自身的利益。为了保护合同相对人的利益，在订立和履行运输合同时，合同相对人可以向承运人提出通常、合理的要求，对此，承运人不得予以拒绝。例如，在公共运输线路指定的候车地点等候乘车，承运人在具备运输条件时不得拒绝旅客乘车的要求；出租汽车不得拒载，对乘客要求使用计价器不得拒绝等。

2. 保证将旅客、货物安全、及时运送到目的地

所谓安全，要求承运人在运输过程中，保证旅客的人身不受伤害，托运的货物不受损害，最终安全到达运输目的地。所谓及时，是指承运人要在约定的或合理的运输期间将旅客、货物运到目的地，否则应承担迟延运输的民事责任。

3. 合理运输

合理运输是指承运人应当按照约定的或通常的运输线路将旅客、货物运输到约定的地点，承运人不得擅自改变运输线路。在合同履行中，将旅客或货物送到目的地，运输线路往往不止一条，承运人常常为了多收运费或者其他利己的目的，擅自改变运输线路或者通常的运输线路，给旅客、托运人增加费用、运输时间或者带来其他不便。例如，出租汽车

司机利用乘客对路线不熟悉，为多收费用而绕道运输等；城市某些小公共汽车为了多拉乘客而绕圈子等。

(六) 托运人的权利和义务

托运人是指与承运人订立货物运输合同并将货物交给承运人运输的人，是货物运输合同的一方当事人。托运人既可以是自然人，也可以是法人或其他组织；既可以是货物的所有人，也可以是货物所有人委托的代理人或货物的保管人。货运合同是双务、有偿合同，托运人是合同的一方当事人，既享有权利，也承担义务。

1. 托运人的权利

(1) 要求承运人将货物及时、安全运输至目的地的权利。托运人的此项权利包括：要求将货物从起始地运送到目的地的权利；要求承运人及时运输的权利；要求承运人安全运输的权利；要求承运人将运输货物交付其指定的收货人的权利等。货物运输合同成立并生效后，托运人即享有此权利，直到合同因全部履行或者被解除等原因而消灭。

(2) 变更、解除货物运输合同的权利。货运合同的变更权，是指在承运人将货物交付收货人之前，托运人可以单方面变更货物到达地点和变更收货人的权利；货运合同的解除权，是指在承运人将货物交付收货人之前，托运人可以要求承运人中止运输、返还货物的权利。《民法典》第 829 条规定了托运人的此项权利。托运人所享有的此项合同变更和解除权，是法律规定的，不需要当事人约定，因此属于法定权利。另外，从性质上讲，托运人所享有的此项变更和解除权属于形成权。托运人行使此项权利，不需要与承运人协商，不需要取得承运人的同意即可以单方面决定变更、解除合同，要求承运人中止运输、返还货物、变更到达地或者将货物交给其他收货人。当然，托运人的此项权利并非可以任意行使不受限制。根据《民法典》的规定，承运人行使此项权利的限制是：①时间上的限制。托运人的此项变更和解除权，只能在运输合同成立后、履行终结前这段时间内行使。②不得违反法律、法规规定，不得损害国家利益和社会公共利益。③托运人行使合同的变更权和解除权，给承运人造成损失的，应对承运人承担赔偿责任。

【例 5-1】 隆达公司诉马士基公司海上货物运输合同纠纷案。

扫码看解析

2014 年 6 月，隆达公司（浙江隆达不锈钢有限公司）由中国宁波港出口一批不锈钢无缝产品至斯里兰卡科伦坡港，货物报关价值为 366 918.97 美元。隆达公司通过货代向马士基公司（A.P. 穆勒-马士基有限公司）订舱，涉案货物于同年 6 月 28 日装载于 4 个集装箱内装船出运。2014 年 7 月 9 日，隆达公司通过货代向马士基公司发邮件称，发现货物运错目的地，要求改港或者退运。马士基公司于同日回复，因货物距抵达目的港不足 2 天，无法安排改港，如需退运，则需与目的港确认后回复。次日，隆达公司的货代询问货物退运是否可以原船带回，马士基公司于当日回复："原船退回不具有操作性，货物在目的港卸货后，需要由现在的收货人在目的港清关后，再向当地海关申请退运。海关批准后，才可以安排退运事宜。" 2014 年 7 月 10 日，隆达公司又通过邮件提出退运请求，马士基公司未回复邮件。

涉案货物于 2014 年 7 月 12 日左右到达目的港。马士基公司应隆达公司的要求于 2015 年 1 月 29 日向其签发了全套正本提单。2015 年 5 月 19 日，隆达公司向马士基公司发邮件表示已按马士基公司要求申请退运。马士基公司随后告知隆达公司涉案货物已被拍卖。

问题：在海上货物运输合同中，如果变更海上货物运输合同难以实现或者将严重影响承运人正常营运，承运人是否可以拒绝托运人改港或者退运的请求？为什么？

案例来源：《人民法院案例选》2019 年第 6 辑（总第 136 辑），最高人民法院审判委员会讨论通过于 2019 年 2 月 25 日发布的指导案例 108 号。

（3）要求承运人承担违约责任的权利。合同成立生效后，如果承运人有违约行为，如迟延运输、运输不当造成运输货物的毁损、灭失等，托运人可以依法或依合同约定追究承运人的违约责任，要求承运人履行合同、支付违约金或者赔偿损失等。

2. 托运人的义务

（1）支付运输费用。托运人应当按照合同约定的数额、时间、地点、方式等支付运输费用。一般来说，运输费用应在货物运送前支付，但也可以在货物到达目的地后支付。如果托运人不支付运输费用，承运人对运输的货物享有留置权。《民法典》第 836 条规定："托运人或者收货人不支付运费、保管费或者其他费用的，承运人对相应的运输货物享有留置权，但是当事人另有约定的除外。"如果货物在运输过程中因不可抗力灭失，承运人未收取运费的，不得要求托运人支付运费；承运人已收取运费的，托运人可以要求返还。

（2）如实申报。托运人在将货物交付运输时，有对法律规定或约定的事项如实申报的义务。《民法典》第 826 条规定了托运人有如实向承运人申报有关货物运输必要情况的义务。除《民法典》外，《铁路法》第 19 条规定："托运人应当如实填报托运单，铁路运输企业有权对填报的货物和包裹的品名、重量、数量进行检查。经检查，申报与实际不符的，检查费用由托运人承担；申报与实际相符的，检查费用由铁路运输企业承担，因检查对货物和包裹中的物品造成的损坏由铁路运输企业赔偿。"《民用航空法》第 117 条规定："托运人应当对航空货运单上所填关于货物的说明和声明的正确性负责。因航空货运单上所填的说明和声明不符合规定、不正确或者不完全，给承运人或者承运人对之负责的其他人造成损失的，托运人应当承担赔偿责任。"

如实申报的事项既包括法律规定应当申报的事项（收货人的名称或者姓名、收货地点、货物的托运人的如实申报义务性质、重量、数量以及其他有关货物运输的情况等），也包括合同约定的其他申报事项，或者承运人要求托运人申报的与运输有关的情况。托运人基于运输货物的特性所知道的有可能影响正常运输的事项，即使没有明确规定，承运人也没有要求，托运人也有义务主动向承运人说明有关情况，以保证货物运输任务的顺利完成。

（3）提交审批检验等文件。在货物运输中，根据运输货物的种类、性质及国家的计划安排等，有的货物运输需要得到有关部门的批准，有的货物运输需要先经过有关机关的检验方可进行。例如，托运人向国外托运货物，如果该货物属于《商检机构实施检验的进出口商品种类表》规定范围的，必须按照商品检验法的规定，在商检机构确定的地点和期限内，向商检机构报验。商检机构检验完毕后，向托运人出具有关证明。海关凭商检机构签发的检验证书、放行单等验收放行。需要办理审批、检验等手续的，托运人有义务办理审批、检验手续，并将取得的审批、检验文件交给承运人，以供承运人及时运输。托运人没有取得批准、检验手续的，承运人可以拒绝运输。对因此而造成的货物迟延运输或者货物损坏等，承运人不承担责任。类似的规定如《民用航空法》第 123 条规定："托运人应当提供必需的资料和文件，以便在货物交付收货人前完成法律、行政法规规定的有关手续；

因没有此种资料、文件，或者此种资料、文件不充足或者不符合规定造成的损失，除由于承运人或者其受雇人、代理人的过错造成的外，托运人应当对承运人承担责任。”《海商法》第 67 条规定：“托运人应当及时向港口、海关、检疫、检验和其他主管机关办理货物运输所需要的各项手续，并将已办理各项手续的单证送交承运人；因办理各项手续的有关单证送交不及时、不完备或者不正确，使承运人的利益受到损害的，托运人应当负赔偿责任。”

（4）按要求包装货物。货物包装是货物安全运输的保证，托运人应当遵守有关规定，尽力做好货物包装工作。《民法典》第 827 条规定：“托运人应当按照约定的方式包装货物。对包装方式没有约定或者约定不明确的，适用本法第六百一十九条的规定。托运人违反前款规定的，承运人可以拒绝运输。”在托运人的包装义务上，法律确定了如下规则：

第一，合同中对包装方式有约定的，托运人有按照约定方式包装货物的义务。承运人与托运人在协商选择包装方式时，应本着保证货物包装在运输过程中不致损坏、散失、渗漏以及不致损坏、污染运输工具和其他物件等原则进行。而且当事人之间的此种约定应当充分考虑有关法律、法规的要求，凡是国家主管机关规定有包装标准的货物，应当按国家标准包装。例如，航空运输的货物，不能使用草袋包装或者用草绳捆扎。

第二，合同中对包装方式没有约定或者约定不明确时，根据《民法典》规定的准用条款予以确定。《民法典》第 619 条规定：“……对包装方式没有约定或者约定不明确，依据本法第五百一十条的规定仍不能确定的，应当按照通用的方式包装；没有通用方式的，应当采取足以保护标的物且有利于节约资源、保护生态环境的包装方式。”据此，合同中对包装方式没有约定或者约定不明确时，托运人应当依次采用以下具体做法确定包装方式：①按照《民法典》第 510 条的规定，当事人对包装方式没有约定或者约定不明确的，可以签订补充协议，当事人不能达成补充协议的，按照合同有关条款或者交易习惯确定。②依照上述规定仍不能确定包装方式的，应当按照通用的方式包装。所谓按照通用的方式包装，主要是指按照某种运输工具运输某种货物的惯常方式包装。③没有通用的包装方式的，应当采取足以保护货物的包装方式。所谓足以保护货物的包装方式，主要是指足以保证货物在运输过程中不致发生损坏、散失、渗漏等情形的包装方式。对于精密、易碎、怕震、怕压、不可倒置的货物，尤其需要注意，必须选择相适应的防止货物损坏的包装措施。选择足以保护货物的包装方式，主要应当根据货物的性质、重量、气候和运输工具的装载条件等方面，选用适当的材料和包装形式，妥善包装。

第三，托运人违反包装方式的法律后果。托运人违反约定的包装方式的，或者不按通用的包装方式或足以保护运输货物的包装方式而交付运输的，承运人有权拒绝运输。这种处置方法，既有利于托运人，使其免受因包装不当造成的货物损失，也有利于保护承运人的利益，防止因包装不当的货物损失引起不必要的纠纷。

（5）托运危险物品的注意义务。《民法典》第 828 条明确规定了托运人托运危险物品时的注意义务及相应责任。托运人托运危险物品的注意义务，是指托运人托运易燃、易爆、有毒、有腐蚀性、有放射性等危险物品的，应当妥善包装，作出危险物标志和标签，并将有关危险物品的名称、性质和防范措施的书面材料提交承运人。

托运人违反关于危险物品运输的有关规定的，承运人可以拒绝运输，也可以采取相应措施以避免损失的发生，因此产生的费用由托运人承担。具体而言，托运人违反关于危险物品运输的有关规定的，承运人可以采取如下处理方式：一是拒绝运输，由托运人按照规定妥善包装后再行运输；二是由承运人直接采取相应措施以避免损失的发生，因此产生的费用由托运人承担。

（七）收货人的权利和义务

收货人是依照运输合同的约定而接受承运人送达的货物的人，也是托运人指定的领取货物的人。收货人可以是个人，也可以是法人或其他组织。收货人一般是承运人和托运人以外的第三人，但托运人也可以指定自己作为收货人。

1. 收货人的权利

收货人的权利主要是根据货物运输合同的约定受领货物，又称为提货权。收货人的提货权通常以收到承运人的提货通知才发生。收货人提货要出示提货凭证。在海上货物运输中，提货凭证一般为提单，陆上运输的提货凭证一般为运输合同、提货单以及其他有效证件等。收货人除了有向承运人请求交付货物的权利外，还可以根据货物运输合同的规定，取得一些大致与托运人相同的权利，例如，损害赔偿请求权等。

2. 收货人的义务

（1）及时提货及支付逾期提货费用。收货人虽然没有直接参与货物运输合同的签订，但受承、托双方签订货物运输合同的约束，既享有接收货物的权利，也承担一定的义务。经收货人履行了合同约定的义务，一个货物运输合同才履行完毕，运输关系才能随之结束。《民法典》第 830 条规定，收货人应当及时提货，收货人逾期提货的，应当向承运人支付保管费等费用。

（2）支付托运人未付或者少付的运费以及其他费用。运费通常由托运人在始发站向承运人支付，但如果合同约定由收货人在到站支付或者托运人未支付的，收货人应支付。在运输中发生的其他费用应由收货人支付的，收货人也必须支付。但是，对因不可抗力造成的货物灭失的运费负担，《民法典》第 835 条作了特别规定："货物在运输过程中因不可抗力灭失，未收取运费的，承运人不得请求支付运费；已经收取运费的，托运人可以请求返还。法律另有规定的，依照其规定。"这体现了在不可抗力造成损害的情况下当事人对风险公平分担的原则。

（3）在一定期限内检验货物。货物运达目的地后，承运人向收货人交付货物时，需进行相应的交接验收。《民法典》第 831 条对检验期限的确定及超过检验期限的法律后果等作了规定。

第一，关于收货人对货物的验收期限的确定。①合同对检验货物的期限有约定的，收货人提货后有按照约定期限检验货物的义务。这种验收期限的确定，虽然是托运人和承运人双方当事人意思表示一致的结果，但收货人作为承受托运人受领货物的权利、义务的人，验收期限的约定对其同样具有拘束力。②合同对检验货物的期限没有约定或者约定不明确时，货物检验期限需按如下方法予以确定：一是依照《民法典》第 510 条的规定，当事人对检验货物的期限，没有约定或者约定不明确的，可以签订补充协议，由当事人就检验货物的期限通过协商达成合意；当事人不能达成补充协议的，按照合同有关条款或者交易习惯确定。二是依照上述方式仍不能确定检验货物的期限的，应当在合理期限内检验货物。至于此处合理期限的长短，需根据具体的运输方式、货物性质及检验所需期限等多种因素综合确定。③对货物的验收期限，一些法律、法规还对其直接作出了规定。例如，我国《民用航空法》第134条规定："托运行李或者货物发生损失的，旅客或者收货人应当在发现损失后向承运人提出异议。托运行李发生损失的，至迟应当自收到托运行李之日起七日内提出；货物发生损失的，至迟应当自收到货物之日起十四日内提出。托运行李或者货物发生延误的，至迟应当自托运行李或者货物交付旅客或者收货人处置之日起二十一日内提出。"

第二，收货人超过验收期限提出异议的法律后果。收货人经验收发现货物的数量、质量等与运输单证不符的，应在约定的验收期限或者合理验收期限内向承运人提出异议。收货人在验收期限内对货物的数量、毁损等未提出异议的，只是初步表明承运人已经按照运输单证的记载交付了货物，并不能当然免除承运人的赔偿责任。收货人仍可以在诉讼时效期间内举证证明货物的毁损、灭失是承运人的原因造成的，虽然这种举证的难度往往很大，但延长了收货人提出权利请求的时间，也就增加了收货人获得赔偿救济的机会。

（八）货损的赔偿责任

1. 承运人赔偿责任的性质

《民法典》对合同违约采取了严格责任归责原则，规定对运输过程中发生的货物毁损、灭失，不论承运人有无过错，除了有法律规定的免责理由外，都应承担赔偿责任，并不以承运人有过错为承担责任的条件。《民法典》合同编对承运人的赔偿责任规定了三项免责事由：

（1）不可抗力。不可抗力是指不能预见、不能避免并不能克服的客观情况。在发生不可抗力时，虽然承运人可以免于对货物的损失承担赔偿责任，但承运人在此种情况下同时也丧失了运费请求权。《民法典》第835条对此作了明确规定："货物在运输过程中因不可抗力灭失，未收取运费的，承运人不得请求支付运费；已经收取运费的，托运人可以请求返还。"这一规定体现了对不可抗力造成损害的风险公平分担原则。

【例5-2】 国际货物运输合同中卖方在保险合同中的地位认定。

福纠闽胜砂石有限公司诉中国人民保险公司福建省分公司营业管理部、中国人民保险公司福建省分公司海上货物运输保险合同纠纷案：1. 在CIF价格条件下，由卖方签订保险合同并支付保险费，在卖方尚未转让保单之前，卖方都是保险合同的当事人。此时，如果发生保险事故，卖方具有诉讼主体资格。2. 在CIF价格条件下，卖方已经支付了运费。发生保险事故时，货物因不可抗力灭失，卖方既有权向保险公司索赔运费，也有权要求承运人返还运费。前者是基于保险合同关系，后者是基于运输合同关系。

案例来源：福建省高级人民法院（2003）闽经终字第232号民事判决书。

（2）货物本身的自然性质或者合理损耗。货物本身的自然性质是指货物本身发生的物理或者化学变化等，如货物本身引起的碎裂、生锈、变质、自燃等；货物的合理损耗是指货物在运输途中，损耗未超过有关主管部门颁发的货物自然减量标准或者规定范围内的尾差、磅差。

（3）托运人、收货人的过错。托运人、收货人的过错，是指对于运输过程中货物的毁损、灭失，托运人、收货人在主观上存在故意或者过失的情况。如包装不合格、装货中夹带易于引起货物变化的物质、自己错填到货地点等。

2. 赔偿额的确定

《民法典》第833条对承运人的赔偿数额确定标准作了规定。具体规定如下：

（1）约定标准。运输合同中明确约定的赔偿数额或赔偿的计算方法。

（2）法律规定的补充标准。对赔偿数额没有约定或者约定不明确，依照《民法典》第510条的规定，当事人可以签订补充协议，不能达成补充协议的，按照合同有关条款或者交易习惯来确定货物毁损、灭失赔偿的具体数额。仍不能确定的，按照交付或应当交付时货物到达地的市场价格计算。

扫码看解析

【例5-3】 货物运输合同中承运人应当承担货物毁损的责任。

泰富公司（无锡泰富汽车销售服务有限公司）诉汽运公司（上海安吉日邮汽车运输有限公司）货物运输合同案。2005年7月15日，泰富公司与戴新科签订了一份汽车代理销售合同，约定：泰富公司向戴新科出售法国产银灰色雷诺“风景”汽车一辆，该车完税售价为258 000元。2005年8月4日，泰富公司委托汽运公司运输上述车辆至无锡（双方未签订书面运输协议）。后汽运公司在运输途中因发生事故致使该车损坏，交付延期。嗣后，泰富公司与戴新科终止车辆代理销售合同，向戴新科赔偿违约金2万元。2005年11月11日，汽运公司将上述被损车辆修复后交付给了泰富公司。双方因损失承担问题未能达成一致意见，遂向法院提起诉讼。

问题：

1. 汽运公司在主动修复被损车辆后是否仍需向泰富公司承担赔偿责任？

2. 如何确定汽运公司在本案中对车损部分进行赔偿的金额？

案例来源：江苏省无锡市中级人民法院（2006）锡民二终字第0438号民事判决书。

（3）法律、法规规定的特殊确定标准。在货物运输合同中，由于运输工具和托运人对具体运输方式不同的选择，当事人对运输过程中货物毁损、灭失风险的承担存在差异，因此，一些法律、行政法规针对具体的运输方式中的赔偿额，往往确定了特殊的计算方法和赔偿限额，在这些领域即应依照法律、法规的规定处理。例如，《民用航空法》第128条规定：“国内航空运输承运人的赔偿责任限额由国务院民用航空主管部门制定，报国务院批准后公布执行。旅客或者托运人在交运托运行李或者货物时，特别声明在目的地点交付时的利益，并在必要时支付附加费的，除承运人证明旅客或者托运人声明的金额高于托运行李或者货物在目的地点交付时的实际利益外，承运人应当在声明金额范围内承担责任。”

3. 请求权主体和责任主体

货损赔偿责任的请求权主体包括托运人和收货人。赔偿责任主体是承运人（包括承运人的雇员、代理人的行为造成的货损）。

在联运情况下，与托运人订立合同的承运人，无论损失是否发生在其运输区段内，都要对货物的损失承担责任，都是赔偿责任主体，其他承运人只有在损失发生在其运输区段内时才成为赔偿责任主体。

（九）承运人的货物留置权和提存权

1. 承运人对货物的留置权

在货物运输合同中，托运人或者收货人不支付运费、保管费等运输费用时，承运人可以对运输货物进行留置，托运人或者收货人在规定的宽限期限内仍不履行其义务时，承运人可以依法将留置的货物变价，并从变价款项中享有优先受偿的权利。

（1）承运人留置权的成立条件。承运人留置权的成立，应当符合下列条件：

第一，留置权的产生必须以承运人实际占有运输的货物为前提条件。第二，须有托运人或收货人不履行债务的事实。首先，托运人或收货人须有履行债务的义务。托运人的债务，主要是指支付运费、保管费和其他运输费用。其次，须债务已到履行期限，债务人不履行债务。第三，须当事人没有不得留置的约定。具备上述条件时，承运人可以对运输货物行使留置权。留置的货物为可分物的，承运人留置的货物的价值应当相当于债务的金额即运输费用，对超过的部分不应留置。

（2）承运人留置权的实现。依照《民法典》物权编担保物权的规定，承运人留置权的实现规定如下：

留置权人与债务人应当约定留置财产后的债务履行期限；没有约定或者约定不明确的，留置权人应当给债务人 60 日以上履行债务的期限，但是鲜活易腐等不易保管的动产除外。债务人逾期未履行的，留置权人可以与债务人协议以留置财产折价，也可以就拍卖、变卖留置财产所得的价款优先受偿。

留置财产折价或者变卖的，应当参照市场价格。

债务人可以请求留置权人在债务履行期限届满后行使留置权；留置权人不行使的，债务人可以请求人民法院拍卖、变卖留置财产。留置财产折价或者拍卖、变卖后，其价款超过债权数额的部分归债务人所有，不足部分由债务人清偿。同一动产上已经设立抵押权或者质权，该动产又被留置的，留置权人优先受偿。

2. 承运人提存货物的权利

提存是指由于债权人的原因而无法向其交付合同标的物时，债务人将该标的物交给提存机关而消灭合同关系的一种制度。作为合同消灭的原因之一，《民法典》对提存的原因、提存后的通知义务、提存标的物的风险责任、提存物的领取等作了全面规定。承运人提存货物时，除适用《民法典》第 837 条的规定外，也适用《民法典》合同编通则中关于提存的一般规定。

根据《民法典》第 837 条的规定，在货物运输合同履行中，承运人提存货物的法定理由有两项：一是收货人不明。这主要包括无人主张自己是收货人，通过现有证据主要是货物运输合同也无法确认谁是收货人；以及虽然有人主张自己是收货人，但根据现有证据包括货物运输合同及主张人提供的证据，无法认定其即是收货人等情形。二是收货人无正当理由拒绝受领货物。在存在上述提存的条件时，如果运输的货物不宜提存，承运人可以依法将货物拍卖、变卖，将拍卖、变卖的价金提存。承运人提存货物后，应当及时将提存的情况通知托运人或收货人，如果承运人怠于通知而给托运人或收货人造成了损失，承运人应当承担赔偿责任。

第二节 公路货物运输法

公路运输是物流运输中经常采用的运输方式之一，适用于运输量少的业务，公路运输具有方便、快捷的特点。物流企业进行公路运输一般有两种情况：使用自有汽车进行运输；租用他人汽车进行运输，或者交给专业的汽车承运人来运输。这方面的法律法规主要有《民法典》《公路货物运输合同实施细则》。国际公路货物运输在《国际公路货物运输合同公约》中有较系统的规定。

我国《民法典》没有专门规定公路货物运输合同，仅仅在合同编第19章规定“运输合同”，运输合同包含了货运合同，但没有对公路货运合同作出细致的规定。该立法现状对于我国体量巨大的公路货物运输合同纠纷不能起到定分止争的作用。《公路货物运输合同实施细则》是经国务院批准，原交通部1986年12月1日正式发布并于1987年3月1日施行的，自颁布实施到目前已有30余年历史，该细则对公路货物运输合同的规定不够细致，存在一定的滞后性。加之原交通部颁布的《汽车货物运输规则》已于2016年5月25日被废止，《集装箱汽车运输规则》于2007年11月5日被废止。为防范合同风险，适合在公路货物运输行业推行示范合同文本。

公路货物运输合同实务中存在许多纠纷，诸如公路货物运输合同里的保价条款的效力认定问题，对因货物毁损灭失且当事人未有约定的情况下货物的价值认定问题，合同关系之外的收货人、与实际承运人有利益关联的运输公司的诉讼地位及责任承担等问题，都宜通过推行示范合同加以解决。

不断完善合同、杜绝合同漏洞，是减少实践中国内公路货运纠纷的重要方法。《汽车货物运输规则》虽已废止，但其明确规定了定期运输合同、一次性运输合同、道路货物运单、货物运输合同当事人双方的权利义务，货运事故及违约责任的处理等内容。当事人可通过约定的方式将《汽车货物运输规则》里的部分内容并入合同。在《汽车货物运输规则》已经失效的前提下，法院不会将其作为规章加以适用，但当事人仍然可以在合同中引用相关条款确定双方权利义务和责任承担，根据约定优先原则，这种约定在不与现行法律相冲突、不违反法律效力性规范的前提下，应属有效。

二》 危险货物运输

交通运输部发布的《危险货物道路运输规则》(JT/T 617－2018) 于2018年12月1日起正式实施，《危险货物道路运输规则》被称为“中国版ADR”，ADR即《危险货物国际道路运输欧洲公约》。《危险货物道路运输规则》的第7部分，主要规定危险货物道路运输的运输装备条件、人员条件及运输作业要求，其主要内容如下：

(一) 运输装备条件

在运输装备条件中，明确了运输单元的内涵：载有危险货物的运输单元应为载货汽车（半挂牵引车除外）或半挂牵引车与半挂车组成的汽车列车。不包括双挂列车。

标准中明确了运输单元上所应随车携带的单据、要求粘贴或悬挂菱形标志牌和标记以及灭火器具的配置、用于个人防护的多种装备和设备等。灭火器配置的最小数量要求与运输车辆的最大总质量挂钩，并且对用于发动机或驾驶室的灭火器提出了最小数量和容量的要求。应配备用于个人防护的多种装备和设备，如反光背心、便携式照明装置、眼部冲洗液（除运输第1类和第2类外）。

(二) 人员条件

驾驶员上岗前应经过危险货物运输基本知识培训，掌握必要的知识和技能，并通过考核。《危险货物道路运输规则》对驾驶员培训内容作了规定，包括基本知识培训、罐体运输专业知识培训、运输第 1 类物质和物品的专业知识培训和运输第 7 类放射性物品的专业知识培训。

（三）运输作业要求

关于运输作业的要求，包括携带的单据和证件、车组成员应遵守的规定及车辆停放要求、道路通行要求、运输作业特殊规定等。车组成员应遵守的规定，符合我国危险货物相关法规和标准。车辆停放要求，是指车辆停放时的监管和防护，标准明确车辆监护要求，有利于确保危险货物运输车辆停放安全。

（四）标准使用

在运输中，广大承运人要做足运输安全准备，包括按《危险货物道路运输规则》要求配置相应的灭火器具和个人防护装备等，做好个人防护的准备工作。同时，要重视并加强对驾驶员尤其是罐体运输驾驶员、运输第 1 类物质（即爆炸品）和物品的驾驶员等的专业知识培训。《危险货物道路运输规则》规定了培训的基本知识和专业知识内容，包括针对不同类型的危险货物所应采取的相关预防和安全措施，标记、标志、菱形标志牌和矩形标志牌等的含义和使用要求等，比较详细，意在规范和提升驾驶员培训的水平，提高驾驶安全水平和事故发生后的处置能力。

另外，有的货物在运输过程中需要加强监控，关注温度等变化，以保证运输安全；需要停车时，驾驶员应该按照标准要求停放，避免因乱停乱放造成安全隐患。

（五）与其他标准和标准其他部分的关系

在危险货物道路运输的环节中，如何根据危险货物选择车辆是一个重要的工作。《危险货物道路运输车辆运营安全技术条件标准》规定了危险货物道路运输车辆的分类、整车、制动系统、安全防护、主动安全预警等基本要求，以及针对不同类型车辆的特殊要求等，该标准将作为危险货物道路运输车辆安全准入管理的依据。危险货物道路运输企业一定要根据该标准，在运输过程中根据载运货物的性质和要求，选择合适的车辆进行运输。

二》 国际公路货物运输法律规定

涉及国际公路货物运输的公约主要是《国际公路货物运输合同公约》，该公约对国际公路货物运输作了比较系统的规定。

（一）适用范围

凡以营运车辆进行运作的公路货物运输的每一份合同，不管缔约方住地和国籍，只要合同中规定的接管和交货地点位于两个不同的国家，其中至少一个是缔约国，都适用《国际公路货物运输合同公约》。在多式联运条件下，当载货车辆上的货物没有从车辆上卸下，而其部分路程由海上、铁路内河或者航空接运的，依然全程运用本公约。

（二）单证

《国际公路货物运输合同公约》规定运单应是运输合同成立、合同条件和承运人收货的初步依据。运输合同应以签发运单来确认。在没有运单、运单不正规或运单丢失等情况发生时，运输合同依旧成立，并可依据《国际公路货物运输合同公约》相关条款解释。运单应有三份正本，一份交付发货人，一份随货，一份由承运人留存。

（三）承运人责任认定

《国际公路货物运输合同公约》第 17 条对于承运人的责任作出了一般性规定："承运人应对自货物接管之时起到交付时止发生的全部或部分灭失和损坏以及货物交付中的任何延迟负责。"对于运输中由于车辆、承运人的雇用人或者代理人的过失造成的损失，也应由承运人承担责任。

承运人的免责事项规定如下：

（1）运单中明确规定使用无盖敞篷车。

（2）如货物根据其性质，在无包装或未予妥善包装时易于损耗或损坏的条件下，无包装或包装不良。

（3）由发货人、收货人或其代表所从事的货物搬运、装载、积载和卸载。

（4）特别是由于断裂、生锈、腐烂、干燥、渗漏、正常损耗或虫蛀等易造成全部灭失或部分灭失或损坏的某些货物的性质。

（5）包装上的标志或号码不足或不当。

（6）承运活动物。

（四）索赔与诉讼

在《国际公路货物运输合同公约》框架内运输引发的诉讼，可以在双方协议约定的缔约国的任何法庭提起，也可在被告的通常住所、营业场所、订立合同的分支机构或代理机构所在地或承运人接管货物的地点或指定的交货地点提起。

诉讼的时限为 1 年，特殊情况下，时限可以延至 3 年。时效起算时间依据下列规定：货物系部分灭失、损坏或交货延迟的，自交货之日起算；如系货物全部灭失，以议定的交货期限届满后第 30 天，或如无议定的交货期限，则从承运人接管货物之日起第 60 天起算；其他条件下，以运输合同订立期满 3 个月起算。

第三节　铁路货物运输法

物流企业在组织货物运输时常用到铁路这种运输方式。在我国，铁路货物运输要受《民法典》《铁路法》《铁路货物运输合同实施细则》《铁路集装箱运输规则》等相关法规的调整和约束。

一　铁路货物运输合同的含义

铁路货物运输合同是指铁路承运人根据托运人的要求，按期将托运人的货物运至目的地，交与收货人的合同。此时，物流企业通常作为托运人或托运人的代理人与铁路承运人签订铁路货物运输合同。铁路货物运输合同可分为整车货物运输合同和零担货物运输合同。

整车货物运输合同是指铁路承运人和托运人约定将货物用一整列货车来装载运送的铁路货物运输合同。在运输大宗货物时，一般会按照年度、半年度或者季度来签订整车货物运输合同。零担货物运输合同是指铁路承运人与托运人就不需要整车运输的少量货物签订的铁路货物运输合同。

二》铁路货物运输合同双方当事人的义务

（一）托运人的义务

（1）如实申报和提供合法货物。托运人应当如实填报托运单，铁路承运人有权对填报的货物和包裹的品名、重量、数量进行检查。经检查，申报与实际不符的，检查费用由托运人承担；申报与实际相符的，检查费用由铁路承运人承担，因检查对货物和包裹中的物品造成的损坏由铁路承运人赔偿。

托运人因申报不实而少交的运费和其他费用应当补交，铁路承运人按照国务院铁路主管部门的规定加收运费和其他费用。

托运、承运货物，必须遵守国家关于禁止或者限制运输物品的规定。

（2）妥善包装货物。托运货物需要包装的，托运人应当按照国家包装标准或者行业包装标准包装；没有国家包装标准或者行业包装标准的，应当妥善包装，使货物在运输途中不因包装原因而受损坏。

（3）支付运费。双方可以约定由托运人在货物发出前支付运费或者货物到站后由收货人支付运费，但是铁路货物运输一般是由托运人在货物托运时支付运费，如果托运人不支付运费，铁路承运人可以不予承运。

（4）自愿保险或保价。托运人可以根据自愿的原则办理保价运输，也可以办理货物运输保险；还可以既不办理保价运输，也不办理货物运输保险。

（二）承运人的义务

（1）及时运送货物。铁路承运人应当按照铁路运输的要求，及时组织调度车辆，做到列车正点到达。铁路承运人应当按照约定的期限或者铁路主管部门规定的期限，将货物运到目的站。

（2）保证货物运输的安全，对承运的货物妥善处理。铁路承运人对于承运的容易腐烂的货物和活动物，应当按照铁路主管部门的规定和双方的约定，采取有效的保护措施。

（3）货物运抵到站后，及时通知收货人领取货物，并将货物交付收货人。

（三）收货人的义务

货物到站后，收货人应当按照国务院铁路主管部门规定的期限及时领取，并支付托运人未支付或者少支付的保管费用；逾期领取的，收货人应当按照规定交付保管费。

《铁路法》第 22 条规定："自铁路运输企业发出领取货物的通知之日起满三十日仍无人领取的货物，或者收货人书面通知铁路运输企业拒绝领取的货物，铁路运输企业应当通知托运人，托运人自接到通知之日起满三十日未作答复的，由铁路运输企业变卖；所得价款在扣除保管等费用后尚有余款的，应当退还托运人，无法退还、自变卖之日起一百八十日内托运人又未领回的，上缴国库。"

三》违约责任

（一）托运人的责任

（1）由于托运人错报或匿报货物的品名、重量、数量、性质而导致承运人的财产损失的，要承担赔偿责任。

（2）由于物流企业对货物的真实情况申报不实，而使承运人少收取了运费，要补齐运费并按规定另行支付一定的费用。

（3）承担由于从外表无法发现货物包装上的缺陷，或者由于未按规定标明储运图示标志而造成的损失。

（4）在物流企业负责装车的情况下，由于加固材料不合格或在交接时无法发现的对装载规定的违反而造成的损失，由物流企业承担责任。

（5）由于押运人的过错而造成的损失，由物流企业承担责任。

（二）承运人的责任

1. 货损责任

铁路承运人应当对承运的货物自接受承运时起到交付时止发生的灭失、短少、变质、污染或者损坏承担赔偿责任。托运人办理了保价运输的，按照实际损失赔偿，但最高不超过保价额；未办理保价运输的，按照实际损失赔偿，但最高不超过铁路主管部门规定的赔偿限额。如果损失是由于承运人的故意或者重大过失造成的，不适用赔偿限额的规定，按照实际损失赔偿。

扫码看解析

【例 5－4】 承运人交货时未仔细审查证件，给托运人造成损失的应承担赔偿责任。

巨禾粮油公司（宿迁市巨禾粮油工贸有限公司）与鸿盛挂面厂（云南鸿盛挂面厂）的陈某盛进行小麦面粉交易。巨禾粮油公司从蚌埠站（上海铁路局蚌埠站）将小麦面粉运往昆明铁路局所属的宣威火车站。货票记载陈某盛接货。货到达宣威站后，陈某盛凭身份证将货物提走后未向巨禾粮油公司支付货款。巨禾粮油公司遂到宣威站查询货物交付情况，发现提货人陈某盛留存在货票上的身份证号码缺少一位数，巨禾粮油公司遂以宣威火车站错误交付给第三人，收货人未收到货物为由提起诉讼。

问题：上海铁路局、蚌埠站、昆明铁路局存在错误交付的情况吗？

案例来源：上海铁路运输中级法院（2009）沪铁中民终字第 7 号。

2. 迟延交付的责任

承运人应当按照合同约定的期限或者铁路主管部门规定的期限将货物运到目的站，逾期运到的，承运人应当支付违约金。违约金的计算以运费为基础，按比例退还。对于超限货物、限速运行的货物、免费运输的货物以及货物全部灭失的情况，承运人不支付违约金。如果迟延交付货物造成收货人或托运人的经济损失，承运人应当赔偿所造成的经济损失。承运人逾期 30 日仍未将货物交付收货人的，托运人、收货人有权按货物灭失向承运人要求赔偿。

3. 承运人的免责事项

由于下列原因造成的货物损失，铁路承运人不承担赔偿责任：

（1）不可抗力。

（2）货物本身的自然属性或者合理损耗。

（3）托运人或者收货人的过错。

四》国际铁路货物运输

我国与周边邻国的通商货物，相当大一部分是通过国际铁路运输的。在通过国际铁路运送货物时，由于跨越国境的原因，托运人经常与铁路承运人签订货物运输合同，由铁路承运人去完成运输。由于我国是《国际铁路货物联运协定》（以下简称《国际货协》）的缔约国之一，托运人在办理国际铁路货物运输时要遵守《国际货协》的规定。

（一）运单的性质和作用

根据《国际货协》的规定，运单的作用为以下几点：

（1）运单是国际铁路货物运输合同的证明。

（2）运单是铁路方收到货物和承运运单所列货物的内容的表面证据。

（3）运单是铁路方在终点到站向收货人检收运杂费和点交货物的依据。

（4）运单是货物出入沿途各国海关的必备文件。

（5）运单是买卖合同支付货款的主要单证。

（二）货运合同双方的义务

1. 托运人的义务

根据《国际货协》的规定，作为托运人，除了要遵守国内铁路运输中托运人须遵守的义务以外，还有一项非常重要的义务，那就是必须将在货物运送全程中为履行海关和其他规章所需要的添附文件附在运单上，必要时，还须附有证明书和明细书。这些文件只限与运单中所记载的货物有关。如果托运人不履行这项义务，承运人应拒绝承运。这项义务是由国际铁路货物运输需跨越国境的特点决定的。

2. 承运人的义务及责任

在国际铁路货物运输中，承运人的义务包括以下几点：

（1）及时运送货物。铁路承运人应当按照铁路运输的要求，及时组织调度车辆，做到列车正点到达。

（2）保证货物运输的安全，对承运的货物妥善处理。

（3）货物运抵达站后，及时通知收货人领取货物，并将货物交付给收货人。

（三）承运人的责任

（1）责任的承担。《国际货协》规定，铁路从承运货物时起，至到站交付货物时止，对于货物逾期运到及因货物部分或全部灭失、毁损而产生的损失承担连带责任，并对发货人在运单内所记载并添附的文件由于铁路的过失而遗失的后果和由于铁路的过失未能执行有关要求变更运输合同的申请书的后果负责。

（2）责任的限额。根据《国际货协》的规定，铁路对货物损失的赔偿金额，在任何情况下不得超过货物全部灭失时的金额。铁路对货物损失的赔偿金额，仅以相当于货物价格减损的金额予以赔偿，其他损失不予赔偿。对于逾期交货的，铁路以所收运费为基础，按逾期长短，向收货人支付规定的罚金。逾期不超过总期限的 1/10 时，支付相当于运费 6％的罚款；逾期超过总期限的 4/10 时，支付相当于运费 30％的罚款。

（3）责任的免除。以下情况，免除承运人的责任：

①铁路不能预防和不能消除的情况。

②因货物的特殊自然性质引起的自燃、损坏、生锈、内部腐坏及类似结果。

③由于发货人或收货人的过失或要求而不能归咎于铁路者。

④因发货人或收货人装、卸车原因造成。

⑤由发送铁路规章许可，使用敞车类货箱运送货物。

⑥由于发货人或收货人的货物押运人未采取保证货物完整的必要措施。

⑦由于承运时无法发现的容器或包装缺点。

⑧发货人用不正确、不确切或不完全的名称托运违禁品。

⑨发货人在托运时需按特定条件承运货物时，未按《国际货协》规定办理。

⑩货物在规定标准内的途耗。

（四）索赔与诉讼时效

《国际货协》规定，发货人和收货人有权根据运输合同提出索赔要求，在索赔时附有相应索赔根据并注明款项，以书面形式由发货人向发送站提出，或由收货人向到达站提出。

有关当事人向铁路承运人提出索赔时，应按下列规定办理：

（1）货物全部灭失时，可由发货人提出，同时须提交运单副本，也可以由收货人提出，同时须提交运单副本或运单。

（2）货物部分灭失、毁损或腐烂时，由发货人或收货人提出，同时须提交运单和铁路在到达站交给收货人的商务记录。

（3）货物逾期运到时，由收货人提出，同时须提交运单。

（4）多收运送费用时，由发货人按其已交付的款额提出，同时须提交运单副本或发送铁路国内规章规定的其他文件；或由收货人按其所交付的运费提出，同时须提交运单。

铁路承运人自有关当事人向其提出索赔时，须在 180 天内审查请求，并予以答复。

凡有权向铁路提出索赔的人，只有在提出索赔后，才可以向铁路承运人提起诉讼。《国际货协》规定，托运人依据运输合同向铁路承运人提出索赔和提起诉讼，以及铁路承运人对托运人关于支付运送费用、罚款和赔偿损失的要求和诉讼，应在 9 个月内提出。

第四节 水路货物运输法

水路运输是利用船舶运载工具在水路上的运输，它适合运送距离远、时间要求不紧的大批货物。沿海、江河、湖泊以及其他通航水域中从事的营业性水路货物运输均为国内水路货物运输。通常，内河拖航也被视为水路货物运输，水路货物运输主要是通过水路货物运输合同的方式实现的。

在我国法律、法规、规章中，与水路运输有关的主要有《民法典》《国内水路运输管理条例》《水路货物运输合同实施细则》。

原交通部 1973 年制定的部门规章《水路货物运输规则》（以下简称《货规》），至 2000 年经历过 4 次修订，是我国国内水路运输双方当事人权利义务归责的主要依据，它对国内水路货物运输合同的订立以及国内水路货物运输合同当事人的权利与义务作出了详细的规定。2016 年 5 月 30 日，《货规》被废止，标志着我国延续了 40 多年的国内水路货运合同由部门规章调整的做法结束。目前主要依照《民法典》来规范水路运输业务。《货规》被废止后，由于水路货物运输较之陆路运输的特殊性及其特殊风险，《民法典》合同编中的条款对水路货物运输中承运人的责任的规定明显不足。水路货物运输业务中存在与货方缔结运输合同的承运人并未使用自有的或租用的船舶进行运输的情形，而是转委托给实际有船舶的一方进行运输。《货规》第3条第5款明确规定了实际承运人的概念，第46条明确规定了承运人与实际承运人都负有赔偿责任的，应当在该责任范围内承担连带责任。《货规》的被废止，意味着水路货物运输中不再有实际承运人的概念。这是废除《货规》对水路货物运输承运人的责任的影响。

当《民法典》第19章“运输合同”不能有效处理国内水路货物运输领域的纠纷案件时，为减少合同纠纷，可将《货规》的部分内容作为合同条款纳入合同。最高人民法院于2012年12月24日公布的《关于国内水路货物运输纠纷案件法律问题的指导意见》第2条规定：“当事人在国内水路货物运单或者其他运输合同文件中明确约定其权利义务适用《国内水路货物运输规则》规定的，人民法院可以按照《国内水路货物运输规则》的有关规定确定合同当事人的权利义务。”虽然《货规》之后被废除，运输合同当事人不能直接约定适用《货规》，但可以根据合同自由原则将《货规》的规定视为当事人约定纳入的合同条款，具体如实际承运人的责任，承运人的基本管货义务所涵盖的范围，承运人对仓面货的责任确定，合理绕航的约定等，都需要在合同中逐条具体引用，以此确定当事人之间的权利义务。

同时，为了弥补国内水运市场法律空白的缺憾，国务院2011年修订的《水路货物运输合同实施细则》迄今没有被废止。该实施细则全部35条可谓是《货规》的简略版，可摘取其中条款适用于国内水运市场。

一》 国内水路运输管理规定

2012年10月13日，国务院公布《中华人民共和国国内水路运输管理条例》（以下简称《国内水路运输管理条例》），并于2013年1月1日起施行。2017年第二次修订。《国内水路运输管理条例》共6章46条，主要明确了以下十项制度。

（一）水路运输管理机构的法律地位

《国内水路运输管理条例》第4条规定：“国务院交通运输主管部门主管全国水路运输管理工作。县级以上地方人民政府交通运输主管部门主管本行政区域的水路运输管理工作。县级以上地方人民政府负责水路运输管理的部门或者机构（以下统称负责水路运输管理的部门）承担本条例规定的水路运输管理工作。”这一规定明确了水路运输管理机构的行政执法主体资格，直接授予各级水路运输管理机构在行政许可、行政处罚等方面的执法权限，有力地保证了水路运输市场监管的全面性和有效性。

（二）精简行政许可制度

《国内水路运输管理条例》取消了船舶代理、水路旅客运输代理和水路货物运输代理三个许可项目，仅保留了水路运输经营许可、船舶管理经营许可、外国籍船舶临时经营中国沿海运输许可；行政许可取消了可以由市场主体自主决定的事项，如是否具有稳定客源、货源等，在条件设定上着眼于经营能力、人员条件、安全制度、公共利益保护等；明确规定许可程序，列明许可实施期限、许可证件发放程序。

（三）运力宏观调控制度

《国内水路运输管理条例》第 10 条规定："为保障水路运输安全，维护水路运输市场的公平竞争秩序，国务院交通运输主管部门可以根据水路运输市场监测情况，决定在特定的旅客班轮运输和散装液体危险货物运输航线、水域暂停新增运力许可。"通过这一运力调控举措，引导水运市场运力的有序投放，达到水运市场供需基本平衡的目的。

（四）节能减排、结构调整政策

《国内水路运输管理条例》第 3 条规定："国家运用经济、技术政策等措施，支持和鼓励水路运输经营者实行规模化、集约化经营，促进水路运输行业结构调整；支持和鼓励水路运输经营者采用先进适用的水路运输设备和技术，保障运输安全，促进节约能源，减少污染物排放。"《国内水路运输管理条例》第 15 条规定："国家根据保障运输安全、保护小环境、节约能源、提高航道和通航设施利用效率的需求，制定并实施新的船型技术标准时，对正在使用的不符合新标准但符合原有标准且未达到规定报废船龄的船舶，可以采取资金补贴等措施，引导、鼓励水路运输经营者进行更新、改造；需要强制提前报废的，应当对船舶所有人给予补偿。"这项制度对于优化水路运力结构、节约能源、保护水环境、提高航道和通航设施利用效率、保障水运安全发挥了积极作用。

（五）诚信管理制度

《国内水路运输管理条例》第 5 条规定，国务院交通运输主管部门和负责水路运输管理的部门应"建立经营者诚信管理制度，及时向社会公告监督检查情况"。全面建立水路运输市场诚信管理制度，推动水运市场诚信体系建设。

（六）服务质量管理制度

要求水路运输经营者应当依照法律、行政法规和国务院交通运输主管部门关于水路旅客、货物运输的规定、质量标准以及合同的约定，为旅客、货主提供安全、便捷、优质的服务，保证旅客、货物运输安全；设定了旅客班轮运输和货物班轮运输的信息发布制度，要求旅客班轮运输业务经营者和货物班轮运输业务经营者应当在规定的时间范围内公布所使用的船舶、班期、班次、运价等信息，并且及时提前向社会公布变更班期、班次、运价或者停止经营部分或者全部班轮航线的信息，保障旅客、货主的知情权。这些规定有利于提高水路运输经营者的安全意识和服务意识，维护旅客、货主的合法权益。

（七）应急运输保障制度

要求水路运输业务经营者应当依照法律、行政法规和国家有关规定，优先运送处置突发事件所需的物资、设备、工具、应急救援人员和受到突发事件危害的人员，重点保障紧急、重要的军事运输。当出现关系国计民生的紧急运输需求时，按照国务院的部署，水路运输经营者应当优先运输需要紧急运输的物资。

（八）市场动态监管和退出机制

建立水路运输市场动态监管制度，规定了经营主体公平竞争、船舶适航等义务，并特别针对班轮运输、危险货物运输提出了安全和服务质量的要求。针对部分情节严重的违法、违规行为设立了市场退出机制。

（九）国内水路运输市场保护制度

对外国企业、其他经济组织和个人从事国内水路运输作了禁止性规定，对外国籍船舶作了较为严格的限制性规定，并对外国籍船舶非法从事国内水路运输（包括捎带）规定了严厉的处罚条款。

（十）客运船舶强制保险制度

水路旅客运输经营者应当为其客运船舶投保承运人责任险或者取得相应的财务担保。

二》水路货物运输合同

（一）水路货物运输合同的订立

根据国务院2011年1月8日修订的《水路货物运输合同实施细则》的规定，水路货物运输合同，除短途驳运、摆渡零星货物，双方当事人可以即时清结者外，应当采用书面形式。在形式上，这与国际海上货物运输合同要求不同，国际海上货物运输合同可以不用书面订立，但租船合同除外。

大宗物资运输可按月签订货物运输合同。对其他按规定必须提送月度托运计划的货物，经托运人和承运人协商同意，可以按月签订货物运输合同或以货物运单作为运输合同。零星货物运输和计划外的整批货物运输，以货物运单作为运输合同。

以货物运单作为运输合同的，经承、托运双方商定货物的集中时间、地点，由双方认真验收、交接，并经承运人在托运人提交的货物运单上加盖承运日期戳后，合同即告成立。

（二）运单

在水路运输合同中，运单是水路货物运输合同的证明，而不是合同本身。在效力上运单既不是承运人据以交付货物的凭证，也不是收货人提货的凭证，收货人接收货物时只需证明其身份，无须持有运单。运单只是承运人接收货物后签发的一种凭证，如果是由载货船船长签发的，视为代表承运人签发。运单的记载如果与运输合同不一致，可以视为对运输合同的变更。

【例5-5】货主有权凭运单以运输合同关系向实际运输船东索赔。

瑞生公司与汇鼎公司及洋浦公司、捷福公司水路货物运输合同纠纷案，法院认为：涉案运单由实际运输的船东向货主签发，运单载明托运人为货主，且运单右上角载明："承运人与托运人、收货人之间的权利、义务和责任界限适用《国内水路货物运输规则》及运价、规费的有关规定。"据此，可以认定涉案运单系实际运输的船东和货主双方成立实际水路货物运输关系的证明，货主可以据此起诉实际运输的船东。

案例来源：《涉外商事海事审判指导》2015年第1辑（总第30辑），最高人民法院（2014）民申字第1969号。

货物运单应具备下列内容：货物名称；重量、件数，按体积计费的货物应载明体积；包装；运输标志；起运港和到达港，海江河联运货物应载明换装港；托运人、收货人名称及其详细地址；运费、港口费和有关的其他费用及其结算方式；承运日期；运到期限（规定期限或商定期限）；货物价值；双方商定的其他事项。

运单在签发后，由承运人、承运人的代理人、托运人、到达港港口经营人、收货人各留存两份，另一份由收货人收到货后作为收据还给承运人。承运人可以视情况需要增加或减少运单份数。

（三）水路货物运输合同的履行

1. 托运人的义务

（1）托运的货物必须与货物运单记载的品名相符。

（2）在货物运单上准确地填写货物的重量或体积。对起运港具备符合国家规定计量手段的，托运人应按照起运港核定的数据确定货物重量；对整船散装货物，托运人确定重量有困难时，可以要求承运人提供船舶水尺计量数，作为托运人确定的重量；对按照规定实行重量和体积择大计费的货物，应填写货物的重量和体积；对笨重长大货物，还应列出单件货物的重量和体积（长、宽、高）。

（3）需要包装的货物，必须按照国家或国家主管部门规定的标准包装；没有统一规定包装标准的，应在保证运输安全和货物质量的原则下进行包装；需要随附备用包装的，应提供备用包装。

（4）正确制作货物的运输标志和必要的指示标志。

（5）在托运货物的当时，按照合同规定的结算方式付清运输费用。

（6）实行保价运输的个人生活用品，应提出货物清单，逐项声明价格，并按声明价格支付规定的保价费。

（7）国家规定必须保险的货物，托运人应在托运时投保货物运输险。对于每件价值在700元以上的货物或每吨价值在500元以上的非成件货物，实行保险与负责运输相结合的补偿制度，托运人可在托运时投保货物运输险，具体办法另行规定。

（8）按规定必须凭证运输的货物，应当提供有关证件。

（9）按照货物属性或双方商定需要押运的货物，应派人随船押运。

（10）托运危险货物必须按危险货物运输的规定办理，不得匿报品名、隐瞒性质或在普通货物中夹带危险货物。

2. 承运人的义务

（1）应按商定的时间和地点调派适航、适载条件的船舶装运，并备妥相应的护货垫、隔物料；但按规定应由托运人自行解决的特殊加固、苫垫材料及所需人工除外。

（2）对承运货物的配积载、运输、装卸、驳运、保管及交接工作，应谨慎处理，按章作业，保证货运质量。

（3）对经由其他运输工具集中到港的散装运输、不计件数的货物，如具备计量手段的，应对托运人确定的重量进行抽查或复查；如不具备计量手段的，应在保证质量的前提下，负责原来、原转、原交。对按体积计收运输费用的货物，应对托运人确定的体积进行抽查或复查，准确计费。

（4）对扫集的地脚货物，应做到物归原主；对不能分清货主的地脚货物，应按无法交付货物的规定处理。

（5）组织好安全及时运输，保证运到期限。

（6）按照船舶甲板货物运输的规定，谨慎配装甲板货物。

（7）按照规定的航线运输货物，到达后，应由到达港发出到货通知，并负责将货物交付给指定的收货人。

3. 收货人的义务

(1) 收货人接到到达港到货通知后，应在规定时间内同到达港办妥货物交接验收手续，将货物提离港区。

(2) 按规定应由收货人支付的运输费用、托运人少缴的费用以及运输途中发生的垫款，应在提取货物时一次付清。

(3) 由收货人自理卸船的货物，应在商定的时间内完成卸船作业，将船舱、甲板清扫干净；装运污秽货物、有毒害性货物的，应负责洗刷、消毒，使船舱恢复正常清洁状态。

4. 交接和验收

承运人向收货人交付货物时应认真进行验收交接。按件承运的货物如发现货物有异状或与货物运单记载不符，按舱、按箱施封的货物如发现舱封、箱封有异状，收货人应立即向承运人提出异议。收货人在验收交接时没有提出异议，并在提货单上签章后，运输合同即终止。

运输合同的终止，不影响履行合同中发生违约责任事项的处理。

(四) 违反货物运输合同的责任

1. 承运人的赔偿责任

从承运货物时起，至货物交付收货人或依照规定处理完毕时止，货物发生灭失、短少、变质、污染、损坏，按下列规定赔偿：

(1) 已投保货物运输险的货物，由承运人和保险公司按规定赔偿。

(2) 实行保价运输的个人生活用品，由承运人按声明价格赔偿，但货物实际损失低于声明价格的，按实际损失赔偿。

(3) 除上述 (1) (2) 两项外，均由承运人按货物的实际损失赔偿。赔偿的价格如何计算，由交通运输部商国家物价局、国家市场监督管理局另行规定。

(4) 如果托运人或收货人证明损失的发生确属承运人的故意行为，则承运人除按规定赔偿实际损失外，由合同管理机关处其造成损失部分 10%～50%的罚款。

2. 承运人的免责事由

由于下列原因造成货物灭失、短少、变质、污染、损坏的，承运人不承担赔偿责任：

(1) 不可抗力。

(2) 货物的自然属性和潜在缺陷。

(3) 货物的自然减量和合理损耗，以及托运人自行确定的重量不正确。

(4) 包装内在缺陷或包装完整、内容不符；标记错制、漏制、不清。

(5) 有生动植物的疾病、死亡、枯萎、减重。

(6) 非责任性海损事故的货物损失。

(7) 免责范围内的甲板货物损失。

(8) 其他经承运人举证或经合同管理机关或审判机关查证非承运人责任造成的损失。

3. 托运人的赔偿责任

由于托运人责任发生下列事故，以致船舶、港口设备或波及其他货物的损坏、污染、腐蚀，或造成人身伤亡的，应由托运人负责赔偿：

(1) 在普通货物中夹带危险货物，匿报危险货物品名，隐瞒危险货物性质，或其他违反危险货物运输规定的行为，引起燃烧、爆炸、中毒、污染、腐蚀等事故。

（2）在普通货物中夹带流质、易腐货物，引起污染事故。

（3）错报笨重货物重量，引起船体损伤、吊机倾翻、货件摔损、人员伤亡等事故。

（4）货物包装材质不良、强度不足或内部支衬不当等缺陷，以及外包装上必须制作的指示标志错制、漏制，引起摔损事故。

4. 索赔时效

承运人与托运人或收货人彼此之间要求赔偿的时效，从货运记录交给托运人或收货人的次日起算不超过180日。赔偿要求应以书面形式提出，对方应在收到书面赔偿要求的次日起60日内处理。

第五节 国际海上货物运输法

国际海上货物运输是指在两个不同国家港口之间进行的货物运输，即使用船舶经过海路或与海相通的可航水域，将货物从一个港口运送到另一个港口的运输方式。

一 海上货物运输合同概述

（一）海上货物运输合同的含义

海上货物运输合同是指承运人收取运费，负责将托运人托运的货物经海路由一港运至另一港的合同。

（二）海上货物运输合同的种类

1. 国际海上货物运输合同和国内海上货物运输合同

这是根据装卸港口的位置不同的分类。在同一国家不同港口之间的运输是国内货物运输，又称为“沿海货物运输”；而将货物从一国港口运往另一国港口的是国际货物运输。在我国，两种合同中使用的运输单据不同，适用的法律也不同。

2. 租船运输合同和班轮运输合同

这是根据合同形式不同的分类。租船运输合同的形式是租船合同，班轮运输合同不订立租船合同而是以班轮提单作为口头或书面订立的运输合同的证据，所以又被称为“提单下的海上货物运输合同”。两种合同适用的法律不同，对班轮运输合同一般制定有强制性的法律规范，而租船合同一般没有强制性法律规定而适用一般《民法典》的原则调整。租船运输合同具体分为定期租船合同（又称为期租合同）和航次租船合同（又称为程租合同）。前者适用于一定期间，后者适用于一定航次。有的租船合同同时规定了租船的期间和将用于运输货物的航次，这种合同称为“航次期租”，是定期租船合同的一种。也有的租船合同规定的不是一个而是连续几个航次的租船，这种合同称为“连续航次租船合同”，是航次租船合同的一种。还有的合同规定的是一定期间内承运人负责将一定数量的货物分批运送到目的地，这种合同被称为“包运合同”或“货运总合同”，这种合同约定的内容主要集中于货物运输而不是船舶的使用，承运船的装备和人员配置仍由承运人负责，因此从其性质看应是班轮运输合同的特殊种类，而不是租船合同。

3. 散货运输合同、件杂货运输合同和集装箱货运输合同

这是根据所运输的货物不同的分类。所谓散货，是指货物在装运以前没有进行包装，而是直接装载在船上的通舱或货舱隔成的小舱中，如谷物、糖、油等。所谓件杂货，是指包装成件或本身是可计数的货物，如一包货物、一辆汽车等。所谓集装箱货，是指装载在集装箱这种新型的包装运输工具中的货物。由于货物性质和装运方式不同会直接影响到海上货物运输合同的诸多方面，因此这也是一种经常使用的重要分类方法。

（三）海上货物运输合同的订立和解除

1. 海上货物运输合同的订立

与一般商业合同一样，海上货物运输合同也是通过一方发出要约、一方承诺而缔结。在海上货物运输合同中，发出要约的可能是船方，也可能是货主。船方发出要约称为揽货，货主发出要约则称为租船定舱。

租船合同和班轮运输合同的缔结方式不一样。在租船合同中，一般是由船货双方就合同的具体条款进行逐条谈判，最后才缔结合同。而在班轮运输中，双方很少就合同条件进行逐条谈判，最常见的做法是船公司先公布其船期表，然后感兴趣的货主以口头或电话、电报等方便的方式向船公司预订舱位，船公司如果愿意接收货物就在舱位登记簿上登记，然后货主直接把货物运到船边，船公司接收并装船。

在班轮运输中，不管是以船公司公开发布的船期表还是以托运人填制的托运单为基础进行谈判，在订立海上货物运输合同的过程中，承运人和托运人往往有多次函电往来，对船期表或托运单的内容进行修改补充，因此，船期表和托运单都不构成要约，在所有的重要内容都达成一致后发出的那一份文件才是要约，它可能是船方发出，也可能是货方发出，因此合同成立的准确时间只能依据具体情况确定。

2. 海上货物运输合同的解除

（1）海上货物运输合同的约定解除。

即合同的解除条件由运输合同双方当事人自由协商决定。

（2）海上货物运输合同的法定解除。

我国《海商法》规定了两种合同解除的情况：一种情况是，船舶在装货港开航前，托运人可以要求解除合同；另一种情况是，船舶在装货港开航前，因不可抗力或者其他不能归责于承运人和托运人的原因致使合同不能履行的，双方均可解除合同，并互相不负赔偿责任。《民法典》合同编规定的五种解除条件对海上货物运输合同同样适用。《海商法》关于合同解除的规定主要是适用于班轮货物运输合同。对航次租船合同和定期租船合同，《海商法》还规定了几种情况，如出租人没有及时或按约定交付船舶，承租人有权解除合同；航次租船的承租人提供的货物不符合合同约定，出租人有权解除合同等。这些规定也应该看做是合同的法定解除。

（3）合同解除的程序和后果。

根据《民法典》合同编通则的规定，解除合同的条件成立时合同并不自动解除，有解除权的一方必须将解除合同的意思通知对方才发生解除的效力。合同解除有溯及力，其后果是，解除之前和之后的合同债权债务关系都归于消灭，当事人双方的权利义务恢复到合同没有履行时的状态。

我国《海商法》对其规定的两种法定解除的后果有特殊性。如在开航前托运人要求解

除合同时，《海商法》规定，除合同另有约定外，托运人应当向承运人支付约定运费的一半；货物已经装船的，并应当负担装货、卸货和其他与此有关的费用。这里支付一半运费的规定就具有特殊性。因为租船定舱后再解除合同，承运人很可能不再有时间和机会重新组织货载，损失的不是一半运费而是全额运费，而且由于改变积载可能影响船舶航行安全等，由此引起更多的损失。《海商法》规定，除合同另有约定外，运费已经支付的，承运人应当将运费退还给托运人，货物已经装船的，托运人应当承担装卸费用，已经签发提单的，托运人应当将提单退还承运人。

二》 海上货物运输合同当事人的义务和责任

（一）承运人的最低法定义务

我国《海商法》规定，在海上货物运输合同中，承运人须承担四项“最低法定义务”，即适航、管货、不作不合理绕航和应托运人请求签发提单。这四项义务不能通过合同条款减轻或排除。

1. 适航

《海商法》第 47 条规定：“承运人在船舶开航前和开航当时，应当谨慎处理，使船舶处于适航状态，妥善配备船员、装备船舶和配备供应品，并使货舱、冷藏舱、冷气舱和其他载货处所适于并能安全收受、载运和保管货物。”这条规定的就是承运人的适航义务。

2. 管货

《海商法》第 48 条规定：“承运人应当妥善地、谨慎地装载、搬移、积载、运输、保管、照料和卸载所运货物。”这项义务被简称为管货义务。

3. 不作不合理绕航

《海商法》第 49 条规定：“承运人应当按照约定的或者习惯的或者地理上的航线将货物运往卸货港。船舶在海上为救助或者企图救助人命或者财产而发生的绕航或者其他合理绕航，不属于违反前款规定的行为。”

4. 应托运人请求签发提单

这项义务存在的前提是，托运人适时地提出了签发提单的请求。托运人没有请求，则无须签发提单。

（二）承运人的最高法定免责

《海商法》第 51 条规定了以下 12 项免责事项：

（1）船长、船员、引航员或者承运人的其他受雇人在驾驶船舶或者管理船舶中的过失；

（2）火灾，但是由于承运人本人的过失所造成的除外；

（3）天灾，海上或者其他可航水域的危险或者意外事故；

（4）战争或者武装冲突；

（5）政府或者主管部门的行为、检疫限制或者司法扣押；

（6）罢工、停工或者劳动受到限制；

（7）海上救助或者企图救助人命或者财产；

（8）托运人、货物所有人或者他们的代理人的行为；

(9) 货物的自然特性或者固有缺陷;

(10) 货物包装不良或者标志欠缺、不清;

(11) 经谨慎处理仍未发现的船舶潜在缺陷;

(12) 非由于承运人或者承运人的受雇人、代理人的过失造成的其他原因。

《海商法》对海上货物运输合同实行的是"不完全的过失责任制",即一般情况下承运人在有违约行为、主观过错、损害后果和因果关系时才承担违约责任,而且在特定情况下,有过失也不承担责任,如航行过失免责。航行过失具体又分为"驾驶过失免责"和"管船过失免责"两种。驾驶过失,指在采取船舶移动措施时判断发生错误。管船过失,指船舶航行中在对船舶进行管理时出现疏忽。关于火灾免责,《海商法》第51条最后一句特别规定,承运人主张火灾以外的其他各项免责应该负举证责任,即主张火灾免责时承运人不负举证责任,这使货主在火灾造成货物损失时很难成功索赔,因此被认为具有过失免责的性质,是对承运人特殊保护的一条规定。

(三) 承运人的单位赔偿责任限制与责任期间

1. 承运人的单位赔偿责任限制

我国《海商法》第55条规定:"货物损坏的赔偿额,按照货物受损前后实际价值的差额或者货物的修复费用计算。货物的实际价值,按照货物装船时的价值加保险费加运费计算。"

《海商法》第56条规定:"承运人对货物灭失或者损坏的赔偿限额,按照货物件数或者其他货运单位计算,每件或者每个其他货运单位为666.67计算单位,或者按照货物毛重计算,每公斤为2计算单位,以二者中赔偿限额较高的为准。"

【例5-6】在计算承运人对货物损失的单位赔偿限额时,应具体考察每件货物的实际损失额是否超过法定的赔偿限额。

阳光财产保险股份有限公司上海市分公司诉马士基(中国)航运有限公司等海上货物运输合同纠纷案,法院认为:在根据《海商法》第56条计算承运人对货物损失的单位赔偿限额时,应具体考察每件货物的实际损失额是否超过法定的赔偿限额,如超过,则应按照法定限额赔偿;如未超过,则应按照货物的实际损失额赔偿。

案例来源:《人民法院案例选》2015年第2辑(总第92辑),广州海事法院(2013)广海法初字第316号。

2. 承运人的责任期间

我国《海商法》第46条也规定了承运人的责任期间。集装箱装运的货物的责任期间是从装货港接收货物起至卸货港交付货物时止,货物在承运人掌管之下的全部期间。非集装箱装运的货物的责任期间是从货物装上船时起至卸下船时止,货物处于承运人掌管之下的全部期间。在责任期间发生货物灭失或损坏,除非法律另有规定,承运人应当负赔偿责任。

(四) 托运人的义务

(1) 妥善包装货物并正确申报货物资料。

(2) 办理货物运输手续。

(3) 妥善托运危险货物。

（4）支付运费。

三》 提单和其他海上货物运输单据

（一）提单的概念

提单，是指用以证明海上货物运输合同和货物已经由承运人接收或者装船，以及承运人保证据以交付货物的单证。

【例 5－7】 承运人未履行凭正本提单交付货物的义务的，应承担违约责任。

广东奥林磁电实业有限公司诉东方海外货柜航运（中国）有限公司深圳分公司（下称〔公司 3〕）、东方海外货柜航运有限公司海上货物运输合同无正本提单放货案：

2005 年 12 月，原告委托汕头市平野国际货运代理公司承运一个集装箱的 CD 等物，由深圳蛇口运至马来西亚巴生港。平野公司委托深圳华海货代公司向〔公司 3〕订舱，〔公司 3〕向原告签发了承运人为东方海外的全套正本提单。货物到达目的港后，原告因开证行拒付信用证项下货款并将信用证附随单据退回而持有提单。而涉案的货物在目的港被人用伪造的提单提走。

广州海事法院经审理认为：《海商法》第 71 条规定的提单，是指用以证明海上货物运输合同和货物已经由承运人接收或者装船，以及承运人保证据以交付货物的单证。凭正本提单交付货物是承运人的法定义务。由此，海上货物运输合同中，承运人在目的地凭他人伪造的提单放货的，即没有履行凭正本提单交付货物的义务，已构成违约。根据《合同法》第 107 条①的规定，当事人一方不履行合同义务或者履行合同义务不符合约定的，应当承担继续履行、采取补救措施或者赔偿损失等违约责任。因此，承运人应当对托运人承担无单放货的违约责任。

案例来源：广州海事法院（2006）广海法初字第 66 号民事判决书。

（二）提单的签发及内容

1. 提单的签发

货物由承运人接收或装船后，应托运人的要求，承运人应当签发提单。提单的签发人一般包括承运人、承运人的代理人和船长。在国际航运实践中，提单通常由船长签发。船长是承运人的当然代理人，无须经承运人的特别授权便可签发提单。但是，如果提单由承运人的代理人签发，则代理人必须得到承运人的合法授权，否则代理人无权签发。

2. 提单的内容

提单内容一般包括下列各项：货物的品名、标志、包数或者件数、重量或者体积，以及运输危险货物时对危险性质的说明；承运人的名称和主营业所；船舶名称；托运人的名称；收货人的名称；装货港和在装货港接收货物的日期；卸货港；多式联运提单增列接收货物地点和交付货物地点；提单的签发日期、地点和份数；运费的支付；承运人或者其代表的签字。提单缺少上述其中的一项或几项的，不影响提单的性质，但是应当符合《海商法》有关提单的规定。

---

① 此条内容对应《民法典》第 577 条的规定。

（三）提单的种类

1. 已装船提单和收货待运提单

这是根据签发时间的不同所做的划分。已装船提单是在货物已经由承运人接收并装上船后签发的提单，收货待运提单则是承运人已经接收货物但尚未将货物装上船时签发的提单。收货待运提单在货物实际装上船后可以换成已装船提单。

2. 记名提单、空白提单和指示提单

这是根据提单上抬头的不同所做的划分。记名提单是记载了收货人名称的提单。空白提单是在收货人一栏未作任何记载的提单。指示提单是记载凭指示交货的提单。根据是否记载指示人的名称，又分为记名指示提单和不记名指示提单。不记名指示提单一般理解为凭托运人指示交货。

3. 清洁提单和不清洁提单

这是根据提单上对货物外表状况的记载不同所做的划分。清洁提单（clean bill of lading）是未对货物表面状况作不良批注的提单。清洁提单表明承运人在接收货物时，货物的状况良好。但该状况仅指货物的外表状态，是承运人目力所及的，不涉及目力所不及的货物内容。不清洁提单（foul bill of lading）是记载了货物外表状况不良的提单。承运人在目的港交货时，对于提单批注内的货物损坏不负责任。在以信用证为付款方式的国际贸易中，不清洁提单一般不被接受。

4. 运费预付提单和运费到付提单

这是根据提单上记载运费是在装货港支付还是在目的港支付所做的划分。

此外，还有依照运输方式区分的直达提单（direct bill）、联运提单（ocean through bill）和多式联运提单（multimodel transport bill）。

（四）海运单和电子提单

1. 海运单

海运单，是指证明海上货物运输合同和承运人接收货物或者已将货物装船的不可转让的单证。

运单最初是使用在空运和陆运中的。由于运输过程相对短暂，在货物运输过程中收货人不太可能再转让或出售货物，因此不是可转让的。运单和海运提单最大的不同就在于，它不能转让，也不必在货主提货时向承运人出示。最初将运单使用于海运中也正是因为希望利用它的这一特点。因为它可以避免提单比货物迟到港口引起的各种麻烦。使用海运单的往往是商人运输自己的货物时，或将货物卖给与其有密切联系的公司时，或卖给一个肯定将自己使用货物的买方时。商人在这些情况下使用海运单有两个主要原因：首先，买方要从承运人处取得货物时并不用出具单据，而只需证明自己确实是单据上记载的收货人，这样，单据邮寄中的延误就不会带来货物提取的困难。其次，因为海运单没有内在的商业价值，不会赋予其持有者提货的权利，它不会像提单那样成为欺诈的对象。而且，海运单由于不是物权凭证，无须在收货港出具，比提单更适于电子信息交换系统下的资料传递。

在我国，海运单和记名提单是两种性质截然不同的单据。记名提单仍然是提单，它具有提单的一切特征，也必须在卸货港向承运人出示。海运单则是“提单以外的用以证明收到待运货物的单证”，它不能转让，也无须在卸货港出示。记名提单和海运单唯一的相同

之处是都不可以转让。海运单被认为是不需提交的。这是它被认为优越于提单的一个重要方面。

2. 电子提单

电子提单是指通过电子数据交换系统传送的有关海上货物运输合同的数据。与传统的提单相比较，电子提单不是纸本的航运单证，而是按一定规则组成的一系列电子数据。其传送方式不是传统的通信方式，而是通过电子计算机网络输送。

电子提单是为适应现代海运市场，尤其是集装箱运输方式的发展对于提高提单流转速度的需要应运而生的。因为电子提单通过计算机网络的电子数据交换系统输送可以瞬间实现，可以避免传统提单因主要靠航空邮寄办法送达而晚于船舶到达所引起的纠纷。同时，电子提单是按电子密码输送的，可以提高提单的安全性，防止发生海运单证欺诈。但是，电子提单的输送依赖承运人及其代理人、托运人、收货人及银行之间建立计算机网络系统，这妨碍了电子提单的普及。2020 年因新冠肺炎疫情，在世界各地纸质提单的转移困难终于开始推动集装箱航运采用电子提单。2021 年 3 月，天津市口岸开启了集装箱进口提单电子化操作业务的全面推广应用。目前，电子提单的发展尚处于非常初级的阶段。仅有寥寥几个国家制定有关电子提单的法律，这使得电子提单的实施缺乏充分的法律依据，而更多的是依靠当事人之间的协议。故全面实现海运市场从“有纸贸易”向“无纸贸易”的变革尚需时日。

第六节 航空货物运输法

航空运输具有快捷、安全等特点，有着其他运输方式不可比拟的优越性。航空货物运输是承运人根据货主的要求，在规定的时间内，利用相关设施，按照某种价格，使用航空器将货物运送至目的地的运输方式。在实践中，企业大多通过与航空公司签订包机合同或航空货物运输合同来完成货物运输。

在我国，调整航空运输的法规主要有《民用航空法》(2018 年 12 月第五次修正)、《中国民用航空货物国内运输规则》(以下简称《国内航空运输规则》) 和《中国民用航空货物国际运输规则》(以下简称《国际航空运输规则》)。《国内航空运输规则》适用于出发地、约定的经停地和目的地均在我国境内的民用航空货物运输；《国际航空运输规则》适用于依照我国法律设立的公共航空运输企业使用民用航空器运送货物而收取报酬的或者办理免费的国际航空运输。国际航空货物运输适用的国际公约有《统一国际航空运输某些规则的公约》《华沙公约》《海牙议定书》《瓜达拉哈拉公约》《危地马拉协定书》《蒙特利尔附加议定书》等。

一》 航空货物运输合同概述

(一) 航空货物运输合同的概念

实践中，物流企业更多的是选择与航空公司签订航空货物运输合同进行运输。航空货物运输合同是指航空承运人与托运人签订的，由航空承运人通过空运的方式将货物运至托运人指定的航空港交付给托运人指定的收货人，由托运人支付运费的合同。此时，物流企业是托运人。

（二）航空货运单

航空货运单简称空运单，是航空货运中的重要单证。承运人有权要求托运人填写航空货运单，托运人有权要求承运人接受该航空货运单。托运人未能出示航空货运单、航空货运单不符合规定或者航空货运单遗失，不影响运输合同的存在或者有效。

托运人应当填写航空货运单正本一式三份，连同货物交给承运人。航空货运单第一份注明“交承运人”，由托运人签字、盖章；第二份注明“交收货人”，由托运人和承运人签字、盖章；第三份由承运人在接收货物后签字、盖章，交给托运人。承运人根据托运人的请求填写航空货运单的，在没有相反证据的情况下，应当视为代托运人填写。

航空货运单是航空货物运输合同订立和运输条件成立以及承运人接收货物的初步证据。航空货运单上关于货物的重量、尺寸、包装和包装件数的说明具有初步证据的效力。除经过承运人和托运人当面查对并在航空货运单上注明经过查对或者书写关于货物的外表情况的说明外，航空货运单上关于货物的数量、体积和情况的说明不能构成不利于承运人的证据。

二》 航空货物运输合同双方的权利和义务

（一）托运人的权利

托运人在履行航空货物运输合同规定的义务的条件下，有权在出发地机场或者目的地机场将货物提回，或者在途中经停时中止运输，或者在目的地点或者途中要求将货物交给非航空货运单上指定的收货人，或者要求将货物运回出发地机场；但是，托运人不得因行使此种权利而使承运人或者其他托运人遭受损失，并应当偿付由此产生的费用。托运人的指示不能执行的，承运人应当立即通知托运人。

（二）托运人的义务

（1）应当按照航空货物运输合同的规定提供货物。

（2）应对货物按照国家主管部门规定的包装标准进行包装。如果没有上述包装标准，则应按照货物的性质和承载飞机的条件，根据保证运输安全的原则，对货物进行包装。如果不符合上述包装要求，承运人有权拒绝承运。托运人必须在托运的货件上标明发站、到站以及托运人、收货人的单位、姓名和地址，按照国家规定标明包装储运指示标志。

（3）及时支付运费，受领货物。除非托运人与承运人有不同约定，运费应当在承运人开具航空货运单时一次付清。

（4）如实申报货物的品名、重量和数量。托运人应当对航空货运单上所填关于货物的说明和声明的正确性负责。

（5）要遵守国家有关货运安全的规定，妥善托运危险货物，并按国家关于危险货物的规定对其进行包装。不得以普通货物的名义托运危险货物，也不得在普通货物中夹带危险品。

（6）应当提供必需的资料和文件，以便在货物交付收货人前完成法律、行政法规规定的有关手续。

（三）承运人的义务

（1）按照航空货运单上填明的地点，在约定的期限内将货物运抵目的地。

（2）按照合理或经济的原则选择运输路线，避免货物的迂回运输。

（3）对承运的货物应当精心组织装卸作业，轻拿轻放，严格按照货物包装上的储运指示标志作业，防止货物损坏。

（4）保证货物运输安全。

（5）承运人应当在货物到达后立即通知收货人。按货运单向收货人交付货物。

三》航空货物运输合同当事人的法律责任

（一）托运人的责任

（1）因在托运货物内夹带、匿报危险物品，错报笨重货物重量，或违反包装标准和规定，而造成承运人或第三人的损失，须承担赔偿责任。

（2）因没有提供必需的资料、文件，或者提供的资料、文件不充足或者不符合规定而造成的损失，除由于承运人或者其受雇人、代理人的过错造成的外，应当对承运人承担责任。

（3）未按时缴纳运输费用的，应承担违约责任。

（二）承运人的责任

（1）承运人按照托运人的指示处理货物，没有要求托运人出示其所收执的航空货运单，给该航空货运单的合法持有人造成损失的，承运人应当承担责任，但是不妨碍承运人向托运人追偿。

（2）承运人承认货物已经遗失，或者货物在应当到达之日起 7 日后仍未到达的，收货人有权向承运人行使航空货物运输合同所赋予的权利。

（3）因发生在航空运输期间的事件，造成货物毁灭、遗失或者损坏的，承运人应当承担责任。航空运输期间是指在机场内、民用航空器上或者机场外降落的任何地点，托运行李、货物处于承运人掌管之下的全部期间，其中不包括机场外的任何陆路运输、海上运输、内河运输过程；但是，此种陆路运输、海上运输、内河运输是为了履行航空运输合同而进行装载、交付或者转运，在没有相反证据的情况下，所发生的损失视为在航空运输期间发生的损失。（《民用航空法》第 125 条）

（三）承运人的免责事项

（1）承运人证明货物的毁灭、遗失或者损坏是由于下列原因之一造成的，不承担赔偿责任：货物本身的自然属性、质量或者缺陷；承运人或者其受雇人、代理人以外的人包装货物的，货物包装不良；战争或者武装冲突；政府有关部门实施的与货物入境、出境或者过境有关的行为。（《民用航空法》第 125 条）

（2）货物在航空运输中因延误造成的损失，承运人应当承担责任；但是，承运人证明本人或者其受雇人、代理人为了避免损失的发生，已经采取一切必要措施或者不可能采取任何措施的，不承担责任。

（3）在货物运输中，经承运人证明，损失是由索赔人或者代行权利人的过错造成或者促成的，应当根据造成或者促成此种损失的过错程度，相应免除或者减轻承运人的责任。

（四）承运人的责任限额

《国内航空运输承运人赔偿责任限额规定》（2006）第 3 条规定：承运人“对旅客托运的行李和对运输的货物的赔偿责任限额，为每公斤人民币 100 元”。

在航空货物运输中，托运人在交运托运货物时，特别声明在目的地点交付时的利益，并在必要时支付声明价值附加费的，除非承运人能证明托运人声明的金额高于托运货物在目的地点交付时的实际利益，否则承运人应当在声明金额范围内承担责任。

任何旨在免除《民用航空法》规定的承运人责任或降低《民用航空法》规定的赔偿责任限额的条款，均属无效；但是，此种条款的无效，不影响整个航空运输合同的效力。

四》 国际航空货物运输

在国际上，航空运输方面先后订立了 1929 年《华沙公约》、1955 年《海牙议定书》、1961 年《瓜达拉哈拉公约》、1971 年《危地马拉协定书》以及 1975 年 4 个《蒙特利尔附加议定书》等 8 个国际性的法律文件，它们以《华沙公约》为基础组成了“华沙体系”，在相当长的一段时期内，构成了航空国际私法的主体。但是“华沙体系”各规则之间多有冲突且各自缔约方也不相同，加之整个体系侧重于保护承运人即航空公司的利益而忽视了消费者的利益，故对其修改势在必行。1999 年 5 月 10—28 日，国际民航组织在加拿大蒙特利尔召开“航空法国际会议”，以整合、完善原有的法律规则，实现“华沙体系”的现代化与一体化，确保消费者的利益，促进国际航空运输的有序、健康发展以及旅客、行李和货物通畅流通为目标，制定并通过了《1999 年蒙特利尔公约》（全称《统一国际航空运输某些规则的公约》）。《1999 年蒙特利尔公约》于 2003 年 11 月 4 日正式生效，从而取代了已适用 70 多年的《华沙公约》及修正期的系列公约、议定书，使国际航空运输规范走向统一、完整。我国于 2005 年 6 月 1 日申请加入该公约，得到国际民航组织的批准，从而成为它的第 94 个缔约方，2005 年 7 月 31 日，《1999 年蒙特利尔公约》对中国正式生效。

在进行国际航空货物运输方面，各国出于安全方面的考虑而作出了种种限制，一般以托运人与航空公司签订国际航空货物运输合同的形式，把货物运输交给航空公司来完成货物运输。

就国际航空货物运输来说，《1999 年蒙特利尔公约》在承运人的责任方面，与国内航空货物运输有所不同，这主要表现在承运人的责任限额和免责事项方面。

（一）承运人的责任限额

与国内航空货物运输的责任限额不同，对承运人责任的限制分为几种情况：

（1）《1999 年蒙特利尔公约》第 22 条规定：“在行李运输中造成毁灭、遗失、损坏或者延误的，承运人的责任以每名旅客 1 000 特别提款权为限，除非旅客在向承运人交运托运行李时，特别声明在目的地点交付时的利益，并在必要时支付附加费。在此种情况下，除承运人证明旅客声明的金额高于在目的地点交付时旅客的实际利益外，承运人在声明金额范围内承担责任。”（2009 年 12 月 30 日开始由原来的 1 000 提高到 1 131 特别提款权，约 10 000 元人民币）。

（2）在货物运输中造成毁灭、遗失、损坏或者延误的，承运人的责任以每公斤 17 特别提款权为限，除非托运人在向承运人交运包件时，特别声明在目的地点交付时的利益，并在必要时支付附加费。在此种情况下，除承运人证明托运人声明的金额高于在目的地点交付时托运人的实际利益外，承运人在声明金额范围内承担责任。

（3）货物的一部分或者货物中任何物件毁灭、遗失、损坏或者延误的，用以确定承运人赔偿责任限额的重量，仅为该包件或者该数包件的总重量。但是，因货物一部分或者货物中某一物件的毁灭、遗失、损坏或者延误，影响同一份航空货运单、货物收据或者在未出具此两种凭证时按第 4 条第 2 款所指其他方法保存的记录所列的其他包件的价值的，确定承运人的赔偿责任限额时，该包件或者数包件的总重量也应当考虑在内。

《华沙公约》中对承运人造成货物毁坏、灭失及迟延损失的限额规定为每千克 250 法郎为限，双方另有约定的，从其约定。《海牙议定书》还规定，如经证明损失系由承运人及其雇佣人或代理人故意或明知可能造成损失而漠不关心的行为或不行为造成的，并证明是在执行其受雇职务范围内的行为时造成的，则不适用《华沙公约》的责任限额。

扫码看解析

【例 5－8】约定的赔偿金额低于法律规定的责任限额，该约定无效。

鎏星贸易公司（广州鎏星贸易有限公司）与广东分公司（中外运-敦豪广东分公司）签订中外运敦豪运输服务合同，鎏星贸易公司将一份文件交给广东分公司寄往巴拿马，并在交寄物品名称中注明“文件”，但快件在抵达美国转运中心后不慎丢失。经查，DHL 专递单的背面印有 DHL 快件运输协议，载明：DHL 在任何一票目的地位于中国境外的快件运输中所承担的全部责任都不超过货物实际现金价值，且不得超过以下各项中的最高额：100 美元。DHL 快件运输协议同时注明：在空运条件下，如果派送的快件的最终目的地或停靠国不在发件国，则《华沙公约》在可适用的情况下，适用于并在大多数情况下限制 DHL 对快件丢失、损坏所应承担的责任。

广东分公司、敦豪公司称：对于鎏星贸易公司的损失，应按照双方 DHL 快件运输协议的承运人赔偿限额条款予以赔偿，而不应适用《华沙公约》中的承运人赔偿条款；鎏星贸易公司托运时没有要求保价，也未在贵重物品栏中予以注明，故应按一般文件的价值赔偿。

问题：双方当事人对合同关系选择适用《华沙公约》为准据法时，约定的赔偿条款低于《海牙议定书》中的责任限额条款是否有效？

案例来源：最高人民法院《人民司法·案例》2011 年第 8 期（总第 619 期），广东省广州市萝岗区人民法院（2008）萝法民二初字第 64 号。

（二）承运人免责的规定

根据《1999 年蒙特利尔公约》第 18 条的规定，承运人证明货物的毁灭、遗失或者损坏是由于下列一个或者几个原因造成的，在此范围内承运人不承担责任：

（1）货物的固有缺陷、质量或者瑕疵；

（2）承运人或者其受雇人、代理人以外的人对货物包装不良的；

（3）战争行为或者武装冲突；

（4）公共当局实施的与货物入境、出境或者过境有关的行为。

第 19 条规定：货物在航空运输中因延误引起的损失，承运人应当承担责任。但是，承运人证明本人及其受雇人和代理人为了避免损失的发生，已经采取一切可合理要求的措施或者不可能采取此种措施的，承运人不对因延误引起的损失承担责任。

第 20 条规定：经承运人证明，损失是由索赔人或者索赔人从其取得权利的人的过失或者其他不当作为、不作为造成或者促成的，应当根据造成或者促成此种损失的过失或者其他不当作为、不作为的程度，相应全部或者部分免除承运人对索赔人的责任。

【例 5－9】 约定条款排除适用《1999 年蒙特利尔公约》应属无效。

扫码看解析

GE 公司委托智傲公司（智傲物流有限公司）运输一台飞机引擎，智傲公司定妥法航（法国航空公司）的航班，收货人为东航西北分公司。智傲公司签发的空运单（即分运单）、法航的空运单（即主运单）均印制有以下条款：如果运输涉及目的地或经停地与出发地不同，《华沙公约》将被适用。两份空运单均特别批注“给承运人预警提示：请注意所有陆路运输必须总是使用气垫悬挂车”。该票货物随法航航班到达上海浦东机场，进入机场货运站（上海浦东国际机场货运站有限公司）仓库。机场货运站为法航在浦东机场提供地面服务。机场货运站指定浦东汽运公司（上海市浦东汽车运输总公司）负责机场内的陆地短驳运输。机场货运站、浦东货运公司和东环公司的工作人员在注明“交货时货物完好”的放货通知上签字。浦东货运公司用普通卡车将上述货物从机场货运站的仓库运到东环公司的海关监管仓库。东环公司的工作人员在浦东货运公司的当班普货驳运交接表上签字收货。东航西北分公司发现后，认为飞机引擎为精密设备，极有可能造成货损，因此拒绝收货。智傲公司向法航和机场货运站发出索赔函。因为双方达成了解决方案，智傲公司将货物运回伦敦。GE 公司对该飞机引擎因不适当运输做出检查报告，结论为该引擎处于良好状态。GE 公司就该飞机引擎的错误运输向智傲公司提出索赔。智傲公司以法航未严格按照空运单的约定履行航空货物运输合同致其遭受重大经济损失为由，提起诉讼。

问题：

1. 如果国际运输发生于《1999 年蒙特利尔公约》缔约方之间，但双方当事人约定发生纠纷时适用《华沙公约》，该约定是否有效？

2. 代理人依据委托人指派实施运输行为，但是运输过程中致货物损坏，因货物仍处于委托人控制之下，委托人应当对代理人的违约行为承担法律责任吗？

案例来源：最高人民法院《人民司法·案例》2011 年第 16 期（总第 627 期），上海市第一中级人民法院（2007）沪一民五（商）终字第 27 号。

第七节 多式联运法

多式联运作为一种现代化的、先进的货运方式，是在集装箱运输的基础上产生和发展起来的。20 世纪 60 年代，多式联运首先在美国出现，它一经出现就显示出巨大的生命力。随后，美洲、欧洲及亚洲部分地区纷纷效仿推广。目前，多式联运在国际货物运输中正日益发挥重要作用。采用多式联运方式来运送货物可以缩短运输时间，保证货运质量，节省运输费用，实现真正的运输合理化。我国的《海商法》和《民法典》对多式联运的相关事项都作了规定。

一 多式联运的含义

多式联运是指以两种及两种以上不同的运输方式完成同一货物的运输全过程的行为。

多式联运涉及两个及两个以上的承运人，而且是不同运输方式的承运人。

1980 年 5 月 24 日，联合国于日内瓦签订了《联合国国际货物多式联运公约》，该公约第 1 条规定："国际多式联运是指按照多式联运合同，以至少两种不同的运输方式，由多式联运经营人将货物从一国境内接管货物的地点运至另一国境内指定交付货物的地点。"

二》 多式联运合同

（一）多式联运合同的含义

多式联运合同是指多式联运经营人与托运人签订的，由多式联运经营人以两种或者两种以上不同的运输方式将货物自接管地运至交付地，并收取全程运费的合同。运输方式是指铁路运输、公路运输、航空运输、海运等方式。在多式联运中，托运人一次交费并使用同一运输凭证。

多式联运是在集装箱运输的基础上产生和发展起来的。多式联运提供的是"一次托运、一次收费、一票到底、一次保险、全程负责"的"一条龙"服务。多式联运把海上运输、铁路运输、公路运输、航空运输等传统的、单一的、分阶段的运输方式和过程结合起来，形成连贯运输，提高了运输效率。

（二）多式联运合同的法律特征

多式联运合同除具备一般运输合同的特征外，还具有如下特征：

（1）多式联运合同的主体为多式联运经营人与托运人。多式联运合同一方为托运人，另一方为多式联运经营人。所谓多式联运经营人，是指本人或委托他人以本人名义与托运人订立多式联运合同的当事人。在多式联运合同中，多式联运经营人不同于承运人，即多式联运经营人是与托运人订立合同的人，而承运人是实际运送货物的人，即实际承运人。同时，多式联运经营人只有一人，而承运人必须为两人以上。

（2）多式联运合同的承运人以相互衔接的不同运送手段承运。多式联运合同的承运人为两人以上，且承运人须以不同的运输方式承运货物或旅客。如果承运人为两人以上，但以同一的运输方式承运的，则不属于多式联运，而属于连续运输。同时，多个承运人的不同运输方式须相互衔接，即各区段的运输连接成为一个整体，都是完成全程运输不可缺少的一个部分，各区段的承运人的运输都是对整个运输合同的履行。在实际运输业务中，多式联运可以是铁路运输与公路运输的联运、铁路运输与海路或水路运输的联运、公路运输与海路或水路运输的联运、铁路运输与航空运输的联运，还可以是铁路运输、航空运输与海路或水路运输的联运等。

（3）托运人一次交费并使用同一运送凭证。在多式联运合同中，承运人虽然为两人以上，但各承运人只能作为一个整体与托运人或旅客订立合同。托运人或旅客只需一次交费，承运人只需出具一份运送凭证。因此，多式联运合同是一个合同，而不是数个合同的组合。在多式联运合同中，货物由一个承运人转交另一承运人运送或者旅客由一种运输工具换乘另一种运输工具，都不需要另行交费，也不需要另行办理转运或换乘手段。正因为如此，多式联运可以减少运送的中间环节，有利于加快运输速度，提高运输效率。

（三）多式联运合同的订立

《民法典》第 838 条规定："多式联运经营人负责履行或者组织履行多式联运合同，对全程运输享有承运人的权利，承担承运人的义务。”从这一规定来看，多式联运经营人在多式联运合同中处于两种不同的地位：一是负责履行，二是组织履行。

在多式联运经营人负责履行的情况下，多式联运经营人直接从事运输活动，其具有双重身份：缔约承运人和实际承运人。在这种多式联运合同中，各个实际承运人虽然为合同的一方当事人，但只有第一承运人代表其他承运人与托运人签订运输合同，其他承运人并不参与订立合同。在多式联运经营人组织履行的情况下，多式联运经营人并不参加运输活动，而只是缔约承运人。例如，《民用航空法》第137条规定了这种缔约承运人。在这种多式联运合同中，多式联运经营人与托运人之间是承揽运输合同关系，而多式联运经营人与实际承运人之间是运输合同关系。可见，在多式联运经营人不参加运输活动的多式联运合同中，多式联运就是承揽运输。

（四）多式联运合同的内容

一般情况下，多式联运合同应当具备以下内容：货物名称、重量、件数，包装，运输标志，起运站（港）和到达站（港），换装站（港），托运人、收货人名称及详细地址，运费、港口费和其他有关的费用及结算方式，承运日期及到达期限，经由站（港）名及线名，货物价值，双方商定的其他事项。

三》 多式联运单据

（一）多式联运单据的含义

多式联运单据是指证明多式联运合同以及证明多式联运经营人接管货物并负责按照合同条款交付货物的单据。它经常作为国际集装箱多式联运的多式联运提单，这也是多式联运单据的主要形式。

（二）多式联运单据的功能

多式联运单据与海运提单相似，具有以下三个基本功能：

（1）多式联运单据是多式联运合同已经订立的证明；

（2）多式联运单据是货物的收据；

（3）多式联运单据是提货的凭证。

（三）多式联运单据的性质

多式联运单据的种类可以由托运人选择，可以是可转让单据，也可以是不可转让单据。多式联运经营人如签发可转让单据，应列明是“按指示”交付，还是向持票人交付。如列明“按指示”交付，须经背书后转让；如列明向持票人交付，无须背书即可转让。不可转让的多式联运单据应指明记名的收货人。多式联运单据是多式联运合同的证明，是多式联运经营人已接管货物的收据，也是多式联运经营人交付货物和收货人提取货物的凭证。无论多式联运经营人是否实际承担运输任务，法律都将其作为联运合同的全程运输的承运人对待。

（四）多式联运单据的内容

多式联运单据一般应当记载以下事项：

（1）货物名称、种类、件数、重量、尺寸、外表状况、包装形式；

（2）多式联运经营人的名称和主营业场所；

(3) 托运人的名称或者姓名；

(4) 经托运人指定的收货人的名称或者姓名；

(5) 多式联运经营人接管货物的地点和日期；

(6) 交货地点以及双方约定的交货日期；

(7) 表示该多式联运单据为“可转让”或者“不可转让”的声明；

(8) 多式联运经营人或者其授权人的签字以及单据签发的日期、地点；

(9) 运费的交付方式；

(10) 预期运输经由路线、运输方式以及换装地点。

多式联运单据的记载事项可以少于或多于上述事项，但必须具备多式联运单据的基本功能。

四》 多式联运经营人的责任

（一）责任期间

多式联运经营人的责任期间是指多式联运经营人对所运输保管的货物负责的期间。托运人可以要求多式联运经营人对在其责任期间发生的货物灭失、损坏和迟延交付承担赔偿责任。我国《海商法》第 103 条规定：“多式联运经营人对多式联运货物的责任期间，自接收货物时起至交付货物时止。”《民法典》第 839 条规定：“多式联运经营人可以与参加多式联运的各区段承运人就多式联运合同的各区段运输约定相互之间的责任，但是，该约定不影响多式联运经营人对全程运输承担的义务。”

扫码看解析

【例 5-10】 多式联运区段运输货物灭失的权利保护。

2007 年 3 月 10 日，格兰仕公司［格兰仕（中山）家用电器有限公司］向孟加拉国新歌物流公司出口一批空调，买卖双方与外代公司（深圳市外代国际货运有限公司）约定由外代公司于 3 月 29 日 9 点到格兰仕公司处装货。之后外代公司又与任航公司达成货物陆路运输委托书，约定由外代公司委托任航公司于 3 月 29 日 9 点准时到格兰仕公司处装货并将货物运送到深圳，任航公司指派司机李某、刘某分别驾驶拖车到格兰仕公司处装货。其中由刘某驾驶的拖车上装载有 215 套分体式（型号 1）的空调（单价 236 美元，货值 50 740 美元）。当晚，货物在佛山海关驻顺德办事处申请报关完毕后，由刘某驾驶的拖车未于指定时间抵达深圳蛇口港装船。次日，任航公司向深圳市公安局南山派出所报案。2007 年 3 月 31 日凌晨 1 时许，该车在广州市番禺区禺顺油站旁被发现，车上货物失踪。后深圳市公安局南山派出所对此案作职务侵占案立案侦查。

问题：外代公司要向格兰仕公司支付货物损失赔偿款吗？为什么？

案例来源：广东省中山市中级人民法院（2009）中中法民二终字第 76 号民事判决书。

（二）责任形式

1. 多式联运的责任制形式

目前，多式联运的责任制形式有以下三种：

(1) 责任分担制。在这种责任制下，多式联运经营人和各区段承运人在合同中事先划分运输区段。多式联运经营人和各区段承运人都仅对自己完成的运输区段负责，并按各区段所应适用的法律来确定各区段承运人的责任。这种责任制实际上是单一运输方式的损害赔偿责任制度的简单叠加，并没有真正发挥多式联运的优越性，不能适应多式联运的要求，故目前很少采用。

（2）统一责任制。在这种责任制下，多式联运经营人对全程运输负责，各区段承运人仅对自己完成的运输区段负责，不论损害发生在哪一区段，均按照同一责任原则进行赔偿。多式联运经营人和各区段承运人均承担相同的赔偿责任。这种责任制有利于托运人，但对多式联运经营人来说，责任负担则较重，目前，世界上对这种责任制的应用并不广泛。

（3）网状责任制。在这种责任制下，由多式联运经营人就全程运输向货主负责，各区段承运人仅对自己完成的运输区段负责，无论货物损害发生在哪个运输区段，托运人或收货人既可以向多式联运经营人索赔，也可以向该区段的实际承运人索赔。各区段适用的责任原则和赔偿方法，根据调整该区段的规则予以确定。多式联运经营人赔偿后有权就各区段承运人过失所造成的损失向区段承运人进行追偿。网状责任制是介于责任分担制和统一责任制之间的一种制度，所以又称为混合责任制。目前，国际上大多采用的是网状责任制。

2. 我国采用的责任形式

我国法律规定，在多式联运经营人的责任形式方面一致采用网状责任制。多式联运经营人按不同区段的法律规定对托运人承担赔偿责任。多式联运的经营人虽然对于运输全过程向托运人承担赔偿责任，即不论损失发生在多式联运的哪个区段，承运人都要对托运人承担赔偿责任。但是，多式联运经营人所承担的赔偿责任是按照调整发生损失的区段运输的法律规定确定的。这主要是因为，多式联运涉及不同的运输方式，如铁路、公路、航空、海运、内陆水运等，对不同运输方式下承运人的赔偿责任，法律、法规中往往有不同的规定。例如，《民用航空法》《海商法》《铁路法》等对于承运人的赔偿责任、赔偿限额等都有不同的规定。在多式联运中，如果损失发生在航空运输区段，多式联运经营人即按《民用航空法》的规定对托运人或旅客承担赔偿责任；如果发生在铁路运输区段，则应按《铁路法》的规定承担责任。另外，如果多式联运属于国际多式联运，则多式联运经营人承担的赔偿责任和责任限额，还应适用运输区段所在国的有关法律规定。

五》 托运人的赔偿责任

因托运人托运货物时的过错造成多式联运经营人损失的，即使托运人已经转让多式联运单据，托运人仍然应当承担损害赔偿责任。托运人对多式联运经营人的赔偿责任，并不受多式联运单据是否转让的影响。

因托运人的过错造成联运经营人损失的，在联运单据没有转让之前，托运人为联运合同当事人，其应按约定向联运经营人承担赔偿责任，这不存在任何问题。在托运人已转让联运单据后，此时运输合同已发生了转让，托运人已不再是运输合同的当事人，受让人已取代了托运人的地位，成为运输合同的当事人，承受了托运人的权利与义务。如果依合同转让的一般原理，合同转让是合同全部权利义务责任的转让，托运人对于承运人的赔偿责任也应同时转让给受让人，承运人只能向合同受让人追究责任。如此让受让人承担应当由托运人（转让人）承担的赔偿责任，对受让人而言，显然是不公平的，也是不合理的。托运人的责任发生在联运单据转让前，并无免除托运人应对其过错所负责任的理由。因此，为了平衡托运人和受让人之间的利益，法律明确规定，在托运人已经转让多式联运单据的情况下，托运人仍然应当承担因其过错对多式联运经营人造成损失的赔偿责任。

六》 国际货物多式联运

在国际货物多式联运领域中，较有影响的国际公约主要有三个：《联合国国际货物多式联运公约》《联运单证统一规则》《多式联运单证规则》。

这三个公约与我国相关法律规定相比较，主要的不同点在于多式联运经营人的责任制度方面。第一个公约至今尚未生效，而后两个公约是民间规则，仅供当事人选择适用。在参与国际货物多式联运经济活动时，行为人应当依据实际情况，选择约定所应适用的规则。

（一）多式联运经营人的责任形式

1.《联合国国际货物多式联运公约》的规定

《联合国国际货物多式联运公约》（以下简称《多式联运公约》）实行修正后的统一责任制。多式联运经营人对全程运输负责。不管能否确定货运事故发生的实际运输区段，都适用该公约的规定。但是，若货运事故发生的区段适用的国际公约或强制性国内法规定的赔偿责任限额高于该公约规定的赔偿责任限额，则应按照国际公约或强制性国内法的规定限额进行赔偿。

《多式联运公约》实行推定过失责任制，即如果造成货物灭失、损坏或迟延交付的事故发生在联运责任期间，联运经营人就应负赔偿责任，除非联运经营人能证明其本人及其雇用人或代理人等为避免事故的发生，已采取了一切所能采取的措施。

2.《联运单证统一规则》的规定

《联运单证统一规则》（以下简称《统一规则》）实行网状责任制。如果能够确定灭失、损坏发生的运输区段，多式联运经营人的责任适用于该运输区段的国际公约或强制性国内法的规定。如不能确定灭失、损坏发生的区段，则按《规则》的规定办理。

《统一规则》对多式联运经营人实行推定过失责任制，类似于《汉堡规则》的承运人推定过失责任制。

3.《多式联运单证规则》的规定

《多式联运单证规则》（以下简称《单证规则》）实行一种介于网状责任制和统一责任制之间的责任形式。总体上采用推定过失责任原则，但是对于水上运输的区段，实际上仍采用了《海牙-维斯比规则》的不完全过失责任制。《单证规则》规定，海上或内河运输中由于下列原因造成的货物灭失或损坏以及迟延交付，多式联运经营人不负赔偿责任：船长、船员、引航员或受雇人在驾驶或管理船舶中的行为、疏忽或过失；火灾（除非由承运人的实际过失或私谋造成）。

（二）多式联运经营人的赔偿责任限额

1.《联合国国际货物多式联运公约》的规定

《多式联运公约》规定，多式联运包括水运的，货物每包或其他货运单位的最高赔偿额不得超过 920 记账单位，或者按货物毛重每千克不得超过 2.75 记账单位计算，并以其中较高者为准；如多式联运中不包括水运，则按货物毛重每千克不超过 8.33 记账单位计算，单位限额不能适用。迟延交付的责任限额为所迟延交付的货物应付运费的总额。

如经证明，货物的灭失、损坏或迟延交付系多式联运经营人的故意或者明知可能造成的轻率作为或不作为所引起，多式联运经营人便丧失引用上述责任限额的权利。

2.《联运单证统一规则》的规定

《统一规则》规定，如果能够知道货物损失发生的运输区段，多式联运经营人的责任限额依据该区段适用的国际公约或强制性国内法的规定确定。如果不能确定损失发生的区段，责任限额为货物毛重每千克 30 法郎，如果经联运经营人同意，发货人已就货物申报较高的价值，则不在此限。但是，在任何情况下，赔偿金额都不应超过有权提出索赔的人的实际损失。

3.《多式联运单证规则》的规定

《单证规则》规定，如果能够确定货物损失发生的运输区段，则应适用该区段适用的国际公约或强制性国内法规定的责任限额。当不能确定损失发生的区段时，如果运输方式中包含水运，其责任限额为每件或每单位 666.67 特别提款权或者毛重每千克 2 特别提款权，并以其中较高者为准；如果不包含水运，责任限额则为每千克 8.33 特别提款权。如果发货人已对货物价值做出声明的，则应以声明价值为限。

第八节 邮政快递相关法律法规

一、邮政法

（一）邮政法概述

邮政是从事传递信件和物品寄递、办理汇兑、发行报刊等邮政业务的产业部门，其主要业务有：信件以及具有信件性质物品的寄递，包裹寄递，报刊发行，邮政储蓄，邮品出售及其他邮政衍生服务，如邮政代理保险、邮购信函广告等。邮政作为公用事业，由邮政企业以服务大众的宗旨开展经营活动。

邮政法是调整邮政关系的法。我国专门规定邮政方面内容的法律法规有《中华人民共和国邮政法》（以下简称《邮政法》）和《中华人民共和国邮政法实施细则》。《邮政法》于 1986 年 12 月 2 日由第六届全国人民代表大会常务委员会第十八次会议通过，并经 2015 年 4 月 24 日第十二届全国人民代表大会常务委员会第十四次会议修订。《邮政法实施细则》由国务院于 1990 年 11 月 12 日发布并施行。

（二）邮政基本法律制度

1. 邮政普遍服务制度

《邮政法》第 2 条规定了邮政普遍服务，要求邮政企业按国家规定承担提供邮政普遍服务的义务，即按照国家规定的业务范围、服务标准和合理的资费标准为我国境内所有用户持续提供邮政服务；各级政府及有关部门应当采取措施支持邮政企业提供邮政普遍服务。邮政企业的邮政普遍服务业务与竞争性业务应当分业经营。邮政普遍服务包括信件、单件重量不超过 5 千克的印刷品、单件重量不超过 10 千克的包裹的寄递，以及邮政汇兑。

在邮政引入市场竞争的情况下，政府和社会应当对承担普遍服务的企业给予补偿，补偿形式有：赋予邮政企业专营权；政策性补偿；税收优惠；建立邮政普遍服务基金。《邮政法》第 16 条、第 17 条规定，国家对邮政企业提供邮政普遍服务、特殊服务给予补贴，并设立邮政普遍服务基金。

2. 邮政专营业务制度

《邮政法》第 5 条规定："国务院规定范围内的信件寄递业务，由邮政企业专营。"快递企业不得经营由邮政企业专营的信件寄递业务，不得寄递国家机关公文。除专营业务外，邮政企业还可以经营包裹、汇款通知、报刊和其他印刷品等邮件寄递，邮政汇兑、邮政储蓄，邮票发行以及集邮票品制作、销售，国内报刊、图书等出版物发行等业务。

3. 快递业务管理制度

快递业务是在承诺时限内快速完成的寄递活动，兼有邮政和物流功能，寄递便捷、时限短，近年来作为竞争性邮政业务发展迅速，满足了信息化时代快速沟通和贸易的需求。根据《邮政法》等的规定，经营快递业务应当取得"快递业务经营许可证"，未经许可，任何单位和个人不得经营快递业务。国务院邮政管理部门及省、自治区、直辖市邮政管理机构负责快递业务经营许可的管理工作。

经营快递业务的企业应当为用户提供迅速、准确、安全、方便的快递服务，不得超越经营许可证注明的业务范围和地域范围。以加盟方式经营快递业务的，被加盟人与加盟人均应当取得快递业务经营许可，加盟不得超越被加盟人的经营许可范围。快递企业不得违法收寄禁止或者限制寄递的物品，不得相互串通、操纵市场价格，不得违法扣留用户快件（邮件），不得违法提供从事快递服务过程中知悉的用户信息；快递从业人员不得扣留、倒卖、盗窃快件（邮件）。快递服务过程中出现快件（邮件）发生延误、丢失、损毁和内件不符的情形时，快递企业应当按照与用户的约定，依法予以赔偿。

4. 邮政资费制度

邮政资费分为定价和市场调节价两类。邮政普遍服务业务资费、邮政企业专营业务资费、机要通信资费以及国家规定报刊的发行资费实行政府定价，其他业务资费实行市场调节价。邮政资费的交付，以邮资凭证、证明邮资已付的戳记以及有关业务单据等表示。

（三）邮政运输

邮政运输是一种较简便的运输方式。邮政运输分为普通邮包和航空邮包两种。对每件邮包的重量和体积都有一定的限制。邮政运输作为一种门到门的运输方式，适用于量轻体小的货物，如精密仪器、机械零配件、药品、样品和各种生产上急需的物品。

邮政运输是一个涉及多种因素的综合性复杂系统，影响邮政运输的主要因素包括邮路结构、运输工具、邮件种类和流量流向、时限等。

扫码看解析

【例 5－11】邮政企业丢失客户邮件不应适用《邮政法》对客户进行限额赔偿，而应适用《民法通则》和《合同法》（现为《民法典》）进行合理赔偿。

荣达公司（江苏省淮安市荣达通讯有限公司）在淮安市邮政局所属的速递公司邮寄手机 22 部至东方公司（浙江省杭州市东方通信销售服务有限

公司)，东方公司没有收到该邮件，淮安市邮政局也已确认该邮件丢失，但一直没有对荣达公司进行赔偿。荣达公司遂提起诉讼，请求判令淮安市邮政局赔偿其损失 31 910 元。

淮安市邮政局辩称：荣达公司要求其赔偿 31 910 元缺乏事实和法律依据；荣达公司不能证明邮件的价值；本案是邮政合同纠纷，应适用《邮政法》，故只能按《国内邮件处理规则》的规定赔偿荣达公司两倍的邮资。

问题：邮政企业该如何赔偿?

案例来源：《人民法院报》2006 年 10 月 11 日，江苏省淮安市中级人民法院（2005）淮民二终字第 146 号。

(四) 国际邮政运输

国际邮政运输是一种具有国际多式联运性质的运输方式。一件国际邮件一般要经过两个或两个以上国家的邮政局和两种或两种以上不同运输方式的联合作业方可完成。国际邮政运输是国际贸易运输不可缺少的渠道。国际邮政运输具有广泛的国际性，具有国际多式联运性质，具有门到门运输的性质。

二 》《快递暂行条例》

(一) 立法概况

快递业务在我国《邮政法》里有专门一章加以规定，包括国内快递业务的概念、申请快递业务的主体资格与程序、审批程序及快递企业从事快递业务的行为准则。为了促进快递业健康发展，保障快递安全，保护快递用户合法权益，加强对快递业的监督管理，根据《邮政法》和其他有关法律，由国务院制定了《快递暂行条例》，并于 2018 年 3 月 2 日发布，自 2018 年 5 月 1 日起施行。

(二)《快递暂行条例》的制度安排

1. 发展保障

(1) 强化环境营造。地方各级人民政府应当创造良好的快递业营商环境，维护快递业竞争秩序；快递行业组织应当保护企业合法权益等。

(2) 破解发展难题。将快递相关基础设施用地纳入地方城乡规划和土地利用总体规划，来破解用地难；保障快递服务车辆通行和临时停靠权利，来破解上路难；企事业单位、住宅小区管理单位要为快递服务提供必要的便利，来破解上门难；国家支持和鼓励经营快递业务的企业在农村、偏远地区发展快递服务网络，鼓励多个经营快递业务的企业共享末端服务设施，来破解网络拓展难。

(3) 凝聚发展合力。鼓励快递业与制造业、农业、商贸业等行业协同发展，推动快递业与电子商务融合发展，引导快递业与铁路、公路、水路、民航等行业进行标准对接。

(4) 推动提质增效。支持企业创新商业模式和服务方式，鼓励企业采用先进技术，推广应用自动化、机械化和智能设施设备，着力引导企业通过创新和技术进步，提升供给水平、降本增效、增强发展后劲。

(5) 引导绿色发展。鼓励企业和寄件人使用可降解、可重复使用的环保包装材料，鼓励企业采取措施回收快件包装，充分调动相关各方的积极性，促进快件包装材料的绿色化、减量化和可循环。

（6）支持跨境服务。鼓励企业开展进出境业务，支持在重点口岸建设进出境快件处理中心、在境外依法开办服务机构和处理场所，并规定海关、进出境检验检疫、邮政管理等部门应当建立协作机制，完善进出境快件管理，推动实现快件便捷通关。

2. 服务规则的统一

《快递暂行条例》要求企业规范操作，防止造成快件损毁。明确了投递和验收规则，要求企业按名址及时投递，并从行政法规层面肯定了收件人指定代收人的做法，规定当面验收是收件人、代收人的权利，要求企业告知收件人或者代收人当面验收。

第 26 条补充了无法投递快件的处理规则，规定企业可以根据寄件人要求处理无法投递的快件，细化了无法投递又无法退回快件的处理程序，明确了有关部门和企业的责任。

第 27 条充实了快递服务的赔偿规则，用户和企业可以约定对快件进行保价。对保价快件，依照保价规则赔偿，未保价的，依照民事法律规定赔偿，还鼓励企业投保快件损失责任险等。《快递暂行条例》还明确要求企业提醒寄件人阅读快递服务合同，遵守禁止寄递和限制寄递物品的有关规定。交寄贵重物品的，寄件人应当事先声明，企业可以要求寄件人保价。

扫码看解析

【例 5-12】快递公司未尽说明义务而加重对方责任的条款无效。

嘉驰天成公司（北京嘉驰天成科技发展有限公司）与广绿公司（余姚市广绿喷灌园艺设备有限公司）签订产品销售合同，约定广绿公司向嘉驰天成公司订购进口配料泵三台，进口过滤器两个，合同总价款 17 300 元。嘉驰天成公司销售部经理吴某某通过圆通公司（北京圆通快递有限公司）向广绿公司发送一批货物。圆通公司快递详情单背面的快递须知第 6 条称“非保价快件如发生遗失，按寄件人实际支付寄递费用的二倍赔偿，对其他损失或间接损失不承担赔偿责任”。广绿公司未能收到上述货物，嘉驰天成公司致函圆通公司要求圆通公司查此批货物，此后，圆通公司一直未能向嘉驰天成公司告知此批货物的去向。嘉驰天成公司提起诉讼，请求判令圆通公司赔偿嘉驰天成公司丢失货物的损失 17 300 元。

问题：圆通公司通过格式的免责条款“按寄件人实际支付寄递费用的二倍赔偿”逃避赔偿责任是否有效？为什么？

案例来源：国家法官学院《中国审判案例要览》（2010 年商事审判案例卷），北京市第二中级人民法院（2009）二中民终字第 08259 号。

3. 用户权益的保护

用户的合法权益受到损害的，可以要求商标、字号或者快递运单所属企业赔偿，也可以要求实际提供快递服务的企业赔偿。引入快件损失赔偿商业保险，鼓励保险公司开发相关责任险种，鼓励经营快递业务的企业投保，让用户多一层赔偿的保障。在企业处理投诉方面，要求企业提供统一的投诉处理服务，在 7 日内予以处理并告知用户。用户对企业处理不满意的，还可以依据《邮政法》向邮政管理部门申诉。

为了保护用户信息安全，《快递暂行条例》从多个层面进行了安排。一是在实名收寄环节，禁止在快递运单上记录除姓名（名称）、地址、联系电话以外的用户身份信息，从而减少个人信息泄露的风险点。二是要求企业建立快递运单及电子数据管理制度，定期销毁快递运单，采取有效技术手段保证用户信息安全。三是明确禁止快递企业及其从业人员出售、泄露或者非法提供用户信息。发生信息泄露的，企业应当立即采取补救措施，并向邮政管理部门报告。四是对未依法做好用户信息保护的违法行为设定了相应的法律责任，最高可处以 10 万元罚款，并可以责令停业整顿，直至吊销快递业务经营许可证。

4. 快递安全的保障

在实名收寄方面，企业应当对寄件人身份进行查验，并登记身份信息。对拒绝提供身份信息或者身份信息不实的，企业不得收寄，所以在寄快件时，寄件人是需要出示身份证件的。在收寄验视方面，要求企业必须按规定验视内件，并作出验视标识。用户拒绝验视的，企业不得收寄。在过机安检方面，企业应当对快件进行安全检查，并作出安全检查标识。

企业应当建立健全安全生产责任制，制定应急预案并定期开展应急演练，发生突发事件，应当妥善处理并向邮政管理部门报告等。

实训作业

一、实训项目

学生分组，每组涉及两方：托运方和承运方。模拟签订合同的双方，按照示范合同文本进行货物运输合同的订立、变更和解除，以及货运事故的处理。通过实训，由教师进行评价，学生应学会运输合同订立的原则与程序；掌握货物运输合同中承运人、托运人双方的权利和义务，违约责任的承担方式，对合同漏洞的填补方法。通过案例分析，学生应熟悉货物运输事故的处理，合同的变更、解除的条件，提高对货物运输合同的实际操作的技能水平。

二、案例讨论

案例一：海马销售公司（海南一汽海马汽车销售有限公司）与金盘物流公司（海南金盘物流有限公司）于 2006 年 12 月 31 日约定，由金盘物流公司负责海马销售公司委托的海马商品车的物流、仓储、运输等工作。金盘物流公司与中远公司（中远航运股份有限公司）约定，由中远公司利用其滚装船为金盘物流公司实施海口至上海的承运车水路运输。金盘物流公司为涉案货物投保了水路运输基本险，太保海南公司（中国太平洋财产保险股份有限公司海南分公司）为保险人，海马销售公司为被保险人，投保标的为海马牌轿车 610 辆。

2007 年 12 月 17 日，海马牌轿车 611 辆由海口运往上海。当船航行至舟山群岛附近海域时，船上货舱发生火灾。太保海南公司于 2008 年 2 月 3 日向投保人金盘物流公司进行了赔付。海马销售公司同意将向第三者追偿的权益转让给太保海南公司。

为证明涉案火灾事故的原因，中远公司提交了浙江出入境检验检疫鉴定所出具的《司法鉴定报告书》，辩称涉案火灾事故因汽车自燃引起，承运人无须承担责任。太保海南公司对货物的损失找中远公司追偿无果，遂向法院提起诉讼。

问题：

1. 货损赔偿责任由谁承担？
2. 火灾事故原因的举证责任如何确定？

案例二：原告福州市福峡茶厂与被告福州港务管理局马尾港务公司签订了经上海中转至青岛运输1.2万千克茉莉花茶的水路联合运输运单式合同，收货人是茶叶公司（青岛市茶叶集团公司）。茶叶价值361 630元，分装于5个国产集装箱，由原告自行检查箱体并装箱施封。货物运输保险投保金额为8万元，为不足额保险。

被告接收承运的货物后，由于台风影响，延滞装船后起运。等待期间，起运地受到3次台风袭击，连降暴雨和大雨。集装箱按规定和惯例始终露天置放，被告未采取任何防护措施。起运时，箱体完好、铅封完整。该批货物由第三人所属“鸿新”轮承运。“鸿新”轮于抵达上海港次日，在汇山码头作业区卸箱交由“长力”轮承运。“长力”轮抵达青岛港次日卸箱。

收货人茶叶公司将集装箱提走，运至本公司仓库。5个集装箱仍然箱体完好、铅封完整。至此，承运人已将集装箱“清洁”交付收货人，联合运输合同履行完毕。茶叶公司收货后，在仓库开箱时，发现5个集装箱底部均有不同高度的水湿，茶叶受潮霉变。保险公司抽检了13箱茶叶，出具了“全部受潮，部分木箱有水渍痕迹”的查勘证明；茶叶公司也出具了“茶叶霉变”的证明。保险人根据受损情况，赔付原告37 700元。原告因保险赔款不足以弥补损失，要求被告予以赔偿，被告则以货损系不可抗力及托运人的过错导致而拒绝赔偿，原告遂向厦门海事法院提起诉讼。

问题：

1. 本案属于单式联运合同还是多式联运合同？

2. 本案承运人应承担赔偿责任吗？

第六章　仓储法律制度

【学习目标】

- 了解：仓储的含义、类型及相关的法律关系。
- 熟悉：仓单的概念、性质、内容及效力，保税仓库的概念、条件及监管。
- 掌握：仓储合同及保管合同的概念、特征、权利和义务。

【导入案例】

2009 年 7 月 7 日，顿高物流公司（上海顿高物流发展有限公司）与虹高仓储分公司（上海孟利实业有限公司虹高仓储分公司）就孟利公司委托虹高仓储分公司操作进出口货物仓储、拆换箱、贴换唛等业务签订仓储协议书一份，顿高物流公司根据本协议直接跟虹高仓储分公司核对货物并确认费用。

顿高物流公司于 2009 年 9 月将其客户南京恒润宏苏贸易有限公司的 1 350 箱工业盐交由虹高仓储分公司存储。2010 年 5 月 25 日，虹高仓储分公司向顿高物流公司出具情况说明一份，内容为“我司于去年 9 月收到上海顿高物流发展有限公司送来的工业盐 1 350 箱货物，根据客户需求，后来陆续出货 5 次，数据分别为 300 箱、100 箱、125 箱、80 箱、500 箱，故剩余库存应为 245 箱，由于公司在最后一次装箱过程中（2010 年 5 月 20 日）将 500 箱一个大箱装成 528 箱一个大箱，我司现承诺此次装箱中工业盐一共装了 528 箱，比客户要求数据多装 28 箱，现请上海顿高物流发展有限公司在目的港收货中配合出具理货清单”。本案中，上海孟利实业公司因疏忽多发了 28 箱货物，结果是 28 箱工业盐灭失，最终无处找寻。

问题：

1. 仓储货物损失如何认定？

2. 虹高仓储分公司的民事责任由谁来承担？

案例来源：上海市第二中级人民法院民事判决书（2012）沪二中民四（商）终字第 52 号。

扫码看解析

第一节 保管与仓储概述

一》仓储的含义和功能

（一）仓储的含义

仓储即物品在仓库中的储存，是仓库储存和保管的简称。储存就是保护、管理和贮藏物品；保管就是对物品进行保存和对数量、质量进行管理控制的活动。仓储活动是为他人货物的储存、流通、运输提供储藏和保管的一种活动。在现代物流不断发展的今天，仓储活动已成为国内、国际商品流转中一个不可或缺的环节。

（二）仓储的功能

1. 储存功能

物品均具有价值和使用价值，仓储的传统功能就是储存功能，即为了保障物品在储存中的使用价值不受到损害。同时，物品的价值也因此得以在一定程度上维持。

2. 中转功能

即物品在整个物流活动中可以通过仓库作为中转点，达到协调整个物流过程、降低整个物流成本的作用。

3. 生产功能

即仓储企业通过一系列仓库内活动，如分拣、包装、流通加工等，使物品价值增加的功能。

二》仓储的类型

按企业使用仓库的不同方式，可以将仓储分为以下几种类型：

（一）自营仓储

自营仓储是指物品的仓储业务由本企业自己来经营或管理的一种仓储形式。我国大多数外贸公司都是自营仓储。自营仓储具体又可分为自有仓储和租赁仓储两种形式。

1. 自有仓储

自有仓储是指企业使用自建或购买的仓库仓储自己的产品。利用自有仓库进行仓储活动，企业对仓库拥有所有权，企业与仓库所有人为同一人，不存在第二个民事主体。

2. 租赁仓储

租赁仓储是指企业使用租用的仓库仓储自己的产品。在租赁仓储中，企业对仓库不具有所有权，但有使用权和经营权，可以自行经营和管理物品。因此，企业和仓库所有人之间是一种财产租赁关系。

（二）公共仓储

公共仓储是指企业委托提供营业性服务的公共仓库储存物品的一种仓储方式。公共仓库是一种专门从事经营管理的、面向社会的、独立于其他企业的仓库。国外的大型仓储中心、货物配送中心在性质上就属于公共仓库。在公共仓储中，企业不仅是单纯租用仓库这个场所，同时还利用了其所提供的仓储服务。因而，企业与仓库不是单纯的财产租赁关系，而是一种仓储合同关系。在这种关系中，企业不是仓库的所有人或经营人，而是存货人，公共仓库为保管人，双方的权利义务按有关仓储合同方面的法律法规确定。

（三）合同仓储

合同仓储又称为第三方仓储，是指企业将仓储作为物流活动的一部分转包给外部公司，由外部公司为企业提供综合物流服务的仓储方式。合同仓储公司能够提供专业化的、高效的、经济的和准确的分销服务和配送服务。合同仓储是一种定制的公共仓储形式。在该形式中，仓储公司为客户提供通常由客户自身提供的物流服务。这些服务主要包括：储存、将整装货物分装或分装货物整装、按订单对货物进行分类搭配、在途配货、存货控制、安排运输、物流信息系统，以及客户所要求的任何附加的物流服务。合同仓储公司通过提供客户需要的整套物流服务来支持客户公司的物流渠道，而不仅限于提供存储服务。

三》 保管和仓储的关系

保管是指保管人保管寄存人的保管物，并在此时期内返还保管物的一种行为。仓储是指保管人储存存货人交付的仓储物，存货人支付仓储费的一种行为。

保管和仓储的基本性质都是保管人保管寄存人的保管物，并返还该物的行为。仓储合同源自保管合同。随着现代社会商品流通的加速发展，仓储业在社会分工中逐步独立出来，形成了自身的不同于传统保管合同的特征。我国《民法典》将保管合同和仓储合同分别作为有名合同，排除了保管合同对仓储合同的包含关系。

四》 保管合同与仓储合同的区别

保管合同与仓储合同都是有名合同。由于保管合同与仓储合同都是由保管人保管物品的合同，两者的标的都是保管人的保管行为，保管人的主要义务都是妥善保管存货人交付其保管的物品，因此，两者有时较难区分。但两者也有着不同之处，主要区别在于：

（一）合同成立条件不一样

保管合同是实践合同，除了当事人对合同的成立有明确约定的情况之外，保管合同自保管物交付时成立。而仓储合同是诺成合同，当事人双方依法就合同的主要条款协商一致，合同即成立，存货人将货物交付给保管人是属于仓储合同成立后对合同的履行行为。

（二）合同是否有偿不一样

保管合同一般是无偿的，但如果当事人明确约定支付保管费的，也可以是有偿的。当事人对保管费没有约定或者约定不明确的，由当事人协议补充，不能达成补充协议的，法律则推定为无偿。而仓储合同是有偿合同，保管人提供仓储服务，具有营利性质。

（三）保管人的资格要求不一样

保管合同对保管人的资格无特殊的要求，一般自然人和法人均可以作为保管人。而仓储合同的保管人即仓库营业人，必须是具有仓储设备和专门从事仓储保管业务的人，只有经过仓储营业登记专营或兼营仓储保管业务的人，才能成为仓储合同适格的保管人。法律上将仓储合同特别规定，是考虑到从事仓储保管的人一般都有相应的资质要求。例如，涉及特种标的物保管，像易燃、易爆、腐蚀性、需要冷藏的、具有放射性的物等，对保管人的资质都有特殊的要求，不能由一般的民事主体来从事。

（四）保管物是否大宗不一样

保管合同是社会成员相互提供帮助或服务部门为公众提供服务的一种形式，因此保管合同一般是单件或小宗物品的寄存。而仓储合同一般是大宗物品的储存。

（五）不交付保管物是否构成违约不一样

由于保管合同是实践合同，当事人虽然达成保管物品的一致意思表示，但此后寄存人没有将物品交给保管人或者保管人对寄存人交来寄存的物品不接收的，寄存人或保管人不能因此追究对方的违约责任。而由于仓储合同是诺成合同，合同成立后，如果存货人不将货物交付给保管人或者保管人无正当理由拒绝接收保管货物，都构成违约，一方可以追究另一方的违约责任。

（六）保管人对保管物的验收和赔偿责任不一样

保管合同的寄存人，对交付的保管物有瑕疵或者按照保管物的性质需要采取特殊保管措施的，应当将有关情况告知保管人。如果寄存人没有履行告知义务，致使保管物受损的，保管人不承担损害赔偿责任。而仓储合同中保管人应当按照约定对入库仓储物进行验收，保管人在验收时发现仓储物与约定不符的，就应当及时通知存货人。如果因保管人未认真验收，致使入库仓储物的品种、数量、质量不符合约定的，保管人应当承担赔偿责任。

（七）保管人对保管物的毁损、灭失的责任不一样

保管期间，保管合同的保管人因保管不善造成保管物毁损、灭失的赔偿责任，根据是有偿保管还是无偿保管而有所不同。有偿保管的，保管人应承担损害赔偿责任；无偿保管的，保管人能证明自己没有重大过失的，就可以不承担损害赔偿责任。而仓储合同，除了仓储物品的性质、包装不符合约定或者超过有效储存期而造成仓储物变质、损坏的之外，保管人均应对保管不善承担损害赔偿责任。

第二节 保管合同

一、保管合同的概念及法律特征

保管合同又称寄托合同、寄存合同。我国《民法典》第 888 条规定：“保管合同是保管人保管寄存人交付的保管物，并返还该物的合同。”在保管合同中，保管人是为他人保管物品的人，寄存人是寄存物品的人，保管物是被保管的物品。

保管合同具有以下法律特征：

（一）保管合同的标的是保管行为

保管合同的标的是保管人的保管行为，即保管人为保管物品而提供的劳务。在租赁、

运输、借用、承揽合同中，虽然也会产生保管物品的义务，但这些合同并不是以保管物品为目的。

（二）保管合同原则上为实践合同、无偿合同

《民法典》第 890 条规定："保管合同自保管物交付时成立，但是当事人另有约定的除外。"这就是说，如果当事人没有另外的约定，保管合同即为实践合同。

我国的保管合同也是以无偿为原则，以有偿为例外。保管合同不同于仓储合同，仓储业属于一种商事活动，必为有偿合同。而保管合同主要是社会成员相互提供帮助或服务部门为公众提供服务的一种形式，应以无偿为原则。根据意思自治原则，保管合同的当事人之间也可以约定保管合同为有偿的。

（三）保管合同为双务合同、不要式合同

保管合同无论是否有偿，都为双务合同，双方当事人具有相对应的权利和义务。例如，保管人有保管标的物的义务，而寄存人有支付保管费用的义务。保管合同以寄存人交付保管物为成立条件，并不要求当事人采取何种特定形式。因此，保管合同为不要式合同。

（四）保管合同转移保管物的占有

保管合同原则上为实践合同，一般以标的物的交付为合同成立的条件。因此，保管合同须转移保管物的占有，保管人应直接控制、占有保管物。保管合同只是转移保管物的占有，而并不转移保管物的所有权或使用权。

（五）保管物一般为动产

《民法典》第 888 条规定："保管合同是保管人保管寄存人交付的保管物，并返还该物的合同。寄存人到保管人处从事购物、就餐、住宿等活动，将物品存放在指定场所的，视为保管，但是当事人另有约定或者另有交易习惯的除外。"在通常情况下，保管物为动产。保管合同主要是指动产的保管合同。

【例 6-1】 超市自助寄存柜丢失财物无法获赔。

原告李某英于 2000 年 11 月 1 日下午在被告上海大润发有限公司杨浦店购物，并使用被告杨浦店设置的自助寄存柜。原告存入内装 5 310 元的皮包一个及雨伞一把，等取物时打开箱柜后发现里面是空的。原告要求被告赔偿经济损失。

扫码看解析

问题：消费者无偿使用超市自助寄存柜存储财物是否形成保管法律关系？

案例来源：《最高人民法院公报》2002 年第 6 期（总第 80 期），上海市第二中级人民法院（2002）沪二中民一（民）初字第 60 号民事判决书。

二 保管凭证

保管凭证是指保管人收到保管物时向寄存人给付的表示已收到保管物的一种凭证。保管凭证具有如下法律性质：

（1）保管凭证是合同关系存在的证明。保管人给付保管凭证，表明保管人收到了保管物，与保管合同的成立并无关系。也就是说，即使保管物应当给付保管凭证而没有给付，也不影响保管合同的成立。

（2）保管凭证是合同内容的证明。保管凭证虽然不是保管合同的成立条件，但保管人在保管凭证中写明了保管物交付的时间、地点，当事人的名称，保管物的种类、性质、保管期限等内容，在没有书面保管合同的情况下，保管凭证就可以成为双方之间权利和义务内容的证明。在这种情况下，保管凭证就具有了简易合同的功能。

（3）保管凭证是寄存人向保管人要求其返还保管物的依据。

保管凭证与仓单分别是保管合同和仓储合同中的概念，两者的相同之处表现为：

①保管凭证和仓单都是当事人之间成立合同关系的证明；

②保管凭证和仓单所记载的内容都可以为合同的有效条款；

③保管凭证和仓单都是寄存人或者存货人据以向保管人请求返还保管物或仓储物的依据。

但保管凭证和仓单又存在本质上的区别：

①仓单是保管人向存货人填发的表明仓储关系的存在以及保管人向存货人履行交付仓储物义务的证券。而保管凭证是证明保管人之间存在保管关系的单据。仓单是一种有价证券，保管凭证是一种普通单据。

②法律对保管凭证的格式内容无明确规定，而对仓单应包括的内容却有相应的规定。

③保管合同的保管人向寄存人交付保管凭证具有一定的任意性，保管人可以向寄存人给付保管凭证，但根据交易习惯也可以不给付保管凭证。而仓储合同中的保管人必须向存货人给付仓单。

④保管凭证不具备物权证券的性质，保管人可以委托他人凭保管凭证代理自己行使请求返还保管物的权利，这并不发生保管物所有权的转移。仓单是物权证券，存货人转移仓单即发生仓储物所有权的转移，仓单持有人是依据其对仓储物享有的所有权而要求保管人交付仓储物的。可见，仓单具有流通性，而保管凭证没有流通性。

⑤如因仓单毁损或遗失、被盗而灭失，仓单持有人丧失仓单的，须依我国《民事诉讼法》的规定，通过公示催告程序以确认其权利。而丧失保管凭证的，寄存人不能通过这一程序加以解决。

【例 6－2】无保管费约定亦无保管凭证的，保管合同不成立。

上诉人吴某俊按被上诉人海口市人民政府的要求将摩托车停放于指定的停车棚，但被上诉人从未向上诉人收取过任何费用，同时车辆进出亦无须凭证。被上诉人虽亦派专人管理，但由于双方并未就此签订车辆保管合同，被上诉人对上诉人车辆的管理实际是被上诉人对市政府办公大院的办公秩序的统一管理，并不由此在双方之间形成权利义务关系。依照《合同法》规定，由于双方既无保管费约定，亦无保管凭证，且权利义务不明确，保管合同成立的构成要件并不具备。原判据此认定双方未形成车辆保管关系是正确的，上诉人主张双方系无偿保管关系的证据不足，理由不充分。被上诉人不负有保管被上诉人车辆的义务，上诉人车辆被盗，被上诉人不负有过错，不应承担赔偿责任。

案例来源：海南省海口市中级人民法院（2001）海中法民终字第 94 号民事判决书。

三》 保管人的权利和义务

（一）保管人的权利

1. 保管人有按照规定收取保管费用的权利

关于保管费的支付期间，根据《民法典》第 902 条的规定，寄存人应当依合同约定的期限支付保管费。如果合同没有约定或约定不明确的，根据《民法典》第 510 条的规定，当事人协商补充。当事人不能达成协议的，可以按照合同有关条款或交易习惯确定。例如，现实生活中的小件保管物往往采取保管前收费的方法，即是一种交易习惯。按照合同有关条款或交易习惯仍不能确定的，寄存人应在领取保管物时交付保管费，即要求保管费的支付与保管物的返还应同时履行。

2. 保管人的留置权

如果寄存人没有按照合同的约定支付保管费及其他费用的，根据《民法典》第 903 条的规定，保管人对保管物享有留置权。保管人留置保管物后，应给予寄存人不少于 60 日以上债务履行的期限。如果寄存人逾期仍不履行债务的，保管人可以将该财产折价或者以拍卖、变卖该财产的价款优先受偿。

（二）保管人的义务与责任

1. 妥善保管保管物

这是保管人的一项主要义务，具体表现如下：

（1）对于无偿保管，保管人应当尽到与保管自己物品同样的注意；当保管为有偿保管时，保管人应尽到善良管理人的注意。在有偿的保管合同中，只要保管人有过失，即构成保管不善。而在无偿的保管合同中，保管人只有在有重大过失的情况下，才构成保管不善。

为妥善保管保管物，保管人应当在适当的保管场所按照适当的保管方法进行保管。在合同约定了保管场所或保管方法时，保管人应按照合同约定的保管场所或保管方法进行保管。未经寄存人同意，不得擅自改变保管场所或保管方法，如果由此造成损失的，应由保管人赔偿。在紧急情况下或为了维护寄存人的利益，保管人可以不经寄存人同意而改变保管场所或者方法，但应当及时通知寄存人。在合同没有约定保管场所或保管方法时，保管人应按照保管物的性质、种类、价值等，依据诚实信用原则，选择适当的保管场所或保管方法。

（2）保管行为必须由保管人亲自履行，不得将保管物委托第三人保管，但当事人另有约定的除外。转保管是指保管人将保管物转由第三人保管。保管人违反规定，将保管物转交第三人保管，对保管物造成损失的，应当承担损害赔偿责任。在合法转保管的情况下，如果转保管人因保管不善造成保管物损害的，保管人应将对转保管人的赔偿请求权，让与寄存人。在合法转保管的情况下，保管人仅就第三人的选任和指示上的过失承担责任。在非法转保管的情况下，保管物因转保管而造成损失的，应由保管人向寄存人承担赔偿责任。

（3）保管人不得擅自使用保管物的义务。《民法典》第 895 条规定："保管人不得使用或者许可第三人使用保管物，但当事人另有约定的除外。"保管人擅自使用或使第三人使用保管物属于违法使用保管物，是一种违约行为。违法使用保管物的法律后果应包括两种：一是保管人的赔偿责任。如造成保管物毁损、灭失的，保管人应承担赔偿责任。二是保管人支付报酬。如保管物为金钱的，保管人应自使用之日起支付利息。

2. 危险通知义务

在保管合同中，如果第三人对保管人提起诉讼或对保管物申请扣押，则保管人负有及时通知寄存人的义务。这就是保管人的危险通知义务。保管人履行危险通知义务的情形有两种：一是第三人对保管人提起诉讼。这种诉讼仅指与保管物有关的诉讼，而不包括与保管物无关的诉讼。二是第三人对保管物申请扣押。至于第三人基于何种原因申请扣押，对保管人的通知义务并无影响。根据《民法典》合同编的规定，保管人的通知义务应及时履行。如果保管人没有通知或基于保管人的原因而迟延通知的，保管人应对由此而造成保管物的损失承担赔偿责任。

3. 给付保管凭证的义务

除非另有交易习惯，寄存人向保管人交付保管物的，保管人应当给付保管凭证。保管凭证的给付，并非保管合同的成立要件，也非保管合同的书面形式，仅是证明保管合同关系存在的凭证。

4. 返还保管物的义务

保管合同是转移保管物占有权的合同，并不涉及保管物的所有权转移问题。

因此，保管合同无论是否定有期限，寄存人都可以随时要求返还保管物，保管人负有返还的义务。保管人返还保管物的时间为保管合同终了之时。保管人返还保管物的场所为保管地，但当事人另有约定的除外。由于保管债务为往取债务，而非赴偿债务，因此，保管人并不负将保管物送交寄存人的义务。

保管人在返还保管物时，如保管物生有孳息，保管人应一并返还之。这里的孳息包括天然孳息和法定孳息。当然，如果当事人之间另行约定，孳息归保管人取得者，则保管人不负返还孳息的义务。

5. 保管人的赔偿责任

《民法典》第 897 条规定："保管期间，因保管人保管不善造成保管物毁损、灭失的，保管人应当承担赔偿责任。但是无偿保管人证明自己没有故意或重大过失的，不承担赔偿责任。"从这一规定可以看出，在有偿的保管合同中，只要保管人具有过失，就应承担赔偿责任。在无偿的保管合同中，保管人只有在故意或有重大过失的情况下，才应承担赔偿责任。所谓重大过失，是指显然欠缺一般人的注意程度。

在保管期间，保管物发生毁损、灭失等损害的，其原因很复杂，除保管人的过失造成的损害外，还有如下情形：

(1) 因不可抗力造成损害。根据《民法典》的规定，因不可抗力不能履行合同的，可以免除责任。但在发生不可抗力后，保管人负有通知的义务，若因怠于通知而造成或扩大的损失不属于不可抗力的范围，实为保管人的过错行为所致，保管人应当承担赔偿责任。

(2) 因寄存人自己的过失造成损害，由寄存人自己承担损失。

(3) 因物的自然性质而造成损害，即物的自然损害，保管人对此种损失可以免责。如保管物为粮食，在保管过程中因物的自然化合作用而陈旧的，保管人对此不承担责任。

四》 寄存人的权利和义务

(一) 寄存人的权利

(1) 有权领取保管物。在保管合同中，寄存人对保管物享有领取的权利。根据我国《民法典》第 899 条的规定，寄存人对保管物的领取，涉及寄存人的随时领取和保管人要求领取两种情况。所谓寄存人的随时领取，是指在保管期间内的随时领取，保管人不得迟延返还。但是，对于保管人而言，则法律对其附加了一定的限制。也就是说，法律不允许保管人在任何情况下都随时要求寄存人领取保管物。只有保管期限没有约定或约定不明时，保管人才可以随时要求寄存人领取保管物。如果保管合同约定有保管期间的，保管人无特别事由，不得要求寄存人提前领取保管物。所谓特别事由，是指足以使保管人无法行使妥善保管行为的事由，如水灾、战争、保管人失去行为能力或患重病等。保管人要求寄存人领取保管物的，应当给予寄存人一个合理的期限。

（2）有权收取孳息。在保管期间，保管物产生的孳息，寄存人有权向保管人收取。

（3）对保管人未尽妥善保管保管物的义务造成的损失，有权要求保管人赔偿。

（二）寄存人的义务与责任

1. 告知义务

根据《民法典》第893条的规定，寄存人的告知义务包括两个方面内容：一是保管物瑕疵的告知义务。所谓保管物的瑕疵，是指保管物自身存在的破坏性缺陷的情况。如果保管物存在瑕疵，寄存人就应当将该瑕疵告知保管人，以便保管人采取措施，防止保管物的损坏。二是按照保管物的性质需要采取特殊保管措施的告知义务。基于保管物的性质，需要采取特殊保管措施时，寄存人负有告知义务。这种情形主要是指保管物属于易燃、易爆、有毒、放射性等危险物品以及易腐蚀物品。因为对这类性质的保管物必须采取特殊的保管措施，才能防止损害的发生，所以，寄存人负有告知的义务。

2. 支付保管费和偿还必要费用的义务

《民法典》第902条规定："有偿的保管合同，寄存人应当按照约定的期限向保管人支付保管费。"所谓的保管费，指的就是寄存人向保管人支付的报酬。保管费并不包括其他费用。其他费用有多种情况，例如，保管人为维持保管物的原状所支出的重新包装、防腐、防火费用，动物的饲养费用等，寄存人都应向保管人支付。区分保管费与其他费用的意义在于，保管费只在有偿的保管合同中存在，而其他费用不仅存在于有偿的保管合同中，也存在于无偿的保管合同中。

3. 事先声明义务

当寄存人寄存的物品为货币、有价证券或者其他贵重物品时，应向保管人履行声明义务，并经由保管人验收或封存。寄存人未尽声明义务的，保管物造成损失时，保管人仅须按照一般物品的价值予以赔偿。寄存人的声明应当以有效的方式进行。所谓有效，是指足以使保管人知晓保管物为贵重物品，并依其所知晓的信息加以谨慎保管以保证贵重物品的安全。在某些情况下，寄存人仅使保管人知晓保管物为贵重物品是不够的，还应当告知其保管的具体方式和措施。例如，保管新研制的疫苗，寄存人不仅要告知其贵重性，而且要告知保管时所需要的特定的温度、湿度、光照度等。因为专门的保管知识非属一般人所有，故寄存人负有告知的义务。

4. 风险承担

如果保管物的毁损、灭失是由不可抗力原因造成的，此风险由寄存人自己承担。但如果保管人没有经过寄存人的同意擅自将保管物交由第三人保管后，保管物因不可抗力而毁损的，保管人应对寄存人负赔偿责任。

第三节 仓储合同

一》 仓储合同概述

（一）仓储合同的概念和特征

仓储合同也称仓储保管合同，是指仓储保管人接收存货人交付的仓储物，并进行妥善保管，在仓储期满将仓储物完好地交还，并收取保管费的协议。我国《民法典》第 904 条将仓储合同规定为：“仓储合同是保管人储存存货人交付的仓储物，存货人支付仓储费的合同。”仓储合同是《民法典》合同编的有名合同。同时《民法典》第 918 条规定，仓储合同分则未规定的事项，适用保管合同分则的有关规定。

仓储合同的特征如下：

1. 仓储合同是以仓储保管为标的的合同

仓储合同是一种提供劳务的合同，其标的属于劳务。这种劳务的内容不同于其他以劳务为标的的合同，其内容是保管人为存货人储存货物。在仓储合同中，储存有两个方面的含义：一是堆藏货物即仓储物。堆藏是指将仓储物置放于仓库之内，使其有一定的栖身之地。二是保管仓储物。保管是指保管人将仓储物置于自己的控制之下，以维护其原状。可见，只有具备了堆藏和保管两个事实，才能成立仓储合同。

2. 保管人是从事仓储保管业务的人

在仓储合同中，保管人只能是从事仓储保管业务的人，即仓库营业人。这是仓储合同与保管合同的重要区别之一，也是仓储合同主体上的特征。仓库营业人必须具有仓储设备和从事仓储业务的资格。例如，石油成品油批发、仓储、零售经营资格有特别的规定，并且需要经过相关部门的审批。仓储设备是指能够满足储藏和保管仓储物的设施，这是保管人从事仓储经营活动的基本物质条件。能够满足储藏和保管仓储物的设施，不必有屋盖或锁，都叫仓储设备。木材堆集场、石材煤炭储藏所、将一定地面围以篱垣者，亦不失为仓库。所谓从事仓储业务的资格，是指保管人应取得专营或兼营仓储保管业务的营业许可，办理了仓储营业登记。

3. 仓储物为动产

仓储物只能是动产，不动产不能成为仓储物。因为仓储的两个基本功能是储藏和保管，不动产根本不可能储藏。凡适于储藏保管者，皆可为仓储合同的标的物，包括“在箱笼中的鱼类、鸟类，通说谓不妨为其标的物”。通常来说，在仓储合同中，与一般保管合同相比较，由于仓储保管的物品一般是大宗商品，因而储存量大，这和一般保管合同的标的物是不同的。

4. 仓储合同是双务、有偿、诺成、不要式合同

仓储合同中保管人须提供仓储服务，存货人须给付仓储费，双方的义务具有对应性和对价性。因此，仓储合同是双务、有偿合同。

仓储合同自双方意思表示一致时即告成立，故为诺成合同，这主要是因为保管人是专

门从事仓储业务的营业主体，存货人也往往是从事大宗物品交易的主体。如果当事人达成协议，保管人就要按照已经达成的协议进行准备、计划等，如果在保管物交付之前，合同还没有成立，则无法对当事人提供充分的救济。仓储合同为不要式合同。法律并没有要求仓储合同应当采取某种特定的形式。签发仓单也不是仓储合同成立的条件，仓单是提取仓储物的凭证。

（二）仓储合同的种类

1. 一般保管仓储合同

一般保管仓储合同是指仓库经营人提供完善的仓储条件，接收存货人的仓储物进行保管，在保管期届满，将原先收保的仓储物原样交还给存货人而订立的仓储合同。该仓储合同的仓储物为确定物，保管人须原样返还。一般仓储合同特别重视对仓储物的特定化，且保管人承担归还原物的严格责任，包括仓储物在仓储期间自然增加的孳息。

2. 混藏式仓储合同

混藏式仓储是指存货人将一定品质、数量的种类物交付给保管人，保管人将不同存货人的同样仓储物混合保存。存期届满时，保管人只需以相同种类、品质、数量的商品返还给存货人，并不需要原物归还的仓储方式。这种仓储方式常见于粮食、油品、矿石或保鲜期较短的商品的储藏。混藏式仓储合同的标的物为确定种类物，保管人严格按照约定数量、质量承担责任，且没有合理耗损的权利。混藏式仓储合同具有保管仓储物价值的功能。

混藏式仓储合同对于仓储物的品质、数量需要有极为明确的认定，并在合同中完整地描述。当保管人不能按合同描述的向提货人交还仓储物时，需补偿提货人的损失。

3. 消费式仓储合同

消费式仓储是指存货人在存放仓储物时，同时将仓储物的所有权转移给保管人，保管期届满时，保管人只需将相同种类、品质、数量的替代物归还给存货人。存放期间的仓储物所有权由保管人掌握，保管人可以对仓储物行使所有权。消费保管的经营人一般具有仓储物消费能力，如面粉加工厂的小麦仓储、加油站的油库仓储、经营期货交易的保管人等。消费式仓储合同的不同之处是涉及仓储物所有权转移到保管人，自然地，保管人需要承担仓储物所有人的权利和义务。消费式仓储经营人的收益，除了约定的仓储费（一般较低）外，更重要的是消费仓储物与到期购回仓储物所带来的价差收益。

4. 仓库租赁合同

仓库租赁是指仓库所有人将所拥有的仓库以出租的方式开展仓储经营，由存货人自行保管商品的仓储经营方式。仓储人只提供基本的仓储条件，进行一般的仓储管理，如环境管理、安全管理等，并不直接对所存放的商品进行管理。仓库租赁合同严格意义上来说不是仓储合同，只是财产租赁合同。但是由于仓库出租方具有部分仓储保管的责任，所以，仓库租赁合同具有仓储合同的一些特性。

二》 仓储合同的内容和形式

（一）仓储合同的当事人

仓储合同的当事人双方分别为存货人和保管人。

存货人是指将仓储物交付仓储的一方。存货人必须是具有将仓储物交付仓储的处分权的人，可以是仓储物的所有人，也可以是只有仓储权利的占有人，如承运人，或者是受让仓储物但未实际占有仓储物的准所有人，或者有权处分人，如法院、行政机关等。可以是法人、非法人单位、个人等的企业、事业单位、个体经营户、国家机关、群众组织、公民等。

保管人为货物仓储保管的一方。根据《民法典》的规定，保管人必须具有仓储设备和专门从事仓储保管业务的资格。也就是说，保管人必须拥有仓储保管设备和设施，具有仓库、场地、货架、装卸搬运设施、安全、消防等基本条件，并取得相应的公安、消防部门的许可。从事特殊保管的，还要有特殊保管的条件要求。设备和设施无论是保管人自有的还是租赁的，保管人必须具有有效的经营使用权。同时，从事仓储经营必须具有经营资格，进行工商登记，获得营业执照。保管人可以是独立的企业法人、企业的分支机构，或者个体工商户、合伙、其他组织等，可以是专门从事仓储业务的仓储经营者，也可以是贸易货栈、车站、码头的兼营机构，或者从事配送经营的配送中心。

（二）仓储合同的标的和标的物

合同标的是指合同关系指向的对象，也就是当事人权利和义务指向的对象。仓储合同虽然说约定的是仓储物的保管事项，但合同的标的却是仓储保管行为，包括仓储空间、仓储时间和保管要求，为此，存货人为使用保管人的仓储行为支付仓储费。因而仓储合同是一种行为合同，一种当事人双方互负给付义务的双务合同。

标的物是标的的载体和表现，仓储合同的标的物就是存货人交存的仓储物。仓储物可以是生产资料，如生产原料、配件、组件、生产工具、运输工具等；也可以是生活资料，如一般商品，包括特定物或者种类物。仓储物必须是动产，能够移动到仓储地进行仓储保管，且是有形的实物动产，有具体的物理形状。不动产不能成为仓储物，货币、知识产权、数据、文化等无形资产和精神产品不能成为仓储物，如图书可以成为仓储物，但图书的著作权不能成为仓储物。

（三）仓储合同的主要条款

仓储合同为不要式合同，没有严格的条款规定，当事人根据需要商定合同事项，且由双方协议采用合同的形式。仓储合同的条款有当事人条款、仓储物条款、仓储条款、价款、当事人的权利和义务、违约责任和争议处理条款。具体包括：

1. 存货人、保管人的名称、地址

合同当事人是履行合同的主体，需要承担合同责任，需要采用完整的企业注册名称和登记地址，或者主办单位地址。主体为个人的，须明示个人的姓名和户籍地或常驻地（临时户籍地）。有必要时可在合同中增加通知人，但通知人不是合同当事人，仅仅履行通知当事人的义务。

2. 仓储物的品种、数量、质量、包装、件数和标记

仓储物必须是动产，需存放到仓储地进行保管和交接，因而需要明确地将仓储物特定化或者特定种类化。仓储物的品种需采用完整的商品名称或种类名称表达。商品的数量采用公用的计量方法确定并达到最高的精度，用最小的独立封装单元确定件数，如箱装货物以封口的外包装为单位，或者以最小的组成单位，如成捆的管材，用具体管材根数表达。

商品的质量可以仅用外包装可见质量或者商品本身的质量，标准可以采用国家标准或者行业标准或者约定的标准来表达，必要时可采用通过商品检验的质量报告为准的方式。商品的标记应采用标注在外包装上的标记或者拴挂的标签标记。

3. 交接时间和地点、验收方法

交接时间确定了仓储物入库时间，保管人须在此时准备好货位以便能进行交接。交接地点表明了运送货物入库的责任承担人，但还需要明确卸车搬运的承担人。合同中还需要明确交接理货方法及验收的内容、标准、时间和方式。验收内容与质量标准具有较强的相关性，往往就是针对质量标准进行验收。约定了验收标准的，保管人仅对验收事项负责。如约定仅对仓储物的外包装进行验收，返还仓储物时，保管人对外包装的损坏承担责任，而对内容不承担责任，除非可证明是保管不当造成的损害。

4. 仓储物的损耗标准

仓储物在经过长期存放和多次作业后，由于挥发、散失、扬尘、氧化、计量方法不同等原因造成耗损减量，对于这类减量，保管人很难承担责任，因而采用协议免责的方法处理，也就是在合同中订立合理耗损条款，双方约定不追究保管人责任的数量减少标准，包括重量或者件数的减量。商品损耗标准可以采用国家标准或者行业标准，也可以由双方合理约定。有约定标准的则适用约定的标准。

5. 储存场所

储存场所指双方约定的仓储物存放的仓库地理位置、存放的仓库或货场。根据仓储物的特性，储存场所可以约定得较为笼统或者极为具体明确。对于特殊商品，必要时要明确保管条件和保管方法。储存场所不仅表达了保管人的保管条件和存货人的保管要求，还确定了运输便利程度和出入库的运输成本。

6. 储存期间

双方约定的仓储物的储存时间，可以采用期限表示，如自货物入库起算储存 3 个月；或者采用日期的方式表示，如 9 月 10 日至 12 月 10 日；或者不约定具体的存放期间，但约定到期方式的确定方法，如提前 1 个月通知等。储存期间是保管人计收仓储费的基础以及承担责任的期间，也是库容使用计划安排的依据。存货人不能遵守储存期间条款，保管人有权要求存货人承担违约责任。

7. 仓储费

确定仓储费的费率、计算方法、支付方法和支付时间的条款。仓储费有预付、定期支付、结算等支付方式。《民法典》规定当事人没有约定支付时间的，采用交付仓储物时支付。当事人未约定仓储费的，保管人仍可因提供劳务向存货人要求支付报酬。

8. 仓储物的保险约定

仓储物必须办理保险。若存货人已对仓储物办理了保险，必须告知保管人所投保的保险人、保险金额、保险期间。未办理保险的，可以委托保管人进行投保，但仍然由存货人承担保险费。

9. 违约责任

合同约定存货人未交付货物、未在约定时间交付仓储物的违约责任；保管人不能接收仓储物，或者不能在约定的时间接收仓储物的违约责任；存货人未在约定时间提取仓储物的超期费用；仓储物在仓储期间造成保管人或者其他损害的赔偿；违约金的标准；补救措施等出现违约时的处理方法。违约金是违约责任的主要承担方式，但必须在合同中明确，包括各种违约项目及违约金数额标准或者计算方法、支付方式等。

10. 合同变更或解除的条件

合同的订立和履行是合同双方期望发生的结果。但因为客观原因发生重大变化或者双方利益的需要，原合同的继续履行可能对双方都不利，可以采用合同变更或解除的方法防止不利局面发生。当事人在订立合同时就确定发生不能履行合同时的具体条件和变更或者解除合同的处理方法，就是合同变更或解除条款。

11. 争议处理

有关合同争议的诉讼或者仲裁的约定，包括仲裁地点、仲裁机构，或者合同中选择的诉讼地点。

12. 合同签署

合同签署是合同当事人对合同协商一致的表示，是合同成立的表征。作为诺成合同，合同签署也就意味着合同开始生效。签署合同由企业法人代表、代表人签名，注明签署时间，法人或者组织还需要盖合同专用章，个人签订合同时只需签署个人的完整姓名。

（四）仓储合同的形式

仓储合同可以采用书面形式、口头形式或者其他形式。订立仓储合同的要约、承诺也可以是书面的、口头的，或其他形式。由于仓储的货量较大、存期较长，还可能进行配送、加工等作业，还会涉及第三人的仓单持有人，如果是订立口头合同，则不利于双方当事人的履行及发生纠纷时的处理，因此仓储合同使用完整的书面合同较为合适。

合同的其他形式包括通过行为订立合同、签发格式合同等表示双方达成一致意见的形式。在未订立合同之前，存货人将货物交给仓储保管人，保管人接收货物，则构成合同成立。在周转极为频繁的公共仓储中，保管人可以采用预先已设定好条件的格式合同的形式订立合同。在格式合同中，存货人只有签署或者不签署合同的权利，而没有商定格式合同条款的权利。

三》 仓储合同的成立生效

仓储合同自何时成立生效，与合同是诺成性还是实践性的有关。《民法典》第 905 条规定："仓储合同自保管人和存货人意思表示一致时成立。"这就说明，仓储合同是诺成合同，而非实践合同。从《民法典》的规定来看，仓储合同的订立无须以交付仓储物或履行特定行为为其成立要件，因此应推定仓储合同为诺成合同。这是仓储合同与保管合同的重要区别之一。

仓储合同生效的条件为合同成立，具体表现为：双方签署合同书；合同确认书送达对方；受要约方的承诺送达对方；公共保管人签发格式合同或仓单；存货人将仓储物交付保管人，保管人接收。无论仓储物是否交付存储，仓储合同自成立时生效。在仓储合同生效后，发生的存货人未交付仓储物、保管人不能接收仓储物都是仓储合同的未履行，由责任人承担违约责任。

四》 特殊物品的仓储

在仓储合同中，仓储物的种类相当繁多，各种不同的仓储物，其储存的方法和要求并不完全一样。因此，在仓储合同中，如果存货人要储存的物品为危险物品或易变质物品，不仅要求存货人应说明仓储物的性质，提供有关资料，而且要求保管人具有相应的保管条件。《民法典》第 906 条就是关于储存危险物品和易变质物品等特殊物品时存货人的义务及相应的处理方法的规定。

这里的危险物品是指易燃、易爆、有毒、有腐蚀性、有放射性等物品，如化学危险药品、农药、汽油等。这类货物因自身的特性和外界的作用，往往会发生剧烈的反应而燃烧、爆炸或造成其他危险和灾害。易变质物品是指易腐烂、变味、发霉的物品，如鲜水果、鲜活水产品等。对这两类物品，一般依国家有关标准认定；国家对此没有规定的，依行业和地区标准认定；没有行业或地区标准的，依商业惯例和一般人的认知标准加以认定。存货人应当在合同订立时告知保管人上述物品的性质，并在合同中注明。此告知义务是一种先合同义务，是诚实信用原则的必然要求。存货人除应当对需要储存的特殊物品的性质作出说明外，还应当提供有关资料，以便保管人进一步了解该特殊物品的性质，为储存该特殊物品做必要的准备。

若存货人在订立合同时没有说明所储存的货物是危险品或易变质物品，也没有提供有关资料，保管人在入库前验收时，发现或被告知是危险物品或易变质物品的，保管人可以拒收该仓储物。若其无仓储此类特殊物品的条件或双方没有就主要条款达成新的协议，保管人可以解除合同，由此对存货人造成的损失，保管人不承担责任。若保管人在仓储物入库后才发现是危险物品或易变质物品的，除及时通知存货人外，应当采取相应的措施，避免损害的发生和扩大，由此产生的费用应由存货人负担。这里的“费用”，一般认为包括根据约定应该支付的仓储费及在采取必要措施避免损失时产生的费用，包括直接费用和间接费用。若超出“相应的措施”的范围，保管人任意自行处理，对存货人造成了损害的，保管人应承担一定的责任；若没采取相应的措施造成了损失的扩大，保管人也应承担一定的责任。

若存货人没有对危险物品的性质作出说明，没有提供有关资料，给保管人的人身和财产或对其他人造成损害的，存货人应当承担损害赔偿责任；如果保管人未被告知所存货物是易变质物品，且保管人对此没有过错的，则该物品变质损坏的，保管人不承担赔偿责任。

当储存危险物品时，由于这类仓储物保管的难度大，易出现意外情况，所以，订立此类合同的保管人必须具有特定的资格和特殊的设备，需要较高的技术手段和注意义务，即应当具备相应的保管条件。

五》 仓单

（一）仓单的概念

《民法典》第 908 条规定：“存货人交付仓储物的，保管人应当出具仓单、入库单等凭证。”仓单是指保管人在收到仓储物时向存货人签发的表示收到一定数量的仓储物的有价证券。我国法律采取的是一单主义，即保管人只填发存入仓单，该仓单既可用以转让，也可用于出质。保管人开具仓单要以存货人交付仓储物为前提，没有交付仓储物的，保管人不能开具仓单。《民法典》第 910 条规定：“仓单是提取仓储物的凭证。”所以，保管人应当填发仓单，以便存货人取回或处分其仓储物。

（二）仓单的特征

1. 仓单是要式证券

《民法典》对仓单的格式和记载事项有严格规定，即仓单必须有保管人签字或盖章，并记载规定的事项；否则，仓单不能产生效力。所以，仓单是要式证券。

2. 仓单是背书证券

背书证券是指可以通过背书方式加以转让的证券。根据《民法典》对仓储合同的规定，存货人或仓单持有人在仓单上背书并经保管人签字或盖章的，可以转让提取仓储物的权利。可见，仓单可以通过背书加以转让，故为背书证券。

3. 仓单是物权证券

物权证券是以物权为证券权利内容的证券。仓单是提取仓储物的凭证。存货人取得仓单后，即意味着取得了仓储物的所有权。仓单发生转移，仓储物的所有权也发生转移。

4. 仓单是文义证券

仓单所创设的权利和义务是依仓单记载的文义予以确定的，不能以仓单记载以外的其他因素加以认定或变更。

5. 仓单是记名证券

记名证券是在证券上记载权利人姓名或名称的证券。从我国《民法典》的规定来看，仓单上应当载明存货人的名称或姓名和住所。可见，仓单属于记名证券。

6. 仓单为无因证券

所谓无因证券，是指证券权利的存在和行使不以作成证券的原因为要件，证券的效力与作成证券的原因完全分离。在仓储合同中，保管人签发仓单后，仓单持有人对保管人即可行使权利，而对取得仓单的原因不负证明责任。就是说，仓单持有人无论是否为存货人，都可以行使仓单所代表的权利。

7. 仓单为换取证券

换取证券又称为缴还证券，是指义务人履行证券上的义务后，权利人须将证券返还给义务人的证券。仓单持有人请求交付仓单上记载的物品时，应将仓单交还保管人，因此，仓单为换取证券。

（三）仓单的功能

1. 保管人承担责任的证明

仓单是仓储合同的一种证明文件。填发仓单是仓储保管人的一项义务，保管人必须依法制作仓单。由于法律并未要求仓储合同当事人一定要订立书面合同，因此，在当事人就仓储合同只有口头协议时，仓单可以作为当事人订有合同的证明。如果当事人事先并无仓储合同，也可以直接以仓单作为双方的书面合同。

仓单的签发意味着仓储保管人接管仓储物，对仓储物承担保管责任，保证在仓储期满向仓单持有人交还仓单上所记载的仓储物，并对仓储物在仓储期间发生的损害、灭失承担赔偿责任。

2. 物权证明

仓单是一种物权证券。因此，仓单具有如下两个方面的效力：一是提取仓储物的效力；二是转移仓储物所有权的效力。对于保管人来说，认仓单不认人，只要仓单形式上合法，就应将仓储物交付仓单持有人，同时收回仓单。这就是说，保管人和仓单持有人之间的法律关系应以仓单为准。由于仓单代表着仓储物，所以，仓单的交付就意味着物品所有权的转移，与物品的交付发生同一效力。也就是说，仓单的转移，就意味着仓单所代表的仓储物所有权的移转。当然，仓储物所有权随仓单的转移而转移，则仓储物的风险负担也会随之转移。

3. 物权交易

仓储物交给仓储保管人保管后，保管人占有仓储物，但是仓储物的所有权仍然属于存货人，存货人有权依法对仓储物进行处理，可以转让仓储物，这是存货人行使所有权的权利。但在保管人签发仓单的情形下，存货人和保管人达成了凭仓单提货的契约，保管人可以拒绝仓单持有人之外的其他人行使提货权。因而存货人要进行存储物转让就必须将仓单转让。另外，存货人在获得仓单后，需要转让仓储物时，如果要通过取出仓储物进行实物交割，显然是极为烦琐又不经济的。为了便利和节省交易费用，存货人通过直接转让仓单的方式转让仓储物，由受让人凭仓单提货。通过仓单转让既可以实现仓储物所有权的转让交易，又不涉及仓储物的保管和交接，是一种简便和经济的方法。仓单转让机制的基础在于仓储保管人对于仓储物的理货验收、对仓储物的完整性承担责任和对所签发仓单的提货保证。

（1）仓单的背书转让。由于仓单属于记名证券，因此，仓单的转移应当通过法定的方式进行。根据我国《民法典》的规定，仓单持有人应当在仓单上背书并经保管人签字或盖章。如果仓单持有人只在仓单上背书但未经保管人签字或盖章，即使交付了仓单，转让行为也不发生效力。如果仓单被多次背书转让，则每次背书必须具有连续性。当然，如果仓单中明确记载了不得背书的，则仓单持有人即使作了背书，也不能发生转让提取仓储物权利的效力。

（2）仓单转让需经保管人签署。仓单通过背书转让，仓储物的所有权发生了转移，被背书人成了仓单持有人。这也就意味着原先同保管人订立仓储合同的存货人将凭仓单提取货物的合同权利转让给了其他人，保管人将向第三人履行仓储合同义务。根据《民法典》第 546 条的规定，债权人转让权利的，应当通知债务人；同时，还规定债务人转让义务的，应当经债权人同意。仓单的转让可能仅涉及存货人债权的转让，也可能存在受让人支付仓储费等债务的转让，因而，仓单转让就需要保管人的认可，经保管人签字或者盖章，仓单受让人才能获得提取仓储物的权利。

4. 金融工具

根据我国《民法典》第 440 条的规定，仓单还具有出质的效力，即仓单持有人可以仓单设立质权。以仓单为标的所设定的质押，在性质上属于权利质押。设定仓单质押，出质人应当与质权人以书面形式订立质押合同。仓单质押合同自仓单移交于质权人占有时生效。我国在仓单的立法例上采取的是一单主义，因此，仓单设质时，出质人必须在仓单上背书，记明“出质”或者“设质”等字样，以此来证明该仓单是用于设质的，而不是用于转移仓储物的所有权。仓单持有人以仓单质押的，无须经过保管人的签名或盖章，只需与质权人签订质押合同，并将仓单交付给质权人即可成立。

（四）仓单的内容

仓单作为收取仓储物的凭证和提取仓储物的凭证，是一种要式和文义证券，依据法律规定还具有转让或出质的记名物权证券的流动属性。因此，仓单应当具备一定形式，其记载事项必须符合《民法典》及物权凭证的要求，并使仓单关系人明确自己的权利并适当行使自己的权利。根据《民法典》第909条的规定，保管人应当在仓单上签字或者盖章。仓单内容如下：

1. 存货人的名称或者姓名、住所

仓单是记名证券，应当记载存货人的名称或姓名和住所。这是仓单必须记载的事项，否则仓单不发生效力。存货人的名称为存货人法人的完整名称，应与法人证书的登记名称完全一致。当存货人为个人时，采用该人的完整姓名。住所为存货企业的所在地或主营业地所在地、发生仓储业务关系的分营业部所在地、个人的居住地或者常驻地。住所地址要求采用完整的街牌号或者乡村名称，一般还会注明联系电话等便利的联系方法。

2. 仓储物的品种、数量、质量、包装、件数和标记

仓储物是仓单的标的物，仓储物的品种、数量、质量、包装、件数和标记是保管人所接收的仓储物的准确描述，构成了仓储物的特定化；也是存储期满，保管人向仓单持有人交还仓储物的标准。保管人不能交还仓单所描述的仓储物，就需要给予赔偿。仓储物的品种、数量、质量、包装、件数和标记是保管人在接收仓储物时查验和理货所获得的准确结果，必要时可以通过商品检验获得。仓储物的品种应是标准名称，质量可以采用公认的等级质量标准或者标明具体的质量水平或者检验结论，包装必须是在存储期间存续的包装方式，一般来说为保管人所认可的包装方式。

3. 仓储物的耗损标准

仓储物因为长期保存和仓储作业会发生耗损和减量。对仓储物自身特性（如干燥、分化、挥发等）的自然减量和公认的合理耗损（如计量误差、黏结、破损、氧化生锈、陈旧、黏尘等）标准，在仓单中应当明确规定，以免在返还仓储物时发生纠纷。

4. 储存场所

储存场所涉及仓储物的保管条件、保管标准、操作方法，仓储期间风险的大小，存入和提出仓储物的经济成本和便利条件，仓单持有人应了解仓储物存放的位置等；同时也是发生仓储争议时的合同履行地、财产所在地司法管辖权的决定因素。

储存场所一般由仓储合同约定，也可以由保管人安排，在仓单中记载的储存场所为仓储物的实际存放地点。储存场所包括储存仓库的名称和地点，往往还明确注明存放仓储物的仓库号、堆场、货位号等存货的具体位置。

5. 储存期间

仓储合同是一种有时限的合同，保管人在约定的时期内对仓储物承担保管责任。为了使仓单持有人明确掌握储存期限，需要将储存期间特别是储存到期时间明确地记录在仓单之上。储存期间的表示可以采用开始期加期限的方式，如存储期3个月，从仓单签发日起算，到期日为节假日的，顺延到假日后的第一个工作日；也可以采用明确到期日的方式表达，如×年×月×日。

储存期间是保管人承担仓储保管责任的期间，是计算仓储费的依据，也是确定和计算超期费、空置费的依据，同时还是保管人采取提存保管物的时间条件。

6. 仓储费

仓储费是保管人开展仓储服务的回报，是其合同行为的目的。仓储费由保管人和存货

人约定，包括仓储费计费标准、支付方式、支付时间、支付地点等。若仓储费由提货人支付，或者在提货时结算，必须在仓单上准确记录，以便约束仓单持有人。在仓单转让时，也要使受让人知道其所要承担的支付义务和支付额。仓储费还是超期保管费计算的基础，如超期保管费加倍计算。

7. 仓储物的保险金额、期间以及保险人的名称

为了减小承担的风险，对仓储物进行投保是一种有效的方法。一方面，对仓储物投保的成本，原则上应该由仓储物所有人承担。如果保管未投保险的仓储物，保管人为了降低风险，也可以采用由保管人购买保险的方法，但其保险的成本必然通过仓储费等方式转移给仓储物的所有人。另一方面，仓储物是否投保，对仓单受让人具有直接的利益关系，仓单的转让只是转让了入库时仓储物的物权，入库后仓储物状态的变化是仓单受让人要承担的风险。在仓单上记载保险资料，有利于发生事故时的保险处理，如通知保险人和保险索赔等。

8. 填发人、填发地和填发日期

填发人为仓储经营人的企业名称（公章）或者法定代表人的姓名。填发人的签署表明仓单发生了效力。填发地和填发日期不仅表示仓单发生效力的地点和时间，也是属地管辖的依据和时效起算时间的依据。

一份有效的仓单可以包含以上所有内容或者其他保管人认为必要的内容，也可以缺省一些内容。在《民法典》所规定的仓单的记载事项中，第 1 项、第 2 项、第 4 项、第 8 项应为绝对必要记载事项；其他事项则为相对必要记载事项。对于绝对必要记载事项，若欠缺记载，则仓单不发生效力；对于相对必要记载事项，若欠缺记载，则可依《民法典》的有关规定予以处理。

仓单是由保管人在收到仓储物时向存货人签发的，表示已经收到一定数量的仓储物的法律文书。目前仓单由各仓储单位自行编制，因此没有统一的格式。

六》 仓储合同当事人的权利和义务

仓储合同当事人的权利和义务来自合同的约定和法律的规定。在合同中的权利和义务的规定包括合同的明示条款和合同的默示条款。

（一）存货人的权利和义务

1. 存货人的权利

（1）查验、取样权。存货人存放货物的目的之一就在于使货物得到更好的保存，不致损坏、短少、灭失等。基于此种目的，存货人有权要求了解和检查仓储物的储存和保管情况。另外，仓单所载之货物，由货物所有人于仓单背书，并经仓库营业人签名后，即发生所有权移转之效力。但在移转之前，必须检点寄托物或抽取样本，以证明货物之真实无损。提取样品是存货人或仓单持有人为了更彻底地检查仓储物的保管情况或为了在交易中作为货样向他人展示等，随机地抽取部分存储物。至于提取样品的目的，则与保管人无关，保管人无权干涉。

（2）保管物的领取权。保管期间并不是仓单的绝对必要记载事项，仓单没有记载储存期间的，仓单仍然有效。在仓储合同或仓单没有记载储存期间的情况下，《民法典》第 914

条规定："存货人或者仓单持有人可以随时提取仓储物，保管人也可以随时请求存货人或者仓单持有人提取仓储物，但是应当给予必要的准备时间。"

（3）获取仓储物孳息的权利。《民法典》第900条规定："保管期限届满或者寄存人提前领取保管物的，保管人应当将原物及其孳息归还寄存人。"可见，如果仓储物在保管期间产生了孳息，存货人有权获取该孳息。

2. 存货人的义务

（1）告知义务。存货人的告知义务包括两个方面：对仓储物的完整明确的告知和瑕疵告知。所谓完整明确的告知，是在订立合同时存货人要完整细致地告知保管人仓储物的准确名称、数量、包装方式、性质、作业保管要求等涉及验收、作业、仓储保管、交付的资料，特别是危险货物，存货人还要提供详细的说明资料。《民法典》第906条规定："储存易燃、易爆、有毒、有腐蚀性、有放射性等危险物品或者易变质物品的，存货人应当说明该物品的性质，提供有关资料。"

所谓瑕疵，包括仓储物及其包装的不良状态、潜在缺陷、不稳定状态等已存在的缺陷或将会发生损害的缺陷。保管人了解仓储物所具有的瑕疵便可以采取针对性的操作和管理，以避免发生损害和危害。因存货人未告知仓储物的性质、状态造成保管人验收错误、作业损害、保管损坏的，由存货人承担赔偿责任。

（2）妥善处理和交存货物。存货人应对仓储物进行妥善处理，根据性质进行分类、分储，根据合同约定妥善包装，使仓储物适合仓储作业和保管。存货人应在合同约定的时间向保管人交存仓储物并提供验收单证。交存仓储物不是仓储合同生效的条件，而是存货人履行合同的义务。存货人未按照约定交存仓储物的，构成违约。

（3）支付仓储费和偿付必要的费用。仓储费是保管人订立仓储合同的目的，是对仓储物进行保管所获得的报酬，是保管人的合同权利。存货人应根据合同约定按时、按量地支付仓储费，否则构成违约。如果未支付仓储费，保管人有对仓储物行使留置权的权利，即有权拒绝将仓储物交还存货人或应付款人，并可通过拍卖留置的仓储物等方式获得款项。

仓储物在仓储期间发生的应由存货人承担责任的费用支出或垫支费，如保险费、货物自然特性的损害处理费用、有关货损处理、运输搬运费、转仓费等，存货人应及时支付。

（4）按期提货。在仓储合同中，如果有储存期间的规定，则当储存期间届满时，合同终止，存货人或仓单持有人应当凭仓单提取仓储物。《民法典》第910条规定："仓单是提取仓储物的凭证。"凭仓单提取仓储物包括两层含义：一是仓单持有人应向保管人出示仓单；二是仓单持有人须在提取货物后将仓单交还保管人。仓单持有人凭借仓单提取仓储物时，只要仓单上的保管人的签字或盖章以及背书是真实的、连续的，保管人就应允许仓单持有人提取仓储物。至于仓单持有人是否为真正的权利人，其取得仓单是否合法，则在所不问。

在储存期间届满时，存货人或仓单持有人没有按照仓储合同的约定提取仓储物，应承担违约责任。①存货人或仓单持有人逾期提取仓储物。保管人对逾期时间内仓储物的储存，有权要求加收仓储费。存货人或仓单持有人若逾期提货给保管人造成其他损失的，还应当承担赔偿责任。②存货人或仓单持有人提前提取仓储物，不减收仓储费。

（二）保管人的权利和义务

1. 保管人的权利

（1）收取仓储费的权利。仓储费是保管人订立合同的目的，是对仓储物进行保管所获得的报酬，是保管人的合同权利。保管人有权按照合同约定收取仓储费或在存货人提货时收取仓储费。

（2）催领权。当事人对储存期间没有约定或约定不明的，保管人也可以随时要求存货人或仓单持有人提取仓储物。这种权利可以称为“催领权”。当保管人要求存货人或仓单持有人提取仓储物时，对方不能以储存期限未满为由作出抗辩。这是因为，仓储合同本质上是一种提供劳务的合同，保管人的主要义务是提供仓储服务，当储存期间没有约定或约定不明时，若保管人不能要求存货人提货，则意味着保管人提供劳务的时间是无期的，而这对保管人是很不利的。所以，《民法典》赋予保管人可以随时要求存货人或仓单持有人提取仓储物的权利。这种权利的行使也受到一定的限制，即保管人要求提货时应当给予存货人或仓单持有人必要的准备时间。

（3）提存权。储存期间届满，存货人或者仓单持有人不提取货物的，保管人可以催告其在合理期限内提取，逾期不提取的，保管人可以提存仓储物。这样，即使存货人或仓单持有人在催告的“合理期限”内因某种原因仍不能提取仓储物，而保管人将仓储物提存的，存货人或仓单持有人还有可能在提存机关得到这些仓储物。所谓提存，是指债权人无正当理由拒绝接受履行或下落不明，或数人就同一债权主张权利，债权人一时无法确定，致使债务人难以履行债务，经公证机关证明或法院裁决，债务人可将履行的标的物提交有关部门保存。一经提存即认为债务人已经履行了其义务，债权债务关系即行终止。债权人享有向提存物的保管机关要求提取标的物的请求权，但须承担提存期间标的物损毁、灭失的风险并支付因提存所需要的保管或拍卖等费用，且提取标的物请求权自提存之日起 5 年内不行使而消灭。

提存程序，一般来说，首先应由保管人向提存机关呈交提存申请书。在提存申请书上应当载明提存的理由，标的物的名称、种类、数量以及存货人或提单所有人的姓名、住所等内容。其次，仓管人应提交仓单副联、仓储合同副本等文件，以此证明保管人与存货人或提单持有人的债权债务关系。至于保管人的提存权与催领权之间的关系，从《民法典》关于仓储合同的规定看，保管人的催领权并不是提存权的前提，保管人可以不行使催领权而直接行使提存权。

（4）验收货物的权利。验收货物不仅是保管人的义务，也是保管人的一项权利。保管人有权对货物进行验收，在验收中发现货物溢短，对溢出部分可以拒收，对于短少的，有权向存货人主张违约责任。对于货物存在的不良状况，有权要求存货人更换、修理或拒绝接收，否则需如实编制记录，以明确责任。

2. 保管人的义务

（1）提供合适的仓储条件。仓储人经营仓储保管的先决条件就是具有合适的仓储保管条件，有拟保管的货物的保管设施和设备，包括合适的场地、容器、仓库、货架、作业搬运设备、计量设备、保管设备、安全保卫设施等条件。同时还应配备一定的保管人员、商品养护人员，制定有效的管理制度和操作规程等。保管人所具有的仓储保管条件还要适合所要进行保管的仓储物的仓储保管要求，如保存粮食的粮仓、保存冷藏货物的冷库，以及保管化学危险物品应当符合国务院《危险化学品安全管理条例》规定的条件等。保管人不具有仓储保管条件，构成保管人的根本违约。

（2）妥善保管。在仓储保管合同中，对仓储物保管的方式、方法、人员等，大多有法律法规以及合同的规定。保管人应当尽到善良管理人应尽的注意义务来管理货物。例如，关于防火防盗义务，要依据法律规定的标准完善有关的设施。保管人要提供一定的安全防范措施，防止仓储物的毁损、灭失。保管人也应采取合理的措施避免保管物的毁损、腐烂和贬值。对危险物品和易腐物品，必须按规定操作或保管。在通常情况下，保管人不得查验保管物。但当保管人知晓保管物可能毁损、腐烂的，则依据诚信原则，负有查验的义务。在保管物遭受损害之后，无论损害是由保管人引发还是第三人引发，保管人都应采取合理措施避免和减少各种不必要的损害。

（3）验收货物。验收是保管人按照合同的约定，对存货人交付的仓储物进行检验和核查，以确定其是否处于可仓储的良好状态。进行验收的意义在于确定仓储物出现瑕疵时，责任由谁承担，保管人只就入库后新出现的和扩大的仓储物的瑕疵承担违约责任。验收方法一般为全部验收和按比例验收。全部验收是对全部货物都加以检验，精确率高，但从经济的角度考虑，验收成本也太昂贵，不易采用。按比例验收一般按双方约定的比率从交付的货物中随机抽取一定样品加以检验，并根据抽验的结果推定全部货物的情况。保管人验收时发现入库的仓储物与约定不符的，应当及时通知存货人，由存货人作出解释，或者修改合同，或者退回不符合约定的货物。若在合理的期限内未通知存货人，存货人可推定为验收合格。保管人验收后，如果发生仓储物的品种、数量、质量不符合约定的，保管人应当承担损害赔偿责任。不符合约定的情形包括新出现的问题和原存问题的扩大。品种、数量不符合约定，承担责任较为明确。对于质量问题，可依交易习惯和当事人的特别约定来确定。若发生问题是由于仓储物的性质造成灭失、损坏、短缺的，保管人不负赔偿责任。

（4）签发仓单。保管人在接收货物后，应根据合同的约定或者存货人的要求，及时向存货人签发仓单。在存期届满，根据仓单的记载向仓单持有人交付货物，并承担仓单所明确的责任。保管人根据实际收取的货物的情况签发仓单。保管人应根据合同条款确定仓单的责任事项，避免将来向仓单持有人承担超出仓储合同所约定的责任。

（5）允许存货人检查或者提取样品。存货人将货物存到仓库之后，为了了解仓储的安全状况、存货状况等，可能需要检查或者提取货物样品，保管人负有同意的义务。《民法典》第 911 条确立了两项义务：一是允许存货人或者仓单持有人检查仓储物，存货人或仓单持有人可以进行何种程度的检查，应根据仓库的状况及交易习惯决定；二是允许存货人或者仓单持有人提取样品，提取样品的目的主要是检查。保管人同意存货人或仓单持有人检查货物是尊重存货人或仓单持有人对货物所有权的一种体现。同时，存货人或仓单持有人对货物进行检查或者取样也有利于监督保管人认真履行仓储合同义务。

（6）返还仓储物。保管人应在约定的时间和地点向存货人或仓单持有人交还约定的仓储物。仓储合同没有明确存期和交还地点的，存货人或仓单持有人可以随时要求提取，保管人应在合理的时间内交还仓储物。作为一般仓储合同，保管人在交还仓储物时，应将原物及其孳息、残余物一同交还。

（7）通知义务。《民法典》第 912 条规定：“保管人发现入库仓储物有变质或者其他损坏的，应当及时通知存货人或者仓单持有人。”在仓储物的保管过程中，仓储物的变质或损坏的原因主要有：①货物本身的性质所致；②不符合约定的保管条件所致；③瑕疵本来存在，验收时没有发现；④其他原因。但不管是何种原因造成，也不管这种变质或损坏的情况是由谁造成的，都不影响保管人的这种通知义务。对“及时”，应当理解为自保管人发现损坏情况后的尽可能短的时间，使损坏不致因时间延误而扩大。此外，当出现第三人对仓储物主张权利起诉或扣押时，由于可能影响到存货人的权利，保管人也应当立即通知存货人或仓单持有人。

(8) 催告义务。保管人的催告义务是指在当仓储物有变质或其他损坏，危及其他仓储物的安全和正常保管时，保管人应当催告存货人或仓单持有人处置的义务。保管人催告的目的在于，要求存货人或仓单持有人对仓储物作出必要的处置，以防止损失的发生或扩大。存货人或仓单持有人在接到保管人的催告后，应当对仓储物作出必要的处置。根据《民法典》中关于仓储合同的规定，因情况紧急，保管人可以作出必要的处置，但事后应当将情况及时通知存货人或仓单持有人。根据这一规定，保管人在特定条件下，可以不履行催告义务，而直接处置仓储物，这是保管人在特定情况下处置仓储物的权利。

七》 保管人的损害赔偿责任

在仓储合同中，保管人负有妥善保管仓储物的义务。如果由于保管人保管不善，造成仓储物的损害，保管人负有赔偿责任。保管人承担赔偿责任应具备下列条件：

(1) 须仓储物发生损害。关于仓储物的损害，《民法典》规定了两种情况，即仓储物的毁损和灭失。广义解释，只要仓储物与仓单上的记载不符，都应认为是仓储物的损害。例如，仓储物的品种不对、数量缺少、包装破损、变质、损坏、污染等，都属于仓储物的损害。

(2) 仓储物的损害须发生在储存期间内。存货人或仓单持有人在储存期间届满而没有提取仓储物，而在此期间仓储物发生了损害，保管人应承担责任。我国《民法典》对仓储合同所规定的储存期间，是指自保管人接受仓储物时起至交付于存货人或仓单持有人时止的期间。

(3) 保管人保管不善。保管人的保管不善，是指保管人没有尽到应尽的注意义务，即保管人主观存在过错。保管人的赔偿责任适用过错责任原则。关于保管人的注意义务的内容，属于善良管理人的注意。只有保管人未尽到善良管理人的注意义务时，才承担赔偿责任。但是，保管人证明自己有免责事由时，可以认定其已尽到应尽的注意义务。

(4) 保管人保管不善与仓储物损害之间具有因果关系。

(5) 保管人没有免责事由。我国《民法典》第 917 条所规定的免责事由属于法定免责事由。具备其中之一，保管人就不承担仓储物损害的赔偿责任。这些事由包括：

第一，仓储物的损害是因仓储物本身的自然性质、包装不符合约定造成的。在仓储合同中，由于仓储物的性质而使仓储物发生的损害，属于基于仓储物的自身性质所发生的损害，保管人没有过错，因而保管人没有责任可言。例如，仓储物的自然破裂、自然干枯、自然风化等。仓储物的包装是由存货人负责的。存货人应当按照约定的标准对仓储物加以包装。如果由于包装不符合约定而造成仓储物的损害，其过错在于存货人，因此，可以免除保管人的赔偿责任。当然，如果保管人在保管过程中，因保管不当或操作不当而使损失扩大的，则保管人就扩大的损失应承担赔偿责任。

第二，仓储物因超过有效储存期造成损害的。有效储存期是对某些不宜长期存放的货物所规定的储存期限。在商品流通中，有些货物因其自身性质，不宜长期存放。例如，食品、药品等。这些货物往往都有有效期的规定。这些有效期就是确定有效储存期的依据。

如果仓储物在储存期间已经超过有效期，也就超过了有效储存期，由此造成的仓储物的损害，保管人不承担责任。

此外，因不可抗力造成仓储物损害的，保管人也不承担赔偿责任，这是违约责任的一般免责事由。

八》 保管合同有关规定的适用

《民法典》合同编将仓储合同与保管合同作为两个独立的有名合同，并分别作了规定。从合同目的和标的上看，仓储合同属于特殊的保管合同。仓储合同与保管合同，都是保管人为他人保管物品的合同，都以保管行为为标的，只是法律对仓储合同的保管人与保管合同的保管人有不同要求而已。

既然仓储合同与保管合同“目的相同”或为“保管合同的变种”，那么，二者之间的关系即为“特别法”与“普通法”的关系。调整仓储合同的法律规范视为“特别法”，调整保管合同的法律规范视为“普通法”。在适用法律上，遵循特别法优于普通法的原则，当法律对仓储合同没有特别规定时，可以准用关于保管合同的规定。

从我国《民法典》合同编的规定来看，关于保管合同的下列规定，均可以适用于仓储合同：

（1）保管人的妥善保管义务。《民法典》第 892 条规定：“保管人应当妥善保管保管物。当事人可以约定保管场所或者方法。除紧急情况或者为维护寄存人利益外，不得擅自改变保管场所或者方法。”

（2）存货人对有瑕疵的寄存物的告知义务。《民法典》第 893 条规定：“寄存人交付的保管物有瑕疵或者根据保管物的性质需要采取特殊保管措施的，寄存人应当将有关情况告知保管人。寄存人未告知，致使保管物受损失的，保管人不承担赔偿责任；保管人因此受损失的，除保管人知道或者应当知道且未采取补救措施外，寄存人应当承担赔偿责任。”

（3）保管人不得将仓储物转由第三人保管的义务。《民法典》第 894 条规定：“保管人不得将保管物转交第三人保管，但当事人另有约定的除外。保管人违反前款规定，将保管物转交第三人保管，造成保管物损失的，应当承担赔偿责任。”

（4）保管人不得使用仓储物的义务。《民法典》第 895 条规定：“保管人不得使用或者许可第三人使用保管物，但是当事人另有约定的除外。”

（5）第三人对保管物提出主张时的保管人的危险通知义务。《民法典》第 896 条规定：“第三人对保管物主张权利的，除依法对保管物采取保全或者执行措施外，保管人应当履行向寄存人返还保管物的义务。第三人对保管人提起诉讼或者对保管物申请扣押的，保管人应当及时通知寄存人。”

（6）保管人对仓储物的留置权。《民法典》第 903 条规定：“寄存人未按照约定支付保管费或者其他费用的，保管人对保管物享有留置权，但是当事人另有约定的除外。”

【例 6－3】 北京瑞达兴通商贸有限公司诉北京亚鑫公铁快运有限责任公司仓储合同案，保管人留置权行使的正当性。

2007 年 4 月，商贸公司将 2 094 个矿泉水水桶委托快运公司储存和管理。2008 年 7 月，快运公司向商贸公司发函要求结清拖欠仓储费 6 000 元，否则快运公司“将自行处理该批货物”。商贸公司收函后，向快运公司结清至 2008 年 8 月 31 日前的仓储费。2010 年，已拖欠 1.5 万元仓储费的商贸公司得知水桶已被快运公司售予他人而起诉。

法院认为：(1) 仓储合同系保管人储存存货人交付的仓储物，存货人支付仓储费的合同。当事人对储存期间未约定或约定不明确的，存货人可随时提取仓储物，保管人亦可要求存货人提取仓储物，但应给予必要的准备时间。存货人未依约支付保管费及其他费用的，保管人对保管物享有留置权，但当事人另有约定的除外。本案商贸公司未能足额支付仓储费，构成违约，故依上述规定，快运公司享有留置权。

(2) 依《担保法》相关规定（现《民法典》第 453 条），债权人与债务人应在合同中约定，债权人留置财产后，债务人应在不少于两个月期限内履行债务。债权人与债务人在合同中未约定的，债权人留置债务人财产后，应当确认两个月以上的期限，通知债务人在该期限内履行债务。债务人逾期仍不履行的，债权人可与债务人协议以留置物折价，也可以依法拍卖、变卖留置物。

本案中，快运公司虽向商贸公司发函催促结算仓储费，但商贸公司收函后在指定期限内支付了函件中提到的拖欠仓储费，且快运公司现有证据不足以证明其曾通知过商贸公司取走水桶，故此情况下，快运公司直接将仓储物售予他人行为，不属正当行使留置权范围，构成违约，应赔偿给商贸公司造成的损失。

(3) 法院根据本案情况并结合水桶市场价值，酌定案涉商贸公司水桶损失总计 6 万元，扣除商贸公司拖欠快运公司的 1.5 万元仓储费，判决快运公司支付商贸公司 4.5 万元。

案例来源：《人民法院案例选》2013 年第 3 辑（总第 85 辑），北京二中院（2012）二中民终字第 192 号。

第四节 保税货物仓储

一 保税货物和保税仓库概述

(一) 保税货物和保税仓库的概念

保税货物是指经过海关批准未办理纳税手续进境，在境内储存、加工、装配后复运出境的货物。一般需要储存的保税货物包括来料加工或进料加工料件、维修零配件、供应国际航行船舶的燃料和零配件、外商寄存或暂存的货物、转口贸易货物、免税品商店进口的货物等。

保税仓库则是指经海关核准的专门存放保税货物的专用仓库。除对所存货物免交关税外，保税仓库还可能提供其他的优惠政策（如免领进口许可证或其他进口批件）和便利的仓储、运输条件，以吸引外商储存货物和从事包装等业务。

国际上通行的保税制度是：进境存入保税仓库的货物可暂时免纳进口税款、免领进口许可证或其他进口批件，在海关规定的存储期内复运出境或办理正式进口手续。1988 年我国加入了《关于简化和协调海关业务制度的国际公约》（简称《京都公约》）的《关于保税仓库的附约》。2004 年 2 月 1 日，我国《海关对保税仓库及所存货物的管理规定》正式生效。2018 年 5 月 29 日，海关总署对该规章进行了第三次修订。

根据我国《海关法》《海关对保税仓库及所存货物的管理规定》《海关对保税货物和保税仓库监管暂行办法》的有关规定，保税货物的仓储有许多具体的要求。

（二）保税仓库的功能

保税仓库的功能比较单一，主要是货物的保税储存，一般不进行加工制造和其他贸易服务。除非另有规定，货物存入保税仓库，在法律上意味着在全部储存期间暂缓执行该货物投入国内市场时应遵循的法律规定，即这些货物仍被看作处于境外。

如果货物从保税仓库提出而不复运出境，则将被当作直接进口的货物对待。保税仓库内的货物在海关规定的存储期内未复运出境的，也需办理正式的进口手续。

（三）保税仓库的类型

1. 专用保税仓库

专用保税仓库是指国际贸易企业经海关批准后自己建立的自营性质的保税仓库，以储存本企业经营的保税货物。由于储存地就是收货人的所在地，这类保税仓库可以享受较宽松的监管方式，海关手续也可按简化的方式和就地结关程序办理。

2. 公共保税仓库

公共保税仓库是指具有法人资格，由专营仓储业务的经济实体所建立的保税仓库。其本身不经营进出口贸易，而为社会提供保税货物的仓储服务。

3. 海关监管仓库

海关监管仓库主要存放已经进境而无人提取的货物，或者因无证到货、单证不齐、手续不全以及违反海关有关规定等而海关不予放行，需要暂存在海关监管下的仓库里等候处理的货物。

二》 保税仓库的设立

保税仓库应当设立在设有海关机构、便于海关监管的区域。经营保税仓库的企业，应当具备下列条件：经市场监督管理部门注册登记，具有企业法人资格；具有专门存储保税货物的营业场所。

保税仓库应当具备下列条件：符合海关对保税仓库布局的要求；具备符合海关监管要求的隔离设施、监管设施和办理业务必需的其他设施；具备符合海关监管要求的保税仓库计算机管理系统并与海关联网；具备符合海关监管要求的保税仓库管理制度；公用保税仓库面积最低为 2 000 平方米；液体保税仓库容积最低为 5 000 立方米。

企业申请设立保税仓库的，应当向仓库所在地主管海关提交以下书面材料：《保税仓库申请书》；申请设立的保税仓库位置图及平面图；对申请设立寄售维修型保税仓库的，还应当提交经营企业与外商的维修协议。

申请设立保税仓库的企业应当自海关出具保税仓库批准文件 1 年内向海关申请保税仓库验收。申请企业无正当理由逾期未申请验收或者保税仓库验收不合格的，该保税仓库的批准文件自动失效。保税仓库验收合格后，经海关注册登记并核发《保税仓库注册登记证书》，方可以开展有关业务。《保税仓库注册登记证书》有效期为 3 年。

三》 保税仓库的管理

保税仓库不得转租、转借给他人经营，不得下设分库。

海关对保税仓库实施计算机联网管理，并可以随时派员进入保税仓库检查货物的收、付、存情况及有关账册。海关认为必要时，可以会同保税仓库经营企业双方共同对保税仓库加锁或者直接派员驻库监管，保税仓库经营企业应当为海关提供办公场所和必要的办公条件。

保税仓库经营企业负责人和保税仓库管理人员应当熟悉海关有关法律法规，遵守海关监管规定，接受海关培训。保税仓库经营企业应当如实填写有关单证、仓库账册，真实记录并全面反映其业务活动和财务状况，编制仓库月度收、付、存情况表，并定期报送主管海关。

四》 保税仓库所存货物的管理

（一）保税仓储货物的入库管理

保税仓储货物入库时，收发货人或其代理人凭有关单证向海关办理货物报关入库手续，海关对报关入库货物的品种、数量、金额进行审核，并对入库货物进行核注登记。

（二）保税仓储货物的储存管理

1. 储存期限

保税仓储货物存储期限为1年。确有正当理由的，经海关同意可予以延期；除特殊情况外，延期不得超过1年。

2. 储存行为

保税仓储货物可以进行包装、分级分类、加刷唛码、分拆、拼装等简单加工，不得进行实质性加工。未经海关批准，不得擅自出售、转让、抵押、质押、留置、移作他用或者进行其他处置。

3. 储存责任

保税仓储货物在存储期间发生损毁或者灭失的，除不可抗力外，保税仓库应当依法向海关缴纳损毁、灭失货物的税款，并承担相应的法律责任。

（三）保税仓储货物的出库管理

下列保税仓储货物出库时依法免征关税和进口环节代征税：用于在保修期限内免费维修有关外国产品并符合无代价抵偿货物有关规定的零部件；用于国际航行船舶和航空器的油料、物料；国家规定免税的其他货物。

下列情形的保税仓储货物，经海关批准可以办理出库手续，海关按照相应的规定进行管理和验放：运往境外的；运往境内保税区、出口加工区或者调拨到其他保税仓库继续实施保税监管的；转为加工贸易进口的；转入国内市场销售的；海关规定的其他情形。

保税仓储货物出库运往境内其他地方的，收发货人或其代理人应当填写进口报关单，并随附出库单据等相关单证向海关申报，保税仓库向海关办理出库手续并凭海关签印放行的报关单发运货物。出库保税仓储货物批量少、批次频繁的，经海关批准可以办理集中报关手续。

保税仓储货物出库复运往境外的，发货人或其代理人应当填写出口报关单，并随附出库单据等相关单证向海关申报，保税仓库向海关办理出库手续并凭海关签印放行的报关单发运货物。

实训作业

一、实训项目

模拟粮食的仓储保管，以大米仓储保管为例，将学生分为存货方与保管方，协商拟定仓储保管合同。根据仓储合同示范文本，结合大米的仓储特点，从入库验收到出库检验、货损及处理、保管要求、违约责任等方面拟定仓储合同。要求学生熟悉仓单业务操作流程，制作仓单，由教师评价学生所拟仓储保管合同以及仓单存在的法律风险和经营风险。

二、案例讨论

案例一：某储运公司与某食品加工厂签订了食品原料仓储合同，约定由储运公司储存食品加工厂的生产原料，该储运公司同时还为其他行业的客户提供仓储服务。在合同履行期间，食品厂发现从仓库提取的原材料有变质现象，致使食品厂生产原料供应不上，影响了生产。经查，仓库的通风设备发生了故障，不能按时通风，从而导致了食品原料变质。

问题：

1. 储运公司提供的仓储属于哪种类型的仓储？为什么？
2. 食品原料变质造成的损失由谁承担？为什么？
3. 责任承担方应该赔偿合同另一方当事人的哪些损失？

案例二：个体户A在B仓库寄存彩电一批100台，价值共计100万元。双方商定：仓库自1月15日至2月15日期间保管，A分三批取走；2月15日A取走最后一批彩电时，支付保管费2 000元。2月15日，A前来取最后一批彩电时，双方为保管费的多少发生争议。A认为自己的彩电实际是在1月25日晚上才入B仓库的，应当少付保管费250元。B仓库拒绝减少保管费，理由是仓库早已为A的彩电的到来准备了地方，至于A的彩电是不是准时进库是A自己的事情，与仓库无关。A认为B仓库位于江边码头，自己又通知了彩电到站的准确时间，B仓库不可能空着货位，只同意支付1 750元保管费。B仓库于是拒绝个体户A提取所剩下的彩电。

问题：

1. 个体户A要求减少保管费是否合理？为什么？
2. B仓库在A拒绝足额支付保管费的情况下是否可以拒绝其提取货物？为什么？

案例三：原告某市商贸中心因仓库正在施工，部分电冰箱无处存放，遂与被告某市农工商联合企业签订了一份保管合同。双方约定，由被告负责保管50台“海尔”牌电冰箱和一些包装材料，期限为6个月，原告向被告分两次支付保管费2万元。1个月后，原告有一批靠背纸需要存放，经与被告协商，被告同意存放在其仓库中，并为这批靠背纸建立了账目，同时双方约定，不再为此另行收费。同年6月中旬，当地连降大雨，被告的仓库因为年久失修，雨水漏进，致使原告的1万多张靠背纸受损。同年6月25日，原告在搬运部分货物时，发现其靠背纸遭受雨淋，直接经济损失达1.4万余元。经清点货物，发现其电冰箱少2台。经查，该2台冰箱已为被告使用，被告提出愿付钱购买。原告要求被告承担违约责任，并赔偿靠背纸的损失。被告提出靠背纸是原告主动送存的，不在合同规定的范围内，被告无理由赔偿。因双方不能达成协议，原告遂向法院提起诉讼，要求被告赔偿全部损失共计2.4万元。

问题：

1. 被告将原告交存的冰箱使用，在违约的同时是否构成侵权？

2. 被告对原告靠背纸的保管是不是无因管理？保管合同有没有成立？

3. 被告对原告的靠背纸是否应承担赔偿责任？为什么？

第七章　包装与装卸搬运法律制度

【学习目标】

● 了解：物流过程中的包装环节，包括包装的种类、标志，现代物流对包装的要求，以及包装中所涉及的知识产权问题；货物装卸搬运的概念和特点。

● 掌握：普通货物包装的基本要求，危险货物包装的基本要求，以及当事人双方应承担的权利与义务；装卸搬运基本法律规范。

【导入案例】

上海出口公司A与香港公司B成交自行车1 000台，由A缮制合同一式两份，其中包装条款规定为“Packed in wooden case”（木箱装）。A将此合同寄至B方，然后由B签回。B签回的合同上于原包装条款后加了“C. K. D.”字样，但未引起A公司注意。此后，B公司按合同开证，A公司凭信用证规定制单结汇完毕。

货到目的港后，B发现到货的自行车系整台箱装，由于自行车整台进口需多缴纳20%进口税，因此，拒收货物并要求退还货款。

扫码看解析

问题：

1. 卖方上海出口公司A因忽略包装条款中的“C. K. D”字样，造成实际装载与合同不符，需要承担违约责任吗？

2. 卖方已经结汇，买方还有权拒收货物吗？

第一节　物流包装概述

一　物流包装的概念、种类与标志

包装的合理化程度直接影响着流通效能，也直接影响到产品能否以适当的条件交付给客户，从而影响到能否实现现代物流管理所追求的“7R”目标。所谓“7R”目标，即物流管理需要实现将适当数量（right quantity）的适当产品（right product），在适当的时间（right time）和适当的地点（right place），以适当的条件（right condition）、适当的质量（right quality）和适当的成本（right cost）交付给客户。包装贯穿于整个物流过程，没有完善的包装，就没有现代化的物流。

(一)包装的概念与种类

1. 概念

《包装通用术语》(GB/T 4122.1-2008)中对包装的定义是:“为在流通过程中保护产品、方便储运、促进销售,按一定技术方法而采用的容器、材料及辅助物的总体名称。也指为了达到上述目的而采用容器、材料和辅助物的过程中施加一定技术方法等的操作活动。”

包装包括静态的包装物和动态的包装过程两个方面。静态的包装物是指用来进行包装的容器或其他材料;动态的包装过程是指为了保护产品、方便储运、促进销售,按一定的方法而采用容器、材料及辅助物进行包装,并在包装物上附加有关标志的过程。

2. 种类

不同产品对包装的需要各不相同。有不需要包装的散装货,如矿砂、煤炭之类;有只需简单捆扎的裸装货,如木材、钢材之类。除此之外,大多数产品都必须经过包装才能投入流通过程。包装根据其目的不同,可分为销售包装和运输包装两种。

销售包装是指以促进销售为主要目的的包装,也称为商业包装、内包装。这种包装的特点是外形美观,有必要的装潢。它不仅可以保护商品,更重要的是起着美化、宣传、介绍商品的作用。包装单位适于顾客的购买量以及商店陈设的要求。在流通过程中,销售包装是和商品一起销售给消费者的。商品越接近顾客,越要求包装有促进销售的效果。

运输包装是指以强化输送、保护产品为目的的包装,也称为工业包装。运输包装的特点在于要满足物流要求,便于运输和储存时的搬运、堆码、积载等。其主要考虑的问题是如何抵御储运过程中温度、湿度、雨雪等自然条件因素以及震动、碰撞、摩擦等客观外力因素对商品的破坏。同时,还要防止商品的溢泄、撒漏、挥发等意外因素所引发的安全事故。根据包装对象的不同,运输包装可以分为单件包装和集合包装两种。常见的单件包装是箱、袋、桶等,适用于较小规模的产品。集合包装则是由若干个单件组合在一起的一个大包装,适用于化肥、水泥等大件物品,通常采用集装箱、托盘方式。

此外,按包装的保护技术可分为防潮包装、防锈包装、防虫包装、防腐包装、防震包装、危险品包装等。

(二)包装的标志

为了便于商品的识别、流通、提取、查验,通常需要在商品的外包装上注明一些特定的标示。这些用来指明商品性质、满足物流活动安全以及理货分拣需要的文字和图像说明就是包装标志。包装标志主要有以下三种类型:

1. 运输标志

运输标志,音译为“唛头”(shippingmark),它通常是由一个简单的几何图形和一些字母、数字及简单的文字组成,其作用在于使货物在装卸、运输、保管过程中容易被有关人员识别,以防错发错运。唛头的内容包括:目的地名称或代号,收货人或发货人的代用简字或代号、件号(即每件标明该批货物的总件数),体积(长×宽×高),重量(毛重、净重、皮重)以及生产国家或地区等。

2. 指示性标志

指示性标志用来指示运输、装卸、仓储工作人员在作业时需要注意的事项,以保证商品的安全。例如，按商品的特点，对于易碎、需防湿、防颠倒、忌重压等商品，在包装上用醒目图形或文字，标明“小心轻放”“怕湿”“向上”“堆码极限”等。包装储运指示性标志图例如图 7-1 所示。

图 7-1 包装储运指示性标志图例

3. 警告性标志

警告性标志是用来表示危险物品的物理、化学性质以及危险程度的标志。例如，易燃品、有毒品或易爆炸物品等，在外包装上必须用黑色或彩色的标示醒目标明，以示警告。警告性标志图例如图 7-2 所示。

图 7-2 警告性标志图例

二》 物流包装法律法规简介

在物流包装过程中，只有选用了合适的包装材料、科学的包装容器结构，应用了合理的包装技术，执行了相关的法规、技术标准，才能保证物流包装的正常进行。完善物流包装法律法规是经济发达国家促进包装业发展的成功经验。

(一)《中华人民共和国固体废物污染环境防治法》

该法于 2020 年 4 月 29 日第二次修订通过。对商品包装，特别针对过度包装问题，新法中有了明确规定。该法规定：产品和包装物的设计、制造，应当遵守国家有关清洁生产的规定。国务院标准化行政主管部门应当根据国家经济和技术条件、固体废物污染环境防治状况以及产品的技术要求，组织制定有关标准，防止过度包装造成环境污染。生产、销售、进口依法被列入强制回收目录的产品和包装物的企业，必须按照国家有关规定对该产品和包装物进行回收。国家鼓励科研、生产单位研究、生产易回收利用、易处置或者在环境中可降解的薄膜覆盖物和商品包装物。

对危险废物的容器和包装物以及收集、贮存、运输、处置危险废物的设施、场所，必须设置危险废物识别标志。收集、贮存、运输、处置危险废物的场所、设施、设备和容器、包装物及其他物品转做他用时，必须经过消除污染的处理，方可使用。

（二）《包装资源回收利用暂行管理办法》

该法自 1999 年 1 月 1 日起，随同《包装与包装废弃物第 1 部分：处理和利用通则》（GB/T 16716.1－2008）一并在全国范围内贯彻实施，是为了促进我国国民经济可持续发展和“绿色包装工程”的实施，以达到消除包装废弃物，特别是“白色污染”造成的危害而制定的。

（三）《中华人民共和国清洁生产促进法》

该法自 2003 年 1 月 1 日起施行，2012 年 2 月 29 日修订通过，自 2012 年 7 月 1 日实施。该法对商品包装有详尽的规定。产品和包装物的设计，应当考虑其在生命周期中对人类健康和环境的影响，优先选择无毒、无害、易于降解或者便于回收利用的方案。企业对产品的包装应当合理，包装的材质、结构和成本应当与内装产品的质量、规格和成本相适应，减少包装性废物的产生，不得进行过度包装。依法利用废物和从废物中回收原料生产产品的，按照国家规定享受税收优惠。

（四）《中华人民共和国食品安全法》

新修订的《食品安全法》自 2015 年 10 月 1 日起施行，具体规定如下：直接入口的食品应当使用无毒、清洁的包装材料、餐具、饮具和容器。食品生产经营企业应当有与食品品种、数量相适应的食品原料处理和食品加工、包装、贮存等场所；餐具、饮具和盛放直接入口的食品的容器，使用前必须洗净、消毒。贮存、运输和装卸食品的容器、工具、设备应当安全、无害，保持清洁，防止食品污染。预包装食品的包装上应当有标签，标签应标注名称、规格、净含量、生产日期、成分或者配料表、生产者的名称地址、联系方式、保质期、产品标准代号、贮存条件等。保健食品的标签、说明书不得涉及疾病预防、治疗功能，内容应当真实等。进口的预包装食品、食品添加剂应当有中文标签。依法应当有说明书的，还应当有中文说明书。

（五）《中华人民共和国进出口商品检验法》

该法自 1989 年 8 月 1 日起施行，2018 年 12 月 29 日作出修改。该法中涉及商品包装的具体条款有：为出口危险货物生产包装容器的企业，必须申请商检机构进行包装容器的性能鉴定；生产出口危险货物的企业，必须申请商检机构进行包装容器的使用鉴定；对装运出口易腐烂变质食品的船舱和集装箱，承运人或者装箱单位必须在装货前申请检验。

（六）《危险化学品包装物、容器定点生产管理办法》

该法自 2002 年 11 月 15 日起施行。危险化学品包装物、容器必须由取得定点证书的专业生产企业定点生产。取得定点证书的企业应当按照国家有关法规和国家、行业标准设计生产危险化学品包装物、容器。危险化学品包装物、容器经国家质检部门认可的专业检测检验机构检测合格后方可出厂。取得定点证书的企业，应当在其生产的包装物、容器上标注危险化学品包装物、容器定点生产标志。

（七）《铁路货物运输规程》

该规程规定：托运人托运货物，应根据货物的性质、重量、运输种类、运输距离、气候以及货车装载等条件，使用符合运输要求、便于装卸和保证货物安全的运输包装。有国家包装标准或部包装标准（行业包装标准）的，按国家标准或部包装标准进行包装。

（八）与包装相关的知识产权法

知识产权是指民事主体对其创造性的智力劳动成果依法享有的专有权利。它可以分为工业产权和著作权（版权）两大部分，其中，工业产权包括专利权和商标权。包装中所涉及的知识产权主要为商标权和专利权。版权在包装中部分涉及。

（1）包装与商标法。商标是一种标记，是用以将不同的经营者所提供的商品或者服务区别开来的显著标志。商标通常印刷在包装特别是销售包装上，成为包装的一部分。它作为知识产权，也受到法律的保护，在进行包装设计时要特别注意不要造成对商标权的侵害。

根据《商标法》，以下行为属于侵害商标权的行为：

①未经商标注册人的许可，在同一种商品上使用与其注册商标相同的商标的。

②未经商标注册人的许可，在同一种商品上使用与其注册商标近似的商标，或者在类似商品上使用与其注册商标相同或者近似的商标，容易导致混淆的。

③销售侵犯注册商标专用权的商品的。

④伪造、擅自制造他人注册商标标识或者销售伪造、擅自制造的注册商标标识的。商标标识是商标的物质实体。它有多种形式，如服装上的商标织带，电视机上的商标铭牌等。

⑤未经商标注册人同意，更换其注册商标并将该更换商标的商品又投入市场的。

⑥故意为侵犯他人商标专用权行为提供便利条件，帮助他人实施侵犯商标专用权行为的。

⑦给他人的注册商标专用权造成其他损害的。

《商标法》还规定，生产、经营者不得将“驰名商标”字样用于商品、商品包装或者容器上，或者用于广告宣传、展览及其他商业活动中。

（2）包装与专利法。专利权是指专利主管机关依照《专利法》授予专利的所有人或持有人或者他们的继受人在一定期限内依法享有的对该专利制造、使用或者销售的专有权。我国《专利法》所称的专利包括发明专利、实用新型专利和外观设计专利。

产品的外包装专利即外观设计专利。如可口可乐的裙身玻璃瓶就是一款很好的工业设计。但是要把外包装申请成专利，要看包装设计的特征是什么。《专利法》第 25 条不授予专利权的类型包括“对平面印刷品的图案、色彩或者二者的结合作出的主要起标识作用的设计”。比如瓶贴等，其功能在于将特定产品从同类产品中区分出来，对产品本身的外观设计并无改进，不能授予其专利权。

发明专利、实用新型专利和外观设计专利在包装产品中大量存在。近年来与包装有关的专利侵权诉讼日益增多。包装材料、包装机械、容器结构、产品外观都是专利的保护对象。如果未经专利权人授权或者许可，以生产经营为目的擅自使用了他人有效的专利，或者假冒他人专利，或者为了提升商品的品质而在包装上将非专利产品冒充为专利产品、非专利技术谎称为专利技术等行为都是典型的专利侵权行为。

（3）包装与著作权法。著作权也称版权，是指文学、艺术、科学作品的作者对其作品享有的权利。著作权包括人身权和财产权两部分内容。作者完成作品即自动取得著作权。

与包装相关的著作权侵权，主要是侵犯著作财产权中的复制权。即未经权利人许可，擅自将他人创作的作品用于外包装上，构成侵权。例如山东阳谷县景阳冈酒厂用修改过的画家刘继卣的“武松打虎图”作为其“景阳冈”酒的销售包装，并将该图画作为商标申请获准注册。这种以包装或包装上的产品商标形式使用他人的作品属于著作权意义上的“复制”行为，构成侵犯著作权。

第二节　普通货物包装法律规范

普通货物是指除危险货物、鲜活易腐的货物以外的一切货物。

与危险货物相比，普通货物的危险性大大小于危险货物，因而，其对包装的要求相对较低。物流企业在对普通货物进行包装时，有国家强制性的包装标准时，应遵守该标准；在没有强制性规定时，应从适于仓储、运输和搬运，并适于商品的适销性角度考虑，按照对普通货物包装的原则妥善包装。

一、普通货物包装所应遵循的基本原则

（一）安全原则

安全原则是指物品的包装应该保证物品本身以及相关人员的安全。

1. 物品本身的安全

包装的第一大功能就是保护商品不受外界伤害，保证商品在物流过程中保持原有的形态，不致损坏和散失。生产的商品最终要通过物流环节送到消费者手中，在这个过程中，商品通常会遇到一系列威胁：外力的作用，如冲击、跌落；环境的变化，如高温、潮湿；生物的入侵，如霉菌、昆虫的入侵；化学侵蚀，如海水、盐酸等的侵蚀；人为破坏，如偷盗等。而包装则成为对抗这些危险和保护商品的一道屏障。

2. 相关人员的人身安全

一些危险的商品如农药、液化气等具有易燃、易爆、有毒、腐蚀性及放射性的特点，如果包装的性能不符合要求或者使用不当很可能引发事故。对于这些商品，包装除起到保护商品不受损害的作用外，还可保护与这些商品发生接触的人员的人身安全，如搬运工人、销售人员等。如果包装不符合要求，将会造成严重的后果。

（二）绿色原则

绿色原则是指对物品或货物的包装应符合环境保护的要求。环境保护是当今世界经济

发展的主题之一，它在包装行业中也有所体现。世界上几乎所有国家用来包装食品和药品的材料绝大多数为塑料制品。让人担忧的是，在一定的介质环境和温度条件下，塑料中的聚合物单体和一些添加剂会溶出，并且少量地转移到食品和药物中，从而引起急性或慢性中毒，严重的甚至会致癌。而且，由于世界每年消耗的塑料制品很多，它们被使用后遭人丢弃成为垃圾，很难腐烂。因此，绿色包装是一个迫切需要解决的问题。已经有许多国家和地区开始行动，它们颁布法律，在包装中全面贯彻绿色意识。我国的包装立法处于起步阶段，更应该顺应国际包装的发展趋势，将绿色包装作为《包装法》的基本原则经济原则。

（三）效能原则

包装的三大功能包括保护商品、方便储运和促进销售。在保护功能上，包装不仅要防止商品物理性的损坏，如防冲击、防震动、耐压等，也包括防止各种化学性及其他方式的损坏，如啤酒瓶的深色可以保护啤酒少受到光线的照射，不变质。包装还要注意对产品的保护是否有特殊的时间要求，有的包装需要提供长时间甚至几十年不变的保护，如红酒。而有的包装则可以运用简单的方式设计制作，易于销毁。在实现方便功能上，包装应该从实现时间方便、空间方便、省力方便角度，从包装规格、尺寸、形态、重量以及工艺、材料、结构、开启方法等方面入手，采用便于运输和装卸、便于保管与储藏、便于携带与使用、便于回收与废弃处理的包装。同时，作为区分商品的一种标志，包装还应该考虑以精巧的造型、醒目的标识、得体的文字和明快的色彩等艺术语言来宣传商品，满足大众的审美情趣，实现包装的促销功能。

（四）经济原则

经济原则是指包装应该以最小的投入得到最大的收益。包装成本是物流成本的一个重要组成部分，昂贵的包装费用将会降低企业的收益率。特别是我国目前仍然处于社会主义初级阶段，生产力还不发达，奢华的包装不仅会造成社会资源的极大浪费，还会产生不良的社会影响。但是，包装过于低价或者粗糙，也会降低商品的吸引力，形成商品销售的障碍。经济原则即是在两者之间达到平衡，使包装既不会造成资源浪费，又不会影响商品的销售。

二》 销售包装的基本要求

销售包装是指直接接触商品并随商品进入零售网点与消费者直接见面的包装。这类包装的特点是外形美观，有必要的装潢，包装单位适于顾客的购买量及商店陈设的要求。销售包装通常情况下由商品的生产者提供，但是，如果物流合同规定由物流企业为商品提供销售包装，则物流企业需要承担商品的销售包装义务。物流企业在进行销售包装时需要按照销售包装的基本要求进行操作。在销售包装上，一般会附有装潢图和文字说明，选择合适的装潢和说明将会促进商品的销售。销售包装的基本要求主要涉及以下几个方面。

（一）图案设计

商标图案、产品形象、象征性标志等部分是包装上图案设计通常所包含的内容。外形美观、造型醒目、标志突出的包装往往能增加商品对顾客的吸引力，挑选人们喜爱的颜色、设计独特的形象固然很重要，但更为重要的是应当避免在包装上采用商品销售地所禁忌的图案。

（二）文字说明

所谓包装的文字说明，就是附在商品的销售包装上，对商品的品牌、名称、产地、数量、成分、用途、使用方法等进行说明的内容。形象易记的产品名称、简明清晰的文字印刷、可识别的地区标志以及清楚明白的用途及使用说明是销售包装对文字说明的基本要求，同时，还要注意遵守商品销售国的相关管理规定。

（三）条形码

条形码由一组带有数字的黑白及粗细间隔不等的平行条纹组成，它是利用光电扫描阅读设备为计算机输入数据的特殊的代码语言。只要将条形码对准光电扫描器，计算机就能自动地识别条形码的信息，确定商品名、品种、生产日期、制造厂商、产地等，并据此在数据库中查询其单价，进行货款结算，打出购货清单，这就有效地提高了结算的效率和准确性，也方便了顾客。条形码自 1949 年问世以来在全世界得到了广泛运用，许多国家的超市都使用条形码技术进行自动扫描结算，如商品包装上没有条形码，即使是名优商品，也不能进入超市。有些国家还规定，如果某些商品包装上无条形码标志，即不予进口。

三》 运输包装的基本要求

运输包装是指以强化运输、保护产品为主要目的的包装。

货物的运输包装必须符合国家强制性标准《一般货物运输包装通用技术条件》，它对适用于铁路、公路、水运、航空承运的一般货物运输包装的总要求作了规定。运输包装如不符合该标准规定的各项技术要求，运输过程中一旦造成货损或对其他关系方的人身、财产造成损害，均由包装责任人承担赔偿之责。对包装不符合要求的货物，运输部门可以拒收。运输包装的基本要求为：由于货物运输包装是以运输储存为主要目的的包装，因此必须具有保障货物安全、便于装卸储运、加速交接点验等功能，同时应确保在正常的流通过程中，能够抗御环境条件的影响而不发生破损、损坏等现象，保证安全、完整、迅速地将货物运至目的地。此外，货物运输包装还应符合科学、牢固、经济、美观的要求。

（一）包装条款的内容

在物流服务合同中，可能会订有包装条款。包装条款一般包括以下三个方面的内容：

（1）包装的提供方。在物流服务合同中，包装条款应该载明包装由哪一方来提供。这样的规定不仅有助于明确物流企业在包装中所处的法律地位，而且有助于在由于包装的问题引起货物损坏或灭失时划分责任。

（2）包装材料和方式。包装材料和方式是包装的两个重要方面，它们分别反映了静态的包装物和动态的包装过程。包装材料条款主要载明采用什么包装材料，如木箱装、纸箱装、铁桶装、麻袋装等。包装方式条款则主要载明怎样进行包装。在这两点之外，可以根据需要加注尺寸、每件的重量或数量、加固条件等。随着科学技术的发展，包装材料和包装方式也越来越精细，比如同样都是塑料包装，不同的塑料则有不同的特性，所以在订立这一条款时应准确详细，以免产生纠纷。

(3) 运输标志。运输标志是包装条款中的主要内容。运输标志通常表现在商品的运输包装上。在贸易合同中，按照国际惯例，一般由卖方设计确定，也可由买方决定。运输标志会影响货物的搬运装卸，所以要求在合同条款中明确载明。

(二) 订立包装条款时应注意的问题

(1) 合同中有些包装术语如“适合海运包装”“习惯包装”等，因可以有不同的理解，故容易引起争议，除非合同双方事先达成共识，否则应避免使用。尤其是设备包装条件，应在合同中作出具体明确的规定，如对特别精密的设备，除规定包装必须符合运输要求外，还应规定防震措施等条款。

(2) 包装费用一般都包括在货价内，合同条款不必列入。但是，如果一方要求特殊包装，则可增加包装费用，如何计费及何时收费也应在条款中列明。如果包装材料由合同的一方当事人供应，则条款中应明确包装材料到达时间，以及逾期到达时该方当事人应负的责任。运输标志如由一方当事人决定，也应规定标志到达时间（标志内容须经卖方同意）及逾期不到时该方当事人应负的责任等。

(3) 包装条款不能太笼统。在一些合同中，包装条款仅写明“标准出口包装”，这是一个较为笼统的概念。在国际上还没有统一的标准来界定包装是否符合“标准出口包装”的要求。因此，包装条款要具体、明确，以免一些客户偷工减料，以减少包装成本。

第三节 危险品包装法律规范

一 危险品的含义及分类

凡具有爆炸、易燃、腐蚀等性质，在运输、贮存和保管过程中，容易造成人身伤亡和财产损毁而需要特别防护的货物，均属于危险货物，即危险品。

根据《危险货物分类和品名编号》(GB 6944－2005) 和《危险货物品名表》(GB 12268－2005) 等有关国家标准，危险品可以分为以下九类：

第1类：爆炸品 (explosives)

第2类：压缩气体和液化气体 (compressd gases and liquefied gases)

第3类：易燃液体 (flammable liquids)

第4类：易燃固体、自燃物品和遇湿易燃物品 (flammable solids, substances liable to spontaneous combustion and substances emitting flammable gases when wet)

第5类：氧化剂和有机过氧化物 (oxidizing substances and organic peroxides)

第6类：毒害品和感染性物品 (poisons and infectious substances)

第7类：放射性物品 (radioactive substances)

第8类：腐蚀品 (corrosives)

第9类：杂类 (miscellaneous dangerous substances)

二 危险品包装的基本要求

由于危险货物自身的危险性质，我国对危险货物的包装采用了不同于普通货物的特殊要求，并且这些规定和包装标准均是强制性的，因此，物流企业在进行危险货物的包装时，应当严格按照我国的法律规定和标准，以避免危险货物在储存、运输、搬运装卸中出现重大事故。

我国对危险货物包装的基本要求：

（1）应该能够保护货物的质量不受损坏；

（2）保证货物数量的完整；

（3）防止物流过程中发生燃烧、爆炸、腐蚀、毒害、放射性辐射等事故造成的损害，保证物流过程的安全；

（4）危险货物包装的基本要求、等级分类、性能试验、检验方法等都应该符合国家的强制性标准。

三》 危险品运输包装的要求

危险品的运输包装是指运输中的危险货物的包装，需要按照《危险货物运输包装通用技术条件》这一国家标准执行对运输包装的特殊要求。该标准规定了危险货物运输包装的分级、基本要求、性能试验和检验方法等，也规定了包装容器的类型和标记代号，是运输、生产和检验部门对危险货物运输包装质量进行性能试验和检验的依据。但盛装放射性物质的运输包装、盛装压缩气体和液化气体的压力容器的包装、净重超过 400 千克的包装及容积超过 450 升的包装不适用此标准。

根据包装结构强度和防护性能及内装物的危险程度不同，危险品的包装可以被分为三个等级。

Ⅰ级包装：适用内装危险性极大的货物。

Ⅱ级包装：适用内装危险性中等的货物。

Ⅲ级包装：适用内装危险性较小的货物。

对于危险品运输包装的强度及采用的材质需要满足以下几个方面的要求：

（1）危险货物运输包装应结构合理，具有一定强度，防护性能好。包装的材质、型式、规格、方法和单件质量（重量），应与所装危险货物的性质和用途相适应，并便于装卸、运输和储存。

（2）包装应质量良好，其构造和封闭形式应能承受正常运输条件下的各种作业风险，不应因温度、湿度或压力的变化而发生任何渗（撒）漏，包装表面应清洁，不允许黏附有害的危险物质。

（3）包装与内装物直接接触部分，必要时应有内涂层或进行防护处理，包装材质不得与内装物发生化学反应而形成危险产物或导致削弱包装强度。

（4）内容器应予固定。如属易碎性的，应使用与内装物性质相适应的衬垫材料或吸附材料衬垫妥实。

（5）盛装液体的容器，应能经受在正常运输条件下产生的内部压力。灌装时必须留有足够的膨胀余量（预留容积），除另有规定外，并应保证在温度为 55 摄氏度时，内装液体不致完全充满容器。

（6）包装封口应根据内装物性质采用严密封口、液密封口或气密封口。

（7）盛装需浸湿或加有稳定剂的物质时，其容器封闭形式应能有效地保证内装液体

（水、溶剂和稳定剂）的百分比在贮运期间保持在规定的范围以内。

（8）有降压装置的包装，其排气孔设计和安装应能防止内装物泄漏和外界杂质进入，排出的气体量不得造成危险和污染环境。

（9）复合包装的内容器和外包装应紧密贴合，外包装不得有擦伤内容器的凸出物。

（10）无论是新型包装、重复使用的包装，还是修理过的包装均应符合危险货物运输包装性能试验的要求。

（11）盛装爆炸品包装的附加要求。

①盛装液体爆炸品容器的封闭形式，应具有防止渗漏的双重保护。

②除内包装能充分防止爆炸品与金属物接触外，铁钉和其他没有防护涂料的金属部件不得穿透外包装。

③双重卷边接合的钢桶、金属桶或以金属做衬里的包装箱，应能防止爆炸物进入隙缝。钢桶或铝桶的封闭装置必须有合适的垫圈。

④包装内的爆炸物质和物品，包括内容器，必须衬垫妥实，在运输中不得发生危险性移动。

⑤盛装有对外部电磁辐射敏感的电引发装置的爆炸物品，包装应具备防止所装物品受外部电磁辐射源影响的功能。

第四节 国际物流中的包装法律规范

一、国际物流中包装的特点

国际物流是相对于国内物流而言的，它是国内物流的延伸和发展，同样包括运输、包装、流通加工等若干子系统。相对于国内物流的包装来说，国际物流中的包装具有以下特点：

（1）国际物流对包装强度的要求较高。国际物流的过程与国内物流相比时间长、工序多，因此在国际物流中，一种运输方式往往难以完成物流的全过程，经常采取多种运输方式联运，这样就增加了搬运装卸的次数及存储的时间。在这种情况下，只有增加包装的强度，才能达到保护商品的作用。

（2）国际物流对包装的标准化要求较高。这也是由国际物流过程的复杂性所引起的。为了提高国际物流的效率，减少不必要的活动，国际物流过程中对包装的标准化程度越来越高，以便于商品顺利地流通。

（3）国际物流包装的法律适用较复杂。国际物流涉及两个或两个以上不同的国家，各国之间法律制度存在着差异，同时又存在着若干调整包装的国际公约，所以国际物流中与包装有关的法律适用更加复杂。

二、国际物流中的包装法规

根据制定主体及效力范围的不同，国际物流中的包装法规通常以两种形式表现出来。

（一）国际物流参与国的国内法

国际物流系统由商品的包装、储存、运输、检验、外贸加工和其前后的整理、再包装以及国际配送等子系统构成，其中每一个环节所涉及的国家，如运输的起始国、仓储地所在国、包装加工地所在国等，都是国际物流的参与国。国际物流中的包装必须遵守各参与国关于包装的强制性法律规定，对于任意性法律规定，则可以由当事人自由协商决定。

（二）相关国际公约

目前，虽然没有专门规定商品包装的国际公约，但在国际贸易及国际运输领域的公约中包含着对商品包装的相关规定，如《汉堡规则》《联合国国际货物买卖公约》《国际海运危险货物规则》等。

三 《国际海运危险货物规则》对危险品包装的基本要求

根据《国际海运危险货物规则》（International Maritime Dangerous Goods Code，IMDG Code）的规定，对于危险品的包装必须遵循以下要求：

（1）包装的材质、种类应与所装危险货物的性质相适应。危险货物的性质不同，对包装及容器的材质的要求亦不相同。选用与危险货物性质相适应的材质不能单看货物的类别，而要具体了解每一种物质的特性。包装与所装货物直接接触部分，一定不能受某些货物的化学和其他作用的影响，必要时，包装可采用惰性的材料且涂有适当的内涂层，以防止发生危险反应。

（2）包装应具有一定强度，使其足以经受海上运输的一般风险。在设计危险货物运输包装时，应考虑到构造和材质在海上运输条件下，特别是温度、湿度和压力等方面的变化对包装的保护功能所产生的影响。性质比较危险、发生事故造成危害较大的危险货物，其包装强度要求应较高。同一种危险货物，单位包装重量越大，危险就越大，包装强度要求也应相应增高。质量较差或用瓶装液体的内容器，包装强度也应提高。同时，包装的强度还应与运输的距离成正比，应最大限度地保障包装不发生损坏和所装货物不发生任何散漏以及受到污染。

（3）包装的封口应该符合所装危险货物的性质。一般来说，危险货物包装的封口应严密，特别是易挥发的、剧毒的、腐蚀性强的各种气体。但有些危险货物，如双氧水货物，包装的封口则不要求密封，而且还要求设有通气孔，因此，如何封口，要根据危险货物的类别和特性来确定。根据包装性能的要求，封口分为三种：第一种是气密封口（即不透气的封口），适用于变干就会成为爆炸性的物质、会产生毒性气体或蒸气的物质包件；第二种是有效封口（又称液密封口，即不透液体的封口），适用于第一种封口形式的液体；第三种是牢固封口，适用于干燥物质，这是对封口的最低要求。

（4）内外包装之间应有适当的衬垫。内包装应处于外包装内，以防止内包装破裂、渗漏和被戳破，使货物进入外包装。所以在内外包装之间应该采取适当的减震衬垫材料。衬垫不能削弱外包装的强度，而且衬垫的材料还必须与所装的危险货物的性能相适应，以避免危险的发生。

（5）包装应该能经受一定范围内温度和湿度的变化。在物流过程中，包装除应具有一定的防潮衬垫外，本身还要具有一定的防水、抗水性能。

（6）包装的质量、规格和形式应便于装卸、运输和存储。

第五节 货物装卸搬运法律规范

一 货物装卸搬运概述

（一）货物装卸搬运的概念

在整个物流过程中，装卸搬运是不断出现和反复进行的活动。货物装卸，是指在指定地点以人力或者机械将货物装入运输设备或者从运输设备卸下物品的活动；货物搬运，是指在同一场所将物品进行水平移动，以改变“物”的空间位置的活动；两者合称装卸搬运。装卸搬运包括装车（船）、卸车（船）、堆垛、入库、出库以及连接上述各项动作的短程输送，是随运输和保管等活动而产生的必要活动。

在物流行业里，常将装卸搬运整体活动称作“货物装卸”；在生产领域则将整体活动称作“物料搬运”。在实际操作中，装卸与搬运是在一起物流活动中发生的。搬运与运输中的“运”的区别在于，搬运是在同一地域的小范围内发生的，即物流节点内进行的活动；而运输则是在较大范围内发生的，即物流节点间进行的活动。

（二）装卸搬运的分类

按装卸搬运所用的物流设施、设备不同，装卸搬运可分为仓库装卸、铁路装卸、港口装卸、汽车装卸、飞机装卸等。

按装卸搬运的机械及机械作业方式不同，装卸搬运可分为使用吊车的“吊上吊下”方式、使用叉车的“叉上叉下”方式、使用半挂车或者叉车的“滚上滚下”方式、移上移下”方式及散装方式等。

（三）装卸搬运的作用

在物流过程中，装卸搬运活动是不断出现和反复进行的，它出现的频率高于其他物流活动。每次装卸搬运活动都要花费很长时间，所以往往也成为决定物流速度的关键因素。

装卸搬运活动所消耗的人力很多，装卸搬运费用在物流成本中所占的比重较高。装卸搬运操作时往往需要接触货物，因此也是物流过程中货物破损、散失、损耗、混合等损失发生的主要环节。装卸搬运活动是影响物流效率、决定物流经济效果的重要环节。

二 货物装卸搬运法规

货物装卸搬运法规，是指国家制定的用以规范货物在装卸或搬运过程中的法律规范的总称。

由于装卸搬运与仓储配送活动密切相关，因而受许多相关法规的约束，这些法规主要有《民法典》《海商法》《铁路货物运输管理规则》《铁路货物装卸安全技术规则》《危险化学品安全管理条例》等。原交通部的《港口货物作业规则》是专门调整港口作业的部门规范，于 2016 年 5 月 30 日废止。我国港站港口装卸搬运遵守的国际公约和国际惯例有《联合国国际贸易运输港站经营人赔偿责任公约》《国际海协劳工组织装箱准则》《联合国国际货物多式联运公约》等。

【例 7-1】 2001 年 9 月 11 日，西帕公司与顶益国际有限公司签订买卖合同，双方约定：西帕公司向顶益国际有限公司出卖 1 台一步法制瓶机及相关设备，价格条件为 CIF 黄埔。2002 年 3 月 23 日，西帕公司将 1 台一步法制瓶机交由中远集装箱运输有限公司（中远公司）承运。货物集装箱装运，该提单的法律适用条款记载该提单适用中华人民共和国法律。

扫码看解析

2002 年 4 月 16 日，上述货物运抵广州黄埔港。中远公司委托广州集装箱码头有限公司为其安排靠泊、装卸及其他有关作业。同日，广州集装箱公司在吊卸货物过程中，CB-HU920242/6 号集装箱一边突然脱落，另一边箱柱与箱体底梁折断，砸到另外一个 40 英尺集装箱的箱体上，斜靠在龙门吊 2 号陆侧机架上。经检验，货物毁损严重，并且修理费用超过该设备的价值。顶益国际有限公司起诉中远集装箱运输有限公司及广州集装箱码头有限公司，要求赔偿港口装卸的货损。

问题：

1. 中远公司需要对装卸货损承担赔偿责任吗？为什么？
2. 关于货物损坏的限额赔偿是什么？
3. 广州集装箱公司是否承担责任？

案例来源：广州海事法院民事判决书（2003）广海法初字第 171 号。

三 货物装卸搬运作业原则

（一）尽量不进行装卸

装卸作业本身并不产生价值，不适当的装卸作业反而可能造成商品的破损，或使商品受到污染。同时，装卸作业不仅要花费人力和物力，增加费用，还会使流通速度放慢。因此，应尽力排除无意义的装卸作业，尽量减少装卸次数，以及尽可能地缩短搬运距离等。装卸作业的经济原则就是尽量不进行装卸。

（二）装卸的连续性

装卸的连续性是指两处以上的装卸作业要配合好，以避免连续性作业中途停顿。因此，装卸作业应进行“流程分析”，进行货物流动性分析，考虑下一步物流计划，使经常相关的作业配合在一起。

（三）减轻人力装卸

装卸经济性要求把人的体力劳动改为机械化劳动。在不得已的情况下，依靠人力装卸也应尽可能不要让搬运距离太远。减轻人力装卸原则，主要是指减轻体力劳动量、缩短劳动时间，防止劳动安全事故发生，减轻企业成本消耗。

（四）搬运灵活性

物流过程中，常常要将暂时存放的物品再次搬运。从便于经常发生的搬运作业考虑，物品的堆放和分类整理等很重要。这种便于货物移动的程度被称为“搬运灵活性”。

四》 货物装卸搬运合同

物流活动过程中所提供的装卸、搬运、储存、装拆等作业，可通过作业委托人与装卸搬运经营人订立货物装卸搬运合同来进行。货物装卸搬运合同，是指装卸搬运经营人与作业委托人协商订立的由装卸搬运经营人对指定货物进行装卸、搬运、储存、装拆等作业，作业委托人支付作业费用的协议。

货物装卸搬运合同条款主要通过双方当事人协商确定。一般情况下，该合同应当包括以下主要条款：

（1）装卸搬运经营人、作业委托人和货物接收人的名称、负责人、单位地址等。

（2）作业项目，如货物的装卸、搬运、储存、装拆等作业项目。

（3）货物名称、件数、重量、体积（长、宽、高）。

（4）作业费用及其结算方式。

（5）货物交接的地点和时间。

（6）货物异常情况通知义务。

（7）车次、船名或航次。

（8）装卸搬运线路，如起运港（站、点）和到达港（站、点）。

（9）违约责任。

（10）解决争议的方法。

五》 铁路装卸搬运中的法律规范

（一）铁路装卸搬运法律规范概述

同其他物流环节涉及的法律规范相同，铁路装卸搬运法律规范也是散布在各个层面。《民法典》《铁路法》《铁路安全管理条例》中都有适用于铁路装卸搬运的规定。在部门规章中，主要有《铁路货物运输管理规则》《铁路货物装卸安全技术规则》《铁路货物装载加固规则》。

（二）《铁路货物运输管理规则》关于装卸的规定

（1）装车前，应认真检查货车的车体（包括透光检查）、车门、车窗、盖、阀是否完整良好，有无扣修通知、色票、货车洗刷回送标签或通行限制，车内是否干净，是否被毒物污染。装载食品、药品、活动物或有押运人乘坐时，还应检查车内有无恶臭异味。要认真核对待装货物品名、件数，检查标志、标签和货物状态。对集装箱还应检查箱体、箱号和封印。

（2）装运货物要合理使用货车，车种要适合货种，除规定必须使用和应使用棚车装运的货物外，对怕湿或易于被盗、丢失的货物，也应使用棚车装运。发生车种代用时，应按《铁路货物运输管理规则》的要求报批，批准代用的命令号码要记载在货物运单和货票“记事”栏内。危险品专用车不得用于装运普通货物。

（3）装车时，应采取保证货物安全的相应措施。要做到不错装、不漏装，巧装满载，防止偏载、超载、集重、亏吨、倒塌、坠落和超限。对易磨损货件应采取防磨措施，怕湿和易燃货物应采取防湿和防火措施。装车过程中，要严格按照有关规定办理，对货物装载数量和质量要进行检查。对以敞、平车装载的需要加固的货物，轻浮货物和以平车装载的成件货物，车站应制定定型装载和加固方案，按方案装车。装载散堆装货物，货物顶面应予平整。

(4) 装车后，要认真检查车门、车窗、盖、阀关闭状态和装载加固情况。需要填制货车装载清单的，应按规定填制。需要施封的货车，按规定施封。需要插放货车表示牌的货车，应按规定插放。对装载货物的敞车，要检查车门插销、底开门搭扣和篷布苫盖、捆绑情况。篷布不得遮盖车号和货车表示牌。篷布绳索捆绑，不得妨碍车辆手闸和提钩杆。两篷布间的搭头应不小于 500 毫米。绳索、加固铁线的余尾长度应不超过 300 毫米。装载超限、超长、集重货物，应按批准的装载方案检查装载加固情况。对超限货物，还应对照铁路局、分局批准的装载方案，核对装车后尺寸。

(5) 卸车前，认真检查车辆、篷布苫盖、货物装载状态有无异状，施封是否完好。

(6) 卸车时，根据货物运单清点件数，核对标记，检查货物状态。对集装箱货物应检查箱体，核对箱号和封印。严格按照有关规定作业，合理使用货位，按规定堆码货物。发现货物有异状，要及时按章处理。

(7) 卸车后，应将车辆清扫干净，关好车门、车窗、阀、盖，检查卸后货物的安全距离，清好线路，将篷布按规定折叠整齐，送到指定地点存放。对托运人自备的货车装备物品和加固材料，应妥善保管。

(三)《铁路货物装卸安全技术规则》的相关规定

《铁路货物装卸安全技术规则》规定了铁路装卸搬运中应该遵守的技术标准。关于铁路装卸搬运作业，该规则第二章“通用要求”第二节“装车、卸车和堆码”有具体规定。主要内容有：装车前，检查车门、车窗、盖阀、槽轮、车厢、地板、内衬、钩链、集装箱平车锁头等是否完好，车内清洁情况及有无异味；核对货物，清点件数；检查货物堆码是否稳固，包装是否完好，有无破损、湿损、污损；集装箱有无破损、异状、变形或渗漏。装车时，做到不错装、不漏装、巧装满载，防止超偏载；棚车装载货物防止挤住车门或长大货物堵塞车门；对易磨损货物采取必要的防磨措施；对怕污染货物采取有效隔离措施。卸车时，必须由货运员启封或检查后才能开始作业；卸下的货物要件数清楚、码放稳妥、便于清点，发现破损件应交由货运员处理。同时，还要按规定完成附属作业。

六》 公路装卸搬运中的法律规范

(一) 公路装卸搬运法律规范概述

在公路运输业务中，可在货物运输合同中约定货物装卸搬运由承运人或托运人承担。承运人或托运人承担货物装卸搬运后，委托站场经营人装卸搬运。经营者进行货物装卸搬运作业的，应签订货物装卸搬运合同。

对公路运输的货物在站场进行装卸和搬运作业应遵守《民法典》《公路法》等法律。在部门规章层面上主要是交通运输部 2012 年修正的《道路货物运输及站场管理规定》。

在原交通部发布的《汽车货物运输规则》被废止后，交通运输部为进一步健全完善危险货物道路运输安全管理体系，废止《汽车运输危险货物规则》(JT 617－2004)，同时与

《汽车危险货物运输、装卸作业规程》整合，制定发布了交通运输行业标准《危险货物道路运输规则》(JT/T 617-2018)，2018年12月1日起正式实施。该标准对危险货物分类、运输包装、托运、装卸、道路运输等环节的操作要求进行了系统性规定。

(二)《道路货物运输及站场管理规定》中有关货物装卸搬运的规定

1. 对道路货物运输经营者的相关规定

(1) 运输的货物应当符合货运车辆核定的载重量，货物的长、宽、高不得违反装载要求。禁止货运车辆违反国家有关规定超限、超载运输。禁止使用货运车辆运输旅客。

(2) 道路货物运输经营者运输大型物件，应当制定道路运输组织方案。涉及超限运输的，应当按照交通运输部颁布的《超限运输车辆行驶公路管理规定》办理相应的审批手续。

(3) 从事大型物件运输的车辆，应当按照规定装置统一的标志和悬挂标志旗；夜间行驶和停车休息时应当设置标志灯。

(4) 道路货物运输经营者不得运输法律、行政法规禁止运输的货物。道路货物运输经营者在受理法律、行政法规规定限运、凭证运输的货物时，应当查验并确认有关手续齐全有效后方可运输。

(5) 道路货物运输经营者应当采取有效措施，防止货物变质、腐烂、短少或者损失。

(6) 国家鼓励实行封闭式运输。道路货物运输经营者应当采取有效的措施，防止货物脱落、扬撒等情况发生。

2. 对货运站经营管理者的相关规定

(1) 货运站经营者应当对出站车辆进行安全检查，防止超载车辆或者未经安全检查的车辆出站，保证安全生产。

(2) 货运站经营者应当按照货物的性质、保管要求进行分类存放，危险货物应当单独存放，保证货物完好无损。

(3) 货运站经营者应当按照规定的业务操作规程进行货物的搬运装卸。进行搬运装卸作业时应当轻装、轻卸，堆放整齐，防止混杂、撒漏、破损，严禁有毒、易污物品与实物混装。

(4) 货运站要保持清洁卫生，各项服务标志醒目。

(5) 货运站经营者不得超限、超载配货，不得为无道路运输经营许可证或证照不全者提供服务；不得违反国家有关规定，为运输车辆装卸国家禁运、限运的物品。

实训作业

一、实训项目

让学生熟悉合同中的包装条款，包括包装材料、包装方式、每件包装中所含物品的件数或重量等内容。调查包装条款的实例，调查订立包装条款的注意事项，包括注意对包装的规定要明确具体，结合货物特点和不同运输方式选择包装，明确包装物料提供与费用负担的相关事项，明确唛头的指定，明确定牌、无牌和中性包装，明确装箱细数及其配比等问题。最后拟定一份出口我国东北大米的品质数量包装条款。

二、案例讨论

案例一：2014年绩溪县人民医院利用德国贷款购买了一套进口医疗设备，包括CT机、500mA X光机、C形臂X光机，均为德国某公司生产。2018年7月11日，这批货物由中外运安徽分公司的两辆厢式货车从上海运出。车厢外用雨布防潮，途中突遇暴雨。到达目的地时，德国公司、运输公司、医院三方同时在场监视卸货，当场发现一部货车的货物外包装被雨水淋湿。当日，检验检疫人员赶到现场，勘查后发现，这个车厢装有4只包装箱：2只木箱、2只纸箱。纸箱被雨水淋湿变形，内部设备可以窥见，其中一只纸箱内无任何防潮保护设施，另一只只有塑料膜保护。

随后检验检疫人员对这批货物开箱检验，确认木质包装中的500mA X光机、C形臂X光机外包装受潮。由于CT机的核心部件严重受潮，已经无法安装。经查，双方合同中有关于“能适应气候变化、防潮、抗震及防粗鲁搬运”的规定。

问题：

1. 德方对于货物包装的处理是否妥当？
2. 货物损失应当由保险公司还是德国公司承担？

案例二：1996年2月11日，营口老边造纸厂从大连铁道公司所属的营口站发运一批52克凸版印刷卷筒纸，因该批货物包装不符合运输规定，营口站与老边造纸厂签订了“货物运输包装临时协议书”。协议书约定：“因货物包装不符合规定，不能保证货物运输安全。但由于发货人一时难以解决包装材料，使之符合规定，因此经商定同意以原包装发运。但在运输过程中因货物包装原因新发生的货物损坏、丢失、变质、撒漏、污染以及造成第三者的货物损失时，均由发货人承担全部责任。”之后，双方签订了铁路货物运输合同。合同规定：发站营口，到站石家庄；托运人老边造纸厂，收货人第一外包公司（石家庄市第一外贸包装公司）；货物品名凸版纸，数量140件，重60吨，保价运输，保价金额30万元，铁路运杂费4 906.83元。2月15日，货物运到石家庄站。在卸车时，石家庄站发现货物损坏，当即编制货运记录，内容为：“卸时发现其中113件不同部位各有深度为5毫米至150毫米不等破口，均为新痕，车内无衬垫，破件码车内各层，详损有待收货人检定。”由于石家庄站与收货人第一外包公司未达成赔偿协议，故第一外包公司诉至石家庄铁路运输法院，请求判令石铁分局赔偿其各项经济损失18万余元。

问题：

1. “货物运输包装临时协议书”对第三人（收货人）是否有效？
2. 营口站的行为是否已构成重大过失？
3. 货物的损失如何赔偿？

第八章　流通加工与配送法律制度

【学习目标】

- 了解：加工承揽合同的概念和特征，配送合同的概念和种类。
- 熟悉：加工承揽合同的类型，加工承揽中涉及的法律责任，配送合同的主要内容。
- 掌握：加工承揽合同当事人的权利和义务，配送合同中物流企业的权利和义务。

【导入案例】

某市机械厂为适应生产连铸机的需要，与本市某五金厂签订了一份连铸机配件 50.8 毫米快速接头的加工合同。合同约定：由机械厂提供碳质元钢和密封件等原材料以及加工图纸，五金厂为机械厂加工 50.8 毫米快速接头，每件加工费 39 元。五金厂按机械厂安排的生产计划进行加工，双方每季度结算一次，合同期为 3 年。合同签订后的 1 年内双方均按照合同约定履行了各自的义务。第二年年初，机械厂鉴于连铸机市场销路减少，经济效益越来越差，因此决定减少连铸机的生产，厂内库存的 50.8 毫米接头完全可以满足本年度的生产需求。于是，机械厂以生产项目变更为由通知五金厂解除合同，五金厂不同意解除。双方争执不下，机械厂向当地法院起诉，要求解除合同。

扫码看解析

问题：

1. 机械厂作为承揽合同的定作人是否可以任意解除合同？
2. 如果机械厂因解除合同给五金厂造成了损失，是否应予以赔偿？

第一节　流通加工与配送概述

一、流通加工概述

（一）流通加工的概念

我国国家标准《物流术语》将“流通加工”定义为物品在生产地到使用地的过程中，根据需要施加包装、分割、计量、分拣、刷标志、拴标签、组装等简单作业的总称。

流通与加工的概念本属于不同范畴。加工是改变物质的形状和性质，形成一定产品的活动；而流通则是改变物质的空间状态与时间状态。流通加工是物品在生产后、流通或使用前的整理，因此又称加工整理。流通加工是为了弥补生产过程加工不足，更有效地满足用户或本企业的需要，使产需双方更好地衔接，将这些加工活动放在物流过程中完成，而成为物流的一个组成部分。尽管物流中的加工整理只是在生产原料使用前的简单加工和为了配合运输或使用需要而进行的必要整理，但就性质而言，它同样是一种加工承揽性的工作。委托此项工作的通常是货主，委托既可以是单项的，也可以包括在整个物流项目管理协议中。我国《民法典》合同编对于加工承揽合同有具体规定。

物流中的加工承揽性工作主要涉及简单加工、修理、检验、其他过程前的准备等，它们由物流经营者按照客户的要求完成，收取相应报酬。加工整理与物流中的配送和包装有着较为密切的关系，因此，客户应根据最终目的来对加工整理工作提出要求，选择适当的加工形式。例如，包装前对商品的加工，主要是稳固、改装、品质保护（如保鲜）；而配送前的加工，主要是根据用户的要求进行初步加工，以便集中下料，或者对货物进行分拣、配料、在出售前加标签。

（二）流通加工的特点

与生产加工相比较，流通加工具有以下特点：

(1) 从加工对象看，流通加工的对象是进入流通过程的商品，具有商品的属性，以此来区别多环节生产加工中的一环。流通加工的对象是商品，而生产加工的对象不是最终产品，而是原材料、零配件或半成品。

(2) 从加工程度看，流通加工大多是简单加工，而不是复杂加工，一般来讲，如果必须进行复杂加工才能形成人们所需的商品，那么，这种复杂加工应该专设生产加工过程。生产过程理应完成大部分加工活动，流通加工则是对生产加工的一种辅助及补充。特别需要指出的是，流通加工绝不是对生产加工的取消或代替。

(3) 从价值观点看，生产加工的目的在于创造价值及使用价值，而流通加工的目的则在于完善其使用价值，并在不做大的改变的情况下提高价值。

(4) 从加工责任人看，流通加工的组织者是从事流通工作的人员，能密切结合流通的需要进行加工活动。从加工单位来看，流通加工由商业或物资流通企业完成，而生产加工则由生产企业完成。

(5) 从加工目的看，商品生产是为交换、为消费而进行的生产，而流通加工的一个重要目的是为了消费（或再生产）所进行的加工，这一点与商品生产有共同之处。但是流通加工有时候也是以自身流通为目的，纯粹是为流通创造条件，这种为流通所进行的加工与直接为消费进行的加工在目的上是有所区别的，这也是流通加工不同于一般生产加工的特殊之处。

（三）流通加工在物流中的地位

1. 流通加工有效地完善了流通

流通加工在实现时间效用和场所效用这两个重要功能方面，确实不能与运输和保管相比，流通加工不是物流的主要功能要素。流通加工的普遍性也不能与运输、保管相比，它不是对所有物流活动都是必需的。但是流通加工在物流系统中起着补充、完善、提高物流水平，促进流通现代化的作用。

2. 流通加工是物流的重要利润来源

流通加工是物流中的重要利润来源，是一种投入低、产出大的加工方式，往往以简单的加工就可以解决大问题。实践中，有的流通加工通过改变商品包装，使商品档次升级而充分实现其价值；有的流通加工可将产品利用率大幅提高 30%，甚至更多。这些都是采取一般方法以期提高生产率所难以做到的。实践证明，流通加工提供的利润并不亚于从运输和保管中挖掘的利润，它是物流业的重要利润来源。

3. 流通中的加工可以提高原材料的利用率

流通加工可以将原材料进行初级加工，为物流其他环节创造条件，可以提高加工效率及设备利用率，充分发挥各种输送手段的最高效率。

（四）流通加工的类型

1. 为弥补生产领域加工不足所进行的加工

有许多产品在生产领域的加工只能到一定的程度，这是由于有许多因素限制了生产领域不能完成最终的加工。例如，木材如果在产地加工成木制品，就会造成极大的运输困难，所以原生产领域只能加工到原木、板方材这个程度，进一步的下料、切裁、处理等加工则由流通加工进行。

2. 为满足需求多样化进行的服务性加工

从经济学角度看，需求存在着多样化和善于变化两个特点。满足这种需求的最佳方法就是设置加工环节，通过这种服务性的加工满足各种需求。例如，对钢材卷板的舒展、剪切加工；平板玻璃按需要规格的开片加工；木材改制成枕木、板材、方材等加工。

3. 为保护产品所进行的加工

在物流过程中，直到用户投入使用前，都存在对产品的保护问题，以防止产品在运输、仓储、装卸、搬运、包装过程中遭到损坏，保障其使用价值能顺利实现。例如，水产品、肉类、蛋类的保鲜、保质的冷冻加工、防腐加工等；丝、麻、棉织品的防虫、防霉加工；为防止金属材料的锈蚀而进行的喷漆、涂防锈油等措施，运用手工、机械或化学方法除锈；木材的防腐朽、防干裂加工；煤炭的防高温自燃加工；水泥的防潮、防湿加工等。

4. 为提高物流效率，方便物流而进行的加工

物流的主要目的之一就是提高物资流通的效率。在物流过程中，有一些产品由于自身的特点，其流通的效率较低，例如，造纸用的木材磨成木屑的流通加工，可以极大提高运输工具的装载效率；自行车在消费地区的装配加工可以提高运输效率，降低损失；石油气的液化加工，使很难输送的气态物转变为容易输送的液态物，也可以提高物流效率。

5. 为促进销售的流通加工

流通加工也可以起到促进销售的作用。比如，将过大包装或散装物分装成适合销售的小包装的分装加工；将以保护商品为主的运输包装改换成以促进销售为主的销售包装，以起到吸引消费者、促进销售的作用；将蔬菜、肉类洗净切块以满足消费者要求；等等。

6. 为衔接不同运输方式，使物流更加合理的流通加工

在干线运输和支线运输的节点设置流通加工环节，可以有效解决大批量、低成本、长距离的干线运输与多品种、少批量、多批次的末端运输和集货运输之间的衔接问题。在流通加工点与大生产企业间形成大批量、定点运输的渠道，以流通加工中心为核心，组织对多个用户的配送，也可以在流通加工点将运输包装转换为销售包装，从而有效衔接不同目的的运输方式。比如，散装水泥中转仓库把散装水泥装袋，将大规模散装水泥转化为小规模散装水泥的流通加工，就衔接了水泥厂大批量运输和工地小批量装运的需要。

7. 为实施配送进行的流通加工

这种流通加工形式是配送中心为了实现配送活动，满足客户的需要而对物资进行的加工。例如，混凝土搅拌车可以根据客户的要求，把沙子、水泥、石子、水等各种不同材料按比例要求装入可旋转的罐中。在配送路途中，汽车边行驶边搅拌，到达施工现场后，混凝土已经均匀搅拌好，可以直接投入使用。

二》 配送概述

（一）配送的概念与特点

1. 配送的概念

配送活动是现代物流的重要组成部分，处于末端物流的配送具有提高物流经济效益，优化、完善物流系统，提高和改善物流服务水平的作用。

我国国家标准《物流术语》对“配送”下的定义是：“在经济合理区域范围内，根据用户要求，对物品进行拣选、加工、包装、分割、组配等作业，并按时送达指定地点的物流活动。”原国内贸易部发布的《货物代理配送制行业管理若干规定》对物流配送概念解释得更为具体，即物流配送是在流通服务过程中，配送企业为生产企业、用户、零售商经营网点和项目建设单位（统称为用户）提供专业化的配套物流服务，包括加工、包装、配货和送货等，按照用户提出的品种、数量、质量和批次，在指定的时间和地点将货物送达用户。

大吨位、高效率的物流运输力量实现了干线运输低成本化目标，但对支线运输和小搬运来说，却出现了运力利用不合理、成本过高等问题。物流配送可以将支线运输和小搬运统一起来，使支线运输过程得以优化和完善。物流配送是物流中一种专业化的活动形式，是商流与物流的紧密结合。物流配送是包含了物流中若干功能要素的一种物流综合性活动，是现代物流管理的重要体现。

从配送活动的实施过程上来看，配送包括两个方面的活动：“配”是对货物进行集中、分拣和组配，“送”是以各种不同的方式将货物送至指定地点或用户手中。

2. 物流配送的特点

（1）物流配送是以最终用户为出发点。物流配送是通过一系列的活动完成最终交付的一种活动，实现物品从最后一个物流节点到用户之间的空间移动。本处所说的最终用户是相对的，在整个物流过程中，流通渠道构成不同，物流配送企业所直接面对的最终用户也不一样。

（2）物流配送是末端运输。从运输角度来看，货物运输分为干线部分的运输和支线的配送。这里所说的物流配送是指支线的、末端的运输，是面对用户的一种短距离的物流服务。

（3）从服务形式上看，配送是一种“门到门”的服务，是将货物从物流节点一直送到用户指定的地点，这个地点可以是用户的仓库、营业现场、车间甚至生产线的起点。

（4）配送是一项专业化的工作。以往的送货只是作为推销的一种手段，而配送则是一种专业化的流通分工方式，是大生产、专业化分工在流通领域的反映。在配送过程中大量采用先进的信息技术和各种传输设备及拣选机电设备。这大大提高了商品流转的速度，使物流创造“第三个利润”变成了现实。

（5）配送的空间范围有限性。配送既要满足用户的需要，又要有利于实现配送的经济效益。远距离的物品配送批量小，批次多，规模经济性较差，运力浪费严重，不能实现经济合理性。因此，配送不宜在大范围内实施，通常仅仅局限在一个城市或地区范围内进行。

（二）物流配送企业

1. 物流配送企业的概念和类型

物流配送企业是指依法从事配送业务的经济组织。物流配送企业是物流配送活动的承担者和实施者，其表现形式主要是物流配送中心，按不同标准可分为不同类型：

（1）按经营主体性质不同，物流配送企业可分为厂商主导型配送企业、批发商主导型配送企业、零售商主导型配送企业、专业（第三方）主导配送企业。

（2）按物流配送企业服务对象不同，物流配送中心可分为面向消费者的配送企业、面向制造企业的配送企业、面向零售商的配送企业。

（3）按物流配送功能不同，物流配送企业可分为储存型配送企业、流通型配送企业、加工配送企业。

2. 物流配送企业的设立

根据《商品代理配送制行业管理若干规定》的规定，从事货物流通代理、配送营销的企业应当具备下列条件：

（1）从事货物营销并取得法人资格。

（2）具备开展相应代理业务的人员、场地、设施和资金，加工、运输和技术服务能力。

（3）具备制造商、用户或者通过一级代理商出具的委托证明。

（4）法律法规规定的其他条件。

对于国家统购统销、专卖的货物，国家或地方政府统一管理的货物，以及法律法规规定经营资格的重要货物，应当具备政府有关法规规定的经营条件，并需要按照法律、法规的规定，获得相应的经营许可批准文件，方可进行代理和配送。国家实行一级代理、配送商资格认证制度。一级代理、配送商的资格认证工作，由国家货物流通主管部门组织实施。

在实践生活中，物流配送企业的设立，除了具备一般企业应有的条件，还应当考虑下列因素：①拥有特定的用户群；②配送功能健全；③完善的信息网络；④辐射范围小；⑤多品种、小批量；⑥以配送为主，以储存为辅。

（三）物流配送企业的业务

1. 集货作业

集货就是集中用户的需求进行一定规模的运输、配送。它将分散的或者小批量的物品集中起来，以便进行运输、配送作业。集货是配送的准备工作或者基础工作，也是配送的优势之一。集货作业中主要包括订货、接货和验货三个环节。

订货是物流配送企业收到并汇总需求者的订单以后，确定配送货物的种类及数量，然后根据库存货物情况，再确定向供应商进货的品种和数量。对于流动速度快的货物，为了及时供货，物流配送企业也可以根据需求情况提前组织订货。对供应商的供货，物流配送企业要及时到指定地点接货。在接货后，物流配送企业应按合同约定进行检查验收，以保证合同的全面履行。

2. 保管作业

对于验收合格的货物，根据保管要求应进行开捆、堆码和上架。除此之外，物流配送企业为了保证货源供应，通常都会有一定数量的安全库存。因此，在货物堆码和上架时，应注意按品种、出入库先后顺序进行分门别类堆放。在货物保管期间，物流配送企业还要加强货物的保管保养，以保证货物的质量完好、重量和数量准确。

3. 理货配货作业

理货配货作业是物流配送企业的核心作业，根据不同用户的订单要求，主要进行货物的拣选、流通加工和包装等作业。

拣选，就是按订货单或者出库单的要求，从储存场所选出货物，并放置在指定的地点的作业。流通加工，即按照用户的要求所进行的配送加工。配送加工应取决于用户的要求，所以其在物流配送中不具有普遍性，但却非常重要，因为根据用户要求所进行的配送加工可以提高用户的满意程度。包装，是指配送企业将需要配送的货物进行重新包装或者捆扎，并在包装物上贴上标签，以便运输和识别不同用户的货物。当然在理货配货时，物流配送企业应进行配货检验，保证送货的准确性。

4. 出货作业

出货作业包括配装和送货两个环节。配装作业，是将不同用户配送的货物，进行有效搭配装载，以充分利用运能和动力，降低送货成本，提供送货效率；送货作业，是将货物运送到用户所指定的地点，并将货物移交于用户。

（四）物流配送的基本流程

物流配送服务是由一套完整的作业流程所组成的，物流中心实现了专业化管理、科学调试、网络配送等。其基本流程如下：

1. 货物入库流程

（1）根据客户入库指令，物流配送中心视仓储情况做相应的入库需求受理表。

（2）根据入库需求受理表并结合货物分配的库区库位打印入库单。

（3）在货物正式入库前进行货物验收，主要是对要入库的货物进行核对处理，并对所入库货物进行统一编号（包括合同号、批号、入库日期等）。

（4）货物入库且进行库位分配，形成货物库位清单。

（5）库存管理主要是对货物在仓库中的一些动态变化信息的统计查询等工作。

（6）货物入库后，物流公司还将进行批号管理、盘存处理、内驳处理和库存优化等工作，做到更有效地管理仓库。

2. 运输配送流程

（1）物流配送中心根据客户的发货指令视库存情况做相应的配送处理。

（2）根据配送计划系统自动地进行车辆、人员的出库安排。

（3）由专人负责货物的调配处理，可分为自动配货和人工配货。

（4）根据系统安排结果，按实际情况进行人工调整。

（5）系统将根据货物所放地点（库位）情况按物流公司自己设定的优化原则打印出拣货清单。

（6）承运人凭拣货清单到仓库提货，库管做相应的出库处理。

（7）承运人领取所送客户的送货单。

（8）在货物到达目的地后，收货方验货签单并向物流配送中心交回复单。

（9）根据货物验收回复单统计配送情况及回收货款。

第二节 加工承揽合同

在流通加工环节中，物流企业可能通过加工承揽合同履行其物流服务合同的加工义务，即物流企业通过与承揽人签订分合同的形式将其加工义务分包出去。对此，物流企业通常处在加工承揽合同中的定作人的地位。因此，作为定作人，物流企业应当了解与其有关的加工承揽合同的法律适用，合同的订立、内容及相应的权利和义务。

一 加工承揽合同概述

（一）加工承揽合同的概念

加工承揽合同是承揽人按照定作人的要求完成工作，交付工作成果，定作人给付报酬的合同。在承揽合同中，完成工作并交付成果的一方称为承揽人，接受承揽人的工作成果并给付报酬的一方称为定作人。承揽人完成的工作成果称作定作物。

（二）加工承揽合同的特点

1. 承揽合同是以完成工作为目的的合同

承揽合同的承揽人须依照定作人的要求完成一定的工作，定作人订立合同的目的是取得承揽人完成的一定工作成果。这里的工作是能够产生物化结果的劳务行为。承揽合同列举了工作的种类，包括加工、定作、修理、复制、测试、检验等，但不包括建设工程。承揽合同的目的是实现通过劳务所产生的预期结果，即工作的完成，这也是承揽合同与雇佣合同的区别。二者虽然都是提供劳务的，但承揽人提供的劳务只是一种手段，并不是合同的目的；而雇佣合同中受雇人所提供的劳务却是合同的目的。因此，若承揽人未完成工作，则不得请求报酬。在承揽合同中，由承揽人承担风险；在雇佣合同中，由雇主承担风险。

2. 承揽合同是双务、诺成、不要式、有偿合同

对于承揽合同而言，只要当事人双方意思表示一致，合同就可以成立。定作人有义务提出要求、进行协助，在承揽工作完成以后接受成果并支付报酬；承揽人有义务按照定作人的要求完成工作、交付工作成果。承揽合同原则上是不要式的，当事人在订立合同时可以采取任何形式，但法律另有规定或者当事人另有约定的除外。承揽合同是有偿合同，如果合同中约定不支付报酬，该合同就不是承揽合同，有可能是赠与或者委任。从理论上讲，除当事人另有约定外，定作人支付报酬以承揽工作全部完成为前提。

3. 承揽的标的具有特殊性

承揽合同的承揽标的是承揽人完成并交付的工作成果。这一工作成果既可以是体力劳动成果，也可以是脑力劳动成果；既可以是物，也可以是物以外的其他财产。但它必须具

有特定性，是按照定作人的特定要求，为满足定作人的特殊要求而完成的。承揽标的是不能通过市场购买的，只能由承揽人依定作人的要求通过自己的与众不同的劳动技能来完成。如果定作人所需要的标的物是从市场上可以任意买到的，定作人也就没有必要通过订立承揽合同要求承揽人来完成。

4. 承揽人以自己的风险独立完成工作

定作人注重的是特定承揽人的工作条件和技能，而不是其他一般人的工作条件和技能。因此，尽管在完成工作中承揽人必须接受定作人的监督检验，承揽人却需要以自己的人力、设备和技术力量等条件独立完成工作，对工作成果的完成负全部风险责任，否则，不能从定作人处取得报酬。

【例 8－1】 鹰冠公司（宜昌市鹰冠建材有限公司，徐某与朱某系其股东）所购的整车建材到货，其法定代表人朱某雇用陈某的小型货车转运该批建材，并口头邀请在建材市场蹲点等候的装卸工人王某等人将大货车上的建材卸下搬运到陈某的小货车上，韩某见状也随车去搬运。在此期间，韩某要求将小货车移动到更加靠近大货车的位置。车辆启动后，韩某由于没有扶稳而坠地致头部受伤。韩某要求徐某、朱某赔偿其医疗费、伤残赔偿金等 7 万余元，遭对方拒绝，韩某遂以徐某与朱某系鹰冠公司的股东为由，提起诉讼，请求判令朱某、徐某赔偿其医疗费、伤残赔偿金、后期治疗费、误工费、精神损害抚慰金等共计 73 015.15 元。

扫码看解析

问题：

1. 搬运方独立作业应认定为承揽关系吗？
2. 朱某、徐某是否需要对韩某的受伤承担赔偿的民事责任？

案例来源：最高人民法院《人民司法·案例》2011 年 10 期（总第 621 期），湖北省宜昌市中级人民法院（2010）宜中民三终字第 00176 号。

二》 加工承揽合同的种类

加工承揽合同包括以下几种：

（一）加工合同

加工合同是承揽人以自己的力量，按照定作人的要求，用定作人提供的原材料，为定作人加工成成品，定作人接受该成品并支付报酬的合同。例如，用定作人提供的材料加工成特定设备，用定作人提供的半成品加工成成品，用定作人提供的衣料加工成服装，用定作人提供的木料加工成家具，为定作人装裱字画等，都属于加工合同。

（二）定作合同

定作合同是指承揽人用自己的原材料和技术，按照定作人的要求为定作人制作成品，定作人接受该特别制作的成品并支付报酬的合同。如定作设备、定作服装、定作家具、定刻印章等，都属于定作合同。定作合同与加工合同的根本不同点在于，在定作合同中原材料是由承揽人自备的，而不是由定作人提供的。

（三）修理合同

修理合同是指承揽人为定作人修复损坏的物品，定作人为此支付报酬的合同。例如，修理汽车、修理电视机、修理手表、修理自行车等，都成立修理合同。

（四）复制合同

复制合同是指承揽人按照定作人的要求，根据定作人的样品，为定作人重新制作类似成品，定作人接受复制品并支付报酬的合同。

（五）测试、检验合同

测试、检验合同是指承揽人以自己的技术和仪器、设备等为定作人提出的特定事物的性能、问题等进行测试、检验，定作人接受测试、检验成果并支付报酬的合同。

除上述情况外，在现实生活中，在改制物品、印刷、翻译、复印等活动中也可以成立承揽合同。

三》加工承揽合同的主要内容

合同内容是指合同双方人协商一致的、在合同中加以确定的权利和义务的条款。根据我国《民法典》第771条的规定，承揽合同的主要内容包括承揽的标的、数量和质量、报酬、承揽方式、材料的提供、履行期限、验收标准和方法等。

（一）合同的标的

在《加工承揽合同条例》第5条第1款中规定“加工承揽的品名或项目”表明标的。标的条款是订立加工承揽合同的基本前提，也是加工承揽合同的目的所在。没有标的，承揽合同关系不能成立。

（二）数量条款

承揽合同中的数量，是在承揽合同中以数字和计量单位衡量定作物的尺度。承揽合同必须写明完成的定作物的数量要求以及标准的计量单位。在经济活动中，定作物的数字通常是通用的、具有确定含义的。订立合同时当事人应当使用规范的计量标准，即使使用了惯用的“打”“包”“堆”等，也要进一步具体明确每打、每包、每堆的实际数量和单位，以避免发生不必要的纠纷。

（三）质量技术条款

质量技术条款应当引起特别重视。加工承揽合同的标的物是具有特定性质的物，因而对承揽人履行合同提出了严格的要求。对加工承揽合同的定作物品或完成工作项目的质量技术要求应在合同中规定得清楚、准确。标的物或项目执行有国家、行业标准的，合同中应写明执行的标准名称、代号、编号；没有国家、行业标准的，可按企业标准执行。上述标准都没有的，定作人应当提供样品、模型或者设计图纸，由双方协商确定标准。属于非标准的定作物，定作人必须提出明确的技术要求或图纸资料和样品。对于样品，双方当事人应共同封存，妥善保管，以作为将来承揽人交付定作物的品质依据。

（四）价款或酬金

价款或酬金是承揽合同的必备条款，因为承揽合同是有偿合同。价款是用来偿付承揽人完成产品或项目所花费原材料和加工费的总和，价款中包括原辅材料、技术、燃料动力、劳务及设备损耗等开支。报酬是指定作人按合同规定向承揽人支付的酬金，仅指加工费。报酬条款应当在合同中明确约定报酬的金额、货币种类、支付期限、支付方式等。在承揽合同中，定作合同、复制合同等通常以价款形式支付报酬；加工合同、修理合同、测试合同等以酬金的形式支付报酬的居多。

（五）履行期限

履行期限条款包括定作人提供材料与技术资料、验收工作成果、接受工作成果和支付报酬的期限，也包括承揽人验收定作人提供的材料、交付工作成果的期限等。履行期限届满，没有完成履行义务的一方要承担违约责任。实际生活中，履行期限往往主要是指承揽人完成工作并交付工作成果的期限。

（六）履行方式

履行方式条款是加工承揽合同应当明确的内容。加工承揽合同的履行方式就是指定作物的交付方式，表现为是一次性交付还是分期分批交付，是定作人自提还是承揽人送货等。

（七）材料提供

材料提供条款在承揽合同中非常重要，关系到承揽合同的类型。材料提供承揽业务中所需的原材料的全部或部分可由定作人提供，也可由承揽人提供。承揽合同的双方当事人应首先在合同中明确由谁提供原材料。如果规定原材料由定作人提供，则应明确定作人提供原材料的具体日期；如果规定由承揽人提供，则应约定原材料的单价及总金额，以便将原材料费用和加工费用分别计算，避免交付货款时发生纠纷。

（八）验收标准和验收方法

验收标准和验收方法关系着承揽人完成的工作成果是否达到定作人的要求，也是衡量承揽人工作质量的标准。验收标准是用来确定承揽人交付的工作成果是否达到定作人所要求的质量技术水平，而验收方法则是进行验收的具体做法。验收标准和验收方法关系到工作成果的实用性与安全性，关系到风险责任的转移以及定作人合法权益的保护。因此，承揽合同必须明确规定交付工作成果的验收标准和验收方法，不得随意交付。

四》 承揽人的主要权利和义务

（一）承揽人的主要权利

在承揽合同中，承揽人的主要权利为收益权和留置权。按照合同的约定，承揽人有权向定作人收取加工报酬和有关原材料的费用。

加工承揽合同中，定作人往往是在承揽人交付工作成果时才支付报酬。如果定作人不支付报酬或者有关的费用，我国《民法典》规定了承揽人的留置权制度。

承揽人行使留置权时，用于留置的财产必须是承揽人基于承揽合同而合法占有的属于定作人的工作成果、材料以及其他财产。留置财产的前提是定作人不支付合同约定的报酬或材料费等价款。留置的目的是促使定作人支付约定的款项。根据《民法典》第 453 条、第 455 条的规定，承揽人留置财产后，应当通知定作人履行支付约定款项的义务，定作人逾期仍不履行的，承揽人可以与定作人协议以留置物折价或者拍卖、变卖的方式获得的价款支付约定款项。如果变卖的价款仍不能弥补承揽人所受损失，承揽人有权向定作人追偿不足部分。但若双方特别约定承揽人不得留置时，或者留置有悖于社会公德或公共利益的，承揽人的留置权不能成立。此时，应由定作人赔偿承揽人的相应损失。

（二）承揽人的主要义务

定作人订立承揽合同的目的是获得符合其要求的工作成果。承揽人的主要义务就是按照合同约定的质量完成工作，违反该义务，承揽人要承担相应的责任。

1. 按照合同的约定完成主要工作的义务

承揽人应按合同的约定，按照定作人要求的时间、数量、质量和技术条件等完成承揽工作，而且不经定作人的同意，不得擅自变更其承揽内容。我国《民法典》第 772 条规定：（1）承揽人应当以自己的设备、技术和劳力完成主要工作，这是承揽人基本的义务，但如果当事人约定由定作人提供设备、技术的，则适用于另外约定；（2）承揽人不经过定作人同意，将其承揽的主要工作交给第三人完成的，属于违约行为，定作人有权利解除合同；（3）定作人不解除合同的，承揽人有义务就交由第三人完成的工作成果向定作人负责。

2. 亲自完成主要工作的义务

我国《民法典》规定，承揽人应当以自己的设备、技术和劳力完成主要工作。“主要工作”可以从两个方面来理解：第一，完成了决定定作物质量部分的工作；第二，完成了大部分或者绝大部分数量的工作。主要工作以外的辅助工作，可以交给第三人来完成。但是承揽人将其工作的次要部分转让给第三人时，承揽人与定作人之间的关系并未改变，承揽人应当就该第三人完成的工作成果向定作人负责。在一般情况下，承揽人与接受次要工作的第三人之间成立一个新的承揽关系，即“次承揽”，也称为“转包”。承揽人与第三人之间的关系是否为承揽、是否有效，均不影响承揽人对定作人所负担的义务。承揽人与定作人之间的合同效力对于承揽人与第三人之间的合同效力也无影响。

3. 提供原材料的义务

承揽合同当事人可以在合同中约定由哪一方提供材料。由承揽人提供原材料的，承揽人应当按照合同约定的质量标准选用材料。当事人没有约定质量标准的，承揽人应当选用符合定作物使用目的的材料。由于材料的选用直接关系到定作物的质量，因此，承揽人应认真履行按约定选用材料的义务，而不能以次充好。

承揽人选用材料应当接受定作人的检验。定作人对承揽人选用的材料质量提出质量异议的，承揽人应当调换。由于承揽人隐瞒原材料的缺陷或者使用不合格原材料而造成定作物不符合约定的要求，承揽人应当承担责任。

4. 交付工作成果的义务

交付工作成果是指对工作成果占有的转移以及伴随该占有转移而发生的所有权的转移。如果工作成果所需的材料主要或者完全由定作人提供，工作成果的所有权自然归定作人享有，承揽人交付工作成果仅是完成对工作成果占有的转移；相反，工作成果的所有权归承揽人享有时，承揽人交付工作成果不仅是对工作成果占有的转移，同时也转移了工作成果的所有权。

5. 在工作中接受定作人检查的义务

《民法典》第 779 条规定，定作人可在承揽人工作期间进行必要的检查，以确定承揽人是否按合同规定和定作人的要求加工、修理定作物或完成承揽项目。如发现承揽人未按合同要求进行工作，定作人有权向其指出并要求改正。承揽人不得无故拒绝定作人的正当检查，不得侵犯定作人的检查权，不得为其检查设置障碍或采取隐瞒、逃避等行为。当然，定作人行使检查权应以不妨碍承揽人的正常工作为限，如果超出此限，则应对所造成的损失负责，对此，当事人可在合同中对定作人检查的时间、方式、次数作出详细规定。

6. 保管义务

承揽人应当妥善保管定作人提供的材料以及完成的工作成果，因保管不善造成损毁、灭失的，应当承担损害赔偿责任。

（1）对定作人提供的材料的保管义务。

定作人按照约定提供材料后，这些材料处在承揽人的占有之下，所以，承揽人有义务妥善保管定作人提供的材料，保持材料的质量状态，防止材料非正常损耗，从而保证工作成果的质量。承揽人对定作人提供的原材料不得擅自调换，对定作人提供的承揽工作物的基础（称为工作基底），不得更换应修理部分以外的零部件。例如，定作人将损坏的汽车交承揽人修理，承揽人对定作人交来的旧汽车上的零部件，只能更换应修理部分，不得更换未坏的零部件。承揽人使用定作人提供的材料应符合约定的损耗量，由于承揽人的原因造成浪费的，其应当予以赔偿。

（2）对完成的工作成果的保管义务。

在工作成果交付前，工作成果在承揽人的占有之下，承揽人应当妥善保管工作成果。在交付前，如果因承揽人未尽妥善保管义务造成工作成果损毁、灭失，承揽人应当自负费用准备材料重新完成工作并交付工作成果；因重作而迟延交付的，承揽人应赔偿因此给定作人造成的损失。如果定作人迟延受领工作成果，定作人应承担迟延受领期间工作成果因意外事故损毁、灭失的风险。

7. 验收与通知义务

《民法典》第 776 条规定了承揽人的验收与通知义务，根据这条法律规定，承揽人发现定作人提供的材料不符合约定，或者定作人提供的技术要求和图纸不合理的，应当及时通知定作人。

首先，一般来说，定作人应当对自己提供的原材料及技术资料等负责，法律规定承揽人的通知与验收义务似乎加重了承揽人的负担，但是从效果上来说，规定承揽人的验收与通知义务，可以避免承揽人交付不符合合同约定的工作成果，避免定作人的合同目的落空，符合经济效益最大化原则。其次，承揽人具有一定的专业知识和技术能力，应当并能够承担较多义务。再次，承揽合同的履行需要定作人与承揽人共同合作、相互协助，承揽人对材料及技术资料进行检验，在发现不利情况时，通知定作人符合协作原则。

在承揽人履行了通知义务之后，如果定作人怠于答复或不同意更改原材料、技术要求等，由此给承揽人造成损失的，定作人应承担赔偿责任。承揽人因此不能交付符合合同要求的工作成果的，不承担质量责任。

8. 保密义务

《民法典》第 785 条规定，承揽人应当按照定作人的要求保守秘密，未经定作人许可，不得留存复制品或者技术资料。该条设定了承揽人的保密义务，保密义务是合同的一种附随义务。《民法典》第 509 条第 2 款规定：“当事人应当遵循诚实信用的原则，根据合同的性质、目的及交易习惯履行通知、协助、保密等义务。”强调承揽人的保密义务在承揽合同中非常重要，因为承揽人在为定作人完成工作过程中，会知道定作人的技术秘密、商业秘密或者隐私等。这些秘密对定作人来说具有很大价值，如果承揽人泄露这些秘密，将使定作人受到损失。

9. 瑕疵担保义务

承揽人交付的工作成果不符合质量要求的，定作人可以要求承揽人承担修理、重作、减少报酬、赔偿损失等违约责任。承揽人对完成的工作成果负有瑕疵担保义务，即担保其完成的工作成果符合质量要求。承揽人所完成的工作成果不符合合同约定的质量要求，或使定作物价值减少，或不符合通常效用的，承揽人应负瑕疵担保责任，定作人有权要求其承担违约责任。

扫码看解析

【例 8-2】定作合同制作人负有确定产品规格之义务。

朱晓某到恩爱思公司（北京恩爱思高尔夫用品有限公司）定作高尔夫球杆一套。在协商过程中，双方并未对球杆型号及具体数据明确约定。恩爱思公司在询问了朱晓某的身高、年龄及之前使用球杆的型号后，根据朱晓某的陈述及公司的经验，确定了球杆的相关数据并进行制作。朱晓某陆续向恩爱思公司付款共计 3 万元，恩爱思公司向朱晓某交付了 13 支球杆。后朱晓某在使用上述球杆过程中发现球杆长度过短，使其击球水平受到影响，但恩爱思公司拒不承认定作产品存在问题。双方协商未果。

问题：

1. 恩爱思公司是否构成合同违约？
2. 定作合同能否解除？

案例来源：《人民法院案例选》2011 年第 3 辑（总第 77 辑），北京市朝阳区人民法院（2010）朝民初字第 14162 号。

10. 共同承揽人的连带责任

共同承揽人对定作人承担连带责任，但当事人另有约定的除外。共同承揽与转承揽不同。转承揽是承揽人将自己承揽的部分交由第三人承揽完成。虽然共同承揽与转承揽都是由多人完成承揽工作，但共同承揽中全体承揽人都是承揽合同的当事人，而转承揽中的第三人不是承揽合同的当事人。共同承揽人向定作人承担连带责任，而在转承揽中，第三人向承揽人负责，再由承揽人就全部工作向定作人负责。当工作成果不符合约定时，即使是因第三人造成的，承揽人也要向定作人承担责任。

五》 定作人的权利和义务

（一）定作人的主要权利

定作人的权利是与承揽人的义务相对应的，即前述承揽人的义务，从另一方面来说就是定作人的权利。这些权利主要为按合同约定受领工作成果的权利、对原材料以及交付的工作成果按约定验收的权利、对承揽人进行必要监督的权利等。下面介绍其中的几种。

1. 对材料的检验权

在承揽合同中，双方当事人可以自由约定材料由定作人提供或由承揽人提供。在承揽人提供材料的情况下，定作物一般自始至终都在承揽人的占有之下。如果不允许定作人进行检验而仅凭承揽人的诚心进行承揽工作，一旦承揽人提供的材料不符合合同的要求，定作人将无从知晓，定作物的质量也无从得到保证，定作人将处于十分不利的地位。基于此原因，应当赋予定作人对材料的检验权。我国《民法典》第 774 条规定：“承揽人提供材料的，应当按照约定选用材料，并接受定作人检验。”如果定作人对承揽人选用的材料质量提出异议，承揽人应当给予调换。承揽人因原材料的缺陷导致工作成果有瑕疵的，应当承担违约责任。

2. 监督检验权

我国《民法典》第 779 条规定：“承揽人在工作期间，应当接受定作人必要的监督检验。定作人不得因监督检验妨碍承揽人正常工作。”这里的监督检验权是对承揽人承揽工作的监督检验，不包括对承揽人提供材料的验收。定作人在监督检查中发现承揽工作有问题的，应当及时提出并要求承揽人改正、变更工作要求等。

3. 中途变更要求的权利

在加工承揽合同中，承揽人应按照定作人的要求完成工作，这是加工承揽合同订立的基础之一，定作人的要求体现在承揽工作的整个过程中。由于种种原因，定作人可能会对最初在合同中所约定的要求觉得不满意、不适合，在这种情况下，应当允许定作人对其提出的要求进行变更，但定作人应承担这种变更所带来的不利后果。我国《民法典》第 777 条规定：“定作人中途变更承揽工作的要求，造成承揽人损失的，应当赔偿损失。”

4. 单方解除权

一般而言，合同生效后，双方当事人中的任何一方都不得任意解除。但加工承揽合同具有按定作人要求进行承揽工作的特殊性，在合同成立后如定作人因种种原因不再需要承揽人完成该项工作时，允许定作人单方解除合同应当是最佳选择。因为此时如果定作人迫于合同的约束力而继续该合同，将会造成人力、物力的更大损耗。法律因此赋予了定作人单方解除权。我国《民法典》第 787 条规定：“定作人在承揽人完成工作前可以随时解除合同，造成承揽人损失的，应当赔偿损失。”

（二）定作人的义务

1. 按照约定提供材料、设计图纸或技术资料的义务

根据《民法典》第 775 条的规定，如果定作人隐瞒材料的缺陷而造成完成的工作成果存在质量问题的，定作人应当承担责任。如果承揽人在合同约定的期限没有收到定作人提供的材料，或接到的材料质量有缺陷造成工作延期等后果的，定作人应承担相应的责任。

2. 协助义务

所谓定作人的协助义务，是指在承揽合同的履行过程当中，如果承揽工作的完成需要定作人提供帮助的，定作人负有向承揽人提供必要帮助的义务。只要承揽工作中出现需要定作人协助才能顺利完成的事项，定作人即负有协助的义务。如果依据工作的性质，可以不需要定作人的协助，则定作人即不承担协助义务。

3. 支付报酬的义务

定作人应当按照约定的期限支付报酬。对支付报酬的期限没有约定或者约定不明确，依照《民法典》第 510 条的规定仍不能确定的，定作人应当在承揽人交付工作成果时支付；工作成果部分交付的，定作人应当相应支付。定作人未向承揽人支付报酬或者材料费等价款的，承揽人对完成的工作成果享有留置权，但当事人另有约定的除外。

4. 验收并受领工作成果义务

对承揽人完成并交付的工作成果，定作人应及时检验，对符合约定要求的，应接受该

工作成果。如在合同规定的验收期限内未对定作物或项目的质量提出异议，视为定作人已接受合格的定作物或项目。超过约定期限领取定作物的，定作人负受领迟延责任。

六》 流通加工中所涉及的责任

（一）作为承揽人的责任

1. 违约责任

承揽人根据物流服务合同的要求进行流通加工，物流服务合同中规定了物流企业承揽人应履行的义务，在其违反了合同中的约定时，就应当承担违约责任。其承担的违约责任应该根据物流服务合同的具体内容确定。

2. 产品责任

若加工物本身的缺陷给物流需求方或第三人的人身、财产造成损失的，物流企业承揽人应当承担产品责任。依据《民法典》和《产品质量法》的有关规定，这种产品责任是一种侵权责任。

（二）作为定作人的责任

1. 提供的原材料不符合合同要求的责任

物流企业没有能在合同的约定时间内提供原材料及技术资料，或者提供的原材料、技术资料不符合合同的规定，应该承担违约责任，并且承担由此给加工承揽人带来的损失。

2. 不领取或逾期领取定作物的责任

加工承揽人按照合同的约定完成定作物后，物流企业应该在合同约定的时间内领取加工物，如果无故推迟领取，应该承担违约责任，并且承担由此给加工承揽人造成的额外费用和其他损失。

3. 中途变更加工要求的责任

在加工承揽合同的履行过程中，物流企业单方面改变合同的内容，变更标的的内容，增加定作物的数量、质量、规格、设计等，同样是一种违约行为，对此应该承担违约责任，并对由此给加工承揽方所带来的其他损失负赔偿责任。

第三节 配送合同

一》 配送合同的概念与性质

（一）配送合同的概念

配送合同是配送人根据用户需要为用户配送商品，用户支付配送费的合同。用户是配送活动的需求者，配送人是配送活动的提供者。

作为配送活动需求者的用户，既可能是销售合同中的卖方，也可能是买方，甚至可能是与卖方或买方签订了综合物流服务合同的物流企业。这类综合物流企业与卖方或买方签订综合物流服务合同后，由于自身不拥有配送中心，需要将配送业务外包给其他具有配送中心的物流企业，因而成为配送的需求者，即用户。

作为配送活动提供者的配送人，则既可能是销售合同中的卖方，也可能是独立于买卖双方的第三方物流企业。自身不拥有配送中心的综合物流企业，虽然相对于与之签订配送合同为其提供配送服务的其他拥有配送中心的物流企业而言，是配送服务的需求者；但相对于与之签订综合物流服务合同的买方或卖方而言，则为配送服务的提供者。

配送费是配送人向用户配送商品而取得的对价。根据配送的具体方式不同，配送费可能包括商品价款和配送服务费两个部分。如果配送人为用户提供的是综合性物流服务，配送服务费也可能包含在用户支付的物流服务费中。

配送合同适用《民法典》合同编通则的规定，并可就相关问题参照合同编典型合同或其他法律最相类似的规定。具体地说，在不违反法律规定的情况下，配送合同双方当事人的权利义务主要依据双方的约定。其中，配送人向用户提供配送服务部分，根据服务的具体内容可分别适用运输合同、加工承揽合同、仓储合同、保管合同以及委托合同的规定。就销售配送合同来说，关于商品所有权转移的部分则可以参照买卖合同的规定。

（二）配送合同的性质

1. 配送合同不同于单纯的仓储合同、运输合同或加工承揽合同

从事配送业务的企业都有一定规模的可使用仓库。配送人接受用户的指示将货物从工厂或中转站运到自己的仓库，为用户提供仓储保管服务，并将货物送至用户指定的地点。虽然在配送中含有仓储和运输，但配送是一揽子活动，运输和仓储保管仅是这一系列活动中的一个环节，它们不足以涵盖配送的全过程，况且，在销售配送合同中还存在着商物合一，商品的所有权发生了变动的情形。因此，不能据此就将配送合同定性为仓储或运输合同，同样配送合同也不是单纯的加工承揽合同。

2. 配送合同不同于买卖合同

销售配送合同中，配送人除将标的物所有权转移给用户外，还为用户提供专业的配送服务，所收取的配送费中，不仅仅是商品的价款，还包括了因提供配送服务而收取的配送服务费。尤其是销售-供应一体配送形式中，销售企业既是销售者同时又是用户的供应代理人。配送合同的这些特征明显有别于买卖合同。

3. 配送合同不同于委托合同

配送合同是以为用户处理物品配送事务为目的的合同，用户可以只委托配送人运送物品，也可以委托配送人处理货物的分拣、加工、包装、运送等多项事务，因此配送合同具有委托合同的某些特征，但这并不表示配送合同应属于委托合同。

4. 配送合同是无名合同

根据法律是否规定一定名称和相应的规范，可将合同分为有名合同和无名合同。配送合同是一种无名合同。综上所述，配送合同是具有仓储、运输、买卖、加工承揽和委托合同的某些特征的一种无名合同。

二》 配送合同的种类

配送合同种类繁多，根据不同性质可以分为不同种类。根据配送物所有权的变化，可以将配送合同分为配送服务合同和销售配送合同。

(一)配送服务合同

配送服务合同是指配送人接收用户的货物，予以保管，并按用户的要求对货物进行拣选、加工、包装、分割、组配作业后，最后在指定时间送至用户指定地点，由用户支付配送服务费的合同。

这种单纯的提供配送服务的合同，双方当事人仅就货物的交接、配货、运送等事项规定各自的权利义务，不涉及货物所有权。在配送服务实施过程中，货物所有权不发生转移，自始至终均属于用户所有，只发生货物物理位置的转移和物理形态的变化。配送人不能获得商品销售的收入，仅因提供了存储、加工、运送等服务而获得服务费收益。

(二)销售配送合同

销售配送合同是指配送人在将物品所有权转移给用户的同时为用户提供配送服务，由用户支付配送费(包括标的物价款和配送服务费)的合同。

1. 销售企业与买受人签订的销售配送合同

在销售配送及销售-供应一体化配送中，销售企业与买受人签订的合同就是销售配送合同。销售企业出于促销目的，在向用户出售商品的同时又向买受人承诺提供配送服务。

在这种配送中，用户就是商品购买者，销售企业为用户提供配送服务的承诺已构成销售合同的一部分，不存在独立的配送合同。双方的权利义务主要根据销售合同约定，销售配送经营形式中通常采用这种方式；或由双方将之作为销售合同的附属合同进行约定，销售-供应一体化配送经营形式中通常采用这种方式。这种配送实际上就是销售商品加送货上门。

在这种配送合同中，销售企业向用户收取配送费时，可能只收取商品的价款金额，而不另收配送服务费，如为促销而进行的一次性配送服务；也可能在商品价款之外，再收取一定数额的配送服务费，如销售-供应一体化配送形式。

2. 物流企业与用户签订的销售配送合同

这是一种商流合一的配送服务形式。在物流企业与用户签订的配送合同中，除约定物流企业的配货、送货等流通服务义务外，还约定物流企业应负责订货、购货。具体地说，就是由用户将自己需要的产品型号、种类，各部件的要求、规格、颜色、数量等信息提供给物流企业，由物流企业负责按此订货、购货(包括原材料、零部件等)、配货及送货。

在这种方式中，物流企业与用户签订的配送合同，除约定配送人向用户提供配送服务外，还会就特定货物的交易条件达成一致，实质是买卖合同与配送服务合同紧密结合的有机体。在这一合同中，商流与物流紧密结合。在订货、购货阶段，货物的所有权一直属于物流企业。货物的所有权何时转移至用户，由物流企业与用户在配送合同中约定。物流企业向用户收取的配送费中，既包括因提供配送服务而应获得的配送服务费，也包括因出售商品而应收取的商品价款。

三》 配送合同的主要内容

配送合同中的约定是明确配送人和用户双方权利义务关系的最主要根据。双方当事人除就合同的一般条款进行约定外，还应特别根据配送合同的特征就配送合同中的特别事务进行明确约定，以避免不必要的纠纷。

（一）配送服务合同的主要内容

配送服务合同是商流分离的合同，是单纯提供配送服务的合同。一般来说，配送服务合同主要有以下条款：

（1）配送人与用户的名称或者姓名和住所。这是配送合同应具备的一般条款，以确定双方当事人的身份与联系方式。

（2）服务目标条款。配送服务应实现用户特定的经营、管理和财务目标。

（3）服务区域条款。即约定配送人向用户提供运送服务的地理范围的条款，配送人据此安排其运力。

（4）配送服务项目条款。该条款主要是就配送人的服务项目进行明确具体的约定，包括用户需要配送人提供配送的商品品种、规格、数量等，还包括用户需要配送人提供哪些具体的配送作业，如是否需要加工、包装等。

（5）服务资格管理条款。即约定配送人为实现配送服务目标应具备的设施、设备，以及相关设施、设备的管理及操作标准等条款。

（6）交货条款。既包括用户将货物交付给配送人的环节，也包括配送人将货物配送交付给用户或其指定的其他人这一环节。双方应就交货的方式、时间、地点等进行约定。

（7）检验条款。货物检验发生在两个环节：一是用户将货物交付给配送人时的验收；二是配送人向用户或用户指定人交付货物时的验收。检验条款应规定验收时间、检验标准，以及验收时发现货物残损的处理方法。

（8）配送费及支付条款。主要规定配送人服务报酬的计算依据、计算标准，及配送费支付的时间和支付方式。

（9）合同期限条款。

（10）合同变更与终止条款。约定当事人在合同存续期间变更、终止合同的条件，以及变更或终止后的处理。

（11）违约责任条款。

（12）争议解决条款。

（二）销售配送合同的主要内容

销售配送合同是商流合一的合同，其中关于配送服务部分的条款与配送服务合同基本相同；而关于转移标的物所有权部分的条款与买卖合同相似。一般地，销售配送合同主要包括下列条款：

（1）当事人名称、地址。

（2）商品名称、品质条款。

（3）加工条款。双方关于配送人对商品进行拣选、组配、包装等的约定。

（4）送货条款。约定配送人送货的数量和批次、送货时间和地点等内容。

（5）检验条款。

（6）价格与报酬条款。约定配送人向用户出售商品的价格和配送服务报酬的计算。双方当事人可以将配送费计入商品价格统一计算，也可以分别约定。

（7）结算条款。

(8) 合同变更与终止条款。

(9) 违约责任条款。

(10) 争议解决条款。

四》 配送合同当事人的权利和义务

(一) 配送人在配送服务合同中的权利和义务

1. 配送人在配送服务合同中的权利

(1) 收取配送费。配送服务合同是有偿合同，物流企业通过提供配送服务获得收入，有权要求用户支付配送费。这一权利是物流企业的最主要权利，是物流企业订立配送合同的目的所在。

(2) 有权要求用户提供配送货物的权利。在配送服务合同中，用户要求配送人配送的货都是由客户提供时，配送人有权要求用户按约定提供原始货物，如果用户没有按约定提供，以至配送人没有按期送货的，配送人无须承担责任。

(3) 要求用户按时收货的权利。配送人按约定将配送物送至地点时，用户应及时接收货物并办理货物交接手续。用户迟延接收货物造成配送人受损时，应承担赔偿责任。

(4) 要求用户告知的权利。配送人如果要按约定履行其义务，在很大程度上依赖于用户的协助。用户应向配送人提供有关配送业务的单据文件，这主要包括以下几点：

①品名、型号、数量等有关货物的资料。如果涉及危险品，用户还应将有关危险品的正式名称和性质，以及应当采取的预防措施书面通知配送人。用户违反此项义务造成配送人损失的，应承担赔偿责任。

②送货时间、送货地址、联系电话、联系人等与货物交接有关的资料。用户还应指派专人负责与配送人联系，并协调配送过程中的有关事宜，以便双方更好地合作。

2. 配送人在配送服务合同中的义务

(1) 安全并及时供应的义务。配送的一个重要意义就是提高用户的供应保证能力，用最小的成本降低供应不及时的风险，减少由此造成的生产损失或对下家承担的违约责任。因此安全性和准时性是配送人的首要义务。对此，配送人应做到以下两点：

①有良好的货物分拣、管理系统，以便在用户指令下达后，在最短时间内备齐相关物品。

②有合理的运送系统，包括车辆、运输人员、装车作业、运送路线等各个方面。

在多用户配送中，配送人应对每个用户负责，即配送人不得以其向其他用户配送为由来免除对某一用户的违约责任。

(2) 按约定理货的义务。配货是配送业务的一个特殊环节，配送人必须严格按照用户的要求对货物进行加工，使货物最终以用户希望的形态被送至指定地点。在消费品领域，个性化的商品具有更高的商业价值，能更好地实现销售者的销售目标。

(3) 妥善保管的义务。虽然在配送业务中，储存并不是配送服务的目标，但具有相应的存储、保管能力是物流企业必不可少的条件。配送人从接收货物时起，至交付货物时止的全过程，应当尽合理谨慎注意的义务，妥善地保护、管理货物，以保证货物的数量和质量。除合同另有约定外，物流企业应对其占有货物期间所发生的货损、货差承担责任。

（4）告知义务。配送人在履行配送合同的过程中，应将履行的情况、可能影响用户利益的事件等及时、如实地告知用户，以便采取合理的措施防止或减少损失的发生，否则配送人应承担相应的责任。例如，配送人在接收货物时，应仔细核对货物与清单记载是否一致，检查货物是否完好，如果发现货物包装出现破损、短量、变质等情况，应及时告知用户。配送人在合理时间内未通知用户的，视为配送人接收的货物完好，与合同约定一致。

配送人在理货、运送时，无论出于任何原因，只要无法按用户要求及时完成义务，就应立即通知用户，并按用户的合理指示妥善处理。否则，配送人不仅要承担其违反配送义务的违约责任，还要对由于未及时通知而造成用户的其他损失承担赔偿责任。

（二）配送人在销售配送合同中的权利和义务

1. 配送人在销售配送合同中的权利

（1）要求用户支付配送费的权利。这是配送人在销售配送合同中最基本的权利。配送人有权向用户收取货物的价款和配送服务费。

（2）要求用户及时受领货物的权利。

（3）要求用户协助的权利。

2. 配送人在销售配送合同中的义务

（1）及时提供符合合同约定货物的义务。配送人不仅要按用户要求组配货物，使其物理形态满足用户需要，更应当保证商品的内在质量符合约定。与一般销售合同不同的是，销售配送合同对交付货物的时间性要求较高，因此，配送人除了在配送环节应安排好相关事务外，在组织货源环节上也应充分考虑其时间性。配送人违反此项义务，应向用户承担替换货物、退货、减价、赔偿损失等买卖合同中的责任。

（2）转移货物所有权的义务。这是销售配送合同区别于配送服务合同之处。配送人除了向用户提供配送服务，还要将货物的所有权由己方转移给用户，实现货物所有权的转移。为实现所有权的转移，配送人应向用户提交有关单证，如发票、检验证书等。

（3）告知义务。配送人在履行销售配送合同的过程中，应将履行情况、可能影响用户利益的事件等及时、如实地告知用户，以便采取合理的措施防止或减少损失的发生，否则，配送人应承担相应的责任。

（三）用户的权利和义务

用户的权利和义务与配送人的义务和权利相对应。

（1）主要义务：①支付配送费，及时向配送人提供所需配送的货物的义务；②及时收取配送物品的义务；③告知物品性质的义务。

（2）用户的权利：①享有安全、及时配送服务的权利；②签收配送单证的权利；③对物品现状的知情权。

实训作业

一、实训项目

物流配送业务环节复杂，包括装卸、包装、保管、运输等物流功能要素，法律风险凸显。组织学生共同拟定一份蔬菜加工配送合同，将学生分为甲方和乙方。甲方作为委托方，乙方作为食品公司负责蔬菜加工配送业务。学生通过调查配送业务流程，根据《民法典》合同编的规定，参照配送合同示范文本，评估各环节法律风险，协商达成配送协议。配送协议中明确约定甲、乙双方的权利和义务，具体包括甲方的监督管理权利、支付货款的方式，乙方确保食品的新鲜和卫生，商定配送的时间、商品的报价等内容。合同同时约定违约责任的承担方式，如食物中毒、拖欠账款应承担的责任，以及争议的解决方法。蔬菜加工配送合同签订后，由教师对合同内容进行分析评价。

二、案例讨论

案例一：某市工人文化宫与本市个体机械修理户张某、赵某签订了一份加工承揽合同。合同约定：由张某、赵某二人共同为文化宫加工跨度为 30 米的钢结构房架 10 排；材料由承揽人按照图纸规定自备；报酬 10 万元；加工完成后，文化宫派车自提；房架图纸由文化宫提供。合同签订后，文化宫依约预付了 10 万元加工费给张某、赵某，二人拿到预付款后立即同去采购钢材。在火车上，二人遇到某县钢铁厂的王某，三人相识多年。王某了解到张某、赵某二人此行系采购角钢后，便主动推销其厂生产的产品，张某、赵某二人在未见到货的情况下，就与王某签订了购买 70 吨角钢的合同。事隔一周，钢铁厂给张某、赵某二人发来角钢，但无材质证明。张某、赵某二人考虑到价格较市场价格低，便没有提出异议，并用这批角钢加工屋架。在焊接过程中发现角钢焊过后即发生裂缝，张某、赵某二人以为是因冬季气温低所致，便采用加温脱炭的方法焊接，并如期完成了全部屋架。文化宫在验收时发现屋架有多处开焊，怀疑屋架质量有问题。经与张某、赵某二人协商后，决定委托某建筑材料研究院取样化验，化验结果表明屋架的角钢中杂质过量，不符合国家有关角钢的材质标准，也不符合设计图纸中的要求。文化宫找到张某、赵某，要求二人重新制作屋架，张某口头答应，但赵某一直拖而不办。于是，文化宫向当地法院起诉。

问题：

1. 本案承揽合同的性质是什么？张某与赵某需要对定作人承担连带责任吗？
2. 定作人是否也须承担一定责任呢？

案例二：某市八中（第八中学）与本市服装厂签订了一份加工服装合同，合同约定：由服装厂为八中加工校服 480 套，平均每套付加工费 30 元，共计 14 400 元；八中负责提供所需要的布料、服装型号与规格；服装厂应于合同订立后 30 天内完成加工任务；八中在接到服装厂完成工作的通知后 3 天内付款提货。合同订立后，不足 10 人的服装厂日夜加班赶制服装，按时完成了校服加工任务，并通知八中领取定作的校服。校方接到通知后，与服装厂商量，由于学生无力负担，学校也暂时拿不出钱，能否先提货后付款。服装厂不同意，坚持要求按照合同约定付款提货，并催告八中在 70 天内付款提货，但学校在催告后近 3 个月内仍未付款提货。于是服装厂将这批服装委托某拍卖行卖给了个体服装商张某，得款 31 500 元，扣除加工费、保管费、违约金等后，尚余 8 000 元。

问题：

1. 定作人未履行支付报酬的义务，承揽人能拒绝定作人提货吗？

2. 承揽人在什么情况下对完成的工作成果享有留置权?

案例三：A企业是重庆某新鲜蔬果生产基地，B公司是重庆某货物配送中心。2015年1月份，A企业为了集中力量发展核心竞争力，决定把物流外包出去。所以，A企业与B公司订立了为期1年的配送服务合同，合同约定：配送中心按重庆市各大超市的要求对蔬菜进行拣选、加工、包装等作业后，在指定的时间送至各大超市，配送费月付。在合同履行过程中，先后出现了以下情况：4月15日，重百超市检查配送的蔬菜时发现了漏送的品种；7月20日，重百超市又发现配送的蔬菜有些叶子已经变黄，而且包装不符合要求；10月3日，新世纪百货发现配送的蔬菜中有错送，而且发现包装外的标签和里面的蔬菜不一致。

问题：

1. A企业是否应该赔偿重百超市和新世纪百货的经济损失？为什么？
2. 损失最终由谁来负责？为什么？
3. 请提出一个使各方利益最大化的合理的解决方案。

第九章　物流保险法律制度

【学习目标】

- 了解：物流保险的含义，物流过程中涉及的保险种类，保险法基本原则。
- 熟悉：国内物流运输保险种类及国际物流运输保险种类。
- 掌握：国际海运保险范围，国际海运保险险别。

【导入案例】

上海富申冷机有限公司（以下简称“富申公司”）为托运单位、予达公司为承运单位，它们签订了货运合同，约定予达公司为富申公司将57台可口可乐展示柜从上海市运往福建省厦门市。同日，人保卢湾公司为富申公司上述货物承保运输险，保险金额为人民币19.8万元。

承运车辆行驶至福泉厦高速公路路段时，由于该货车副驾驶员座位一侧后轮的内轮轮毂过热，引起轮胎着火，进而导致车上全部货物烧毁。起火后，司机立即采取措施救助，并报警。但由于所处地段较为偏僻，当消防车赶到时，火势已难以控制，燃烧共持续了三四个小时。消防大队出具的火灾原因认定书认定：驾驶人无违法和过错行为，本事故属于意外火灾事故。上海恒量保险公估有限公司出具的《检验报告》第八条认为：此次事故是由于轮胎起火造成，属于保险责任范围，对此事故的理算金额为111 008元。2005年7月14日，人保卢湾公司向富申公司赔付111 008元，并取得富申公司出具的权益转让书。

人保卢湾公司认为其已依法对被保险人进行了保险理赔，赔偿被保险人富申公司人民币111 008元，并据此取得了保险代位求偿权，故请求法院判令予达公司赔偿其经济损失人民币111 008元。予达公司认为，本案所涉保险事故是意外事故，其作为承运人没有过错，当属原告应当理赔的范围，人保卢湾公司无权向予达公司追偿。

问题：

1. 保险公司在什么样的条件下可以主张代位求偿权？
2. 火灾事故是否属于不可抗力？
3. 火灾事故是否可以成为承运人免责的事由？

扫码看解析

第一节 保险法概述

一》保险与保险法概述

(一) 保险的概念和种类

1. 保险的概念

保险，是指投保人根据合同约定，向保险人支付保险费，保险人对于合同约定的可能发生的事故因其发生所造成的财产损失承担赔偿保险金责任，或者当被保险人死亡、伤残、疾病或者达到合同约定的年龄、期限等条件时承担给付保险金责任的商业保险行为。保险分为人身保险和财产保险。人身保险是以人的寿命和身体为保险标的的保险；财产保险是以财产及其有关利益为保险标的的保险。

2. 保险的种类

按保险标的划分，保险主要可分为财产保险与人身保险。

(1) 财产保险。财产保险是保险人承保被保险人的以物质财富为内容的损害风险。财产保险可分为财产损失保险、责任保险、保证保险等。

①财产损失保险又称产物保险，是指对物或其他财产利益损害的保险。凡是为被保险人所有或替他人保管，或与他人所共有而由被保险人负责的财产，都可投保财产损失保险。财产损失保险以各种不同的物质财富和与之有关的利益作为保险标的。财产损失保险按财产种类的不同细分为企业财产保险、无形财产保险、运输工具保险、货物保险、货物运输保险、家庭财产保险、房屋保险、农业保险等；按危险来源的不同可细分为火灾保险、水灾保险、风灾保险等。

②责任保险是指以被保险人对第三者依法应负的赔偿责任为保险标的的保险，是保险人在被保险人对于第三人应负赔偿责任而受赔偿的请求时，负赔偿责任的一种无形财产保险。这就是说，被保险人因工作中的过失责任造成他人损失而要赔偿时，由保险人负赔偿责任。比如，工程师、医生、会计师或机关、企业等都可保责任保险。责任保险的目的，即保险人事先为个人或企业承保的保险标的，既不是特定财产，也不是人身，而是被保险人对于第三人应负的赔偿责任。

③保证保险实际上是保险人向权利人所提供的一种担保，在被保证人不履行契约义务、失去信用或有犯罪行为使权利人受到损失时，由保险人负赔偿责任。保证保险主要有忠实保证保险，如保险公司承保雇主因所雇职工偷窃、侵占、挪用等所受损失；契约保证保险，即承保被保证人违约而造成损失；信用保险，即承保因被保证人失去信用而造成的损失。比如，被保险人利用一个商号的信用向银行贷款，现在这个商号失去信用，银行不再贷款给他，因而造成被保险人的损失。信用保险的被保险人一定是权利人，也就是要求保险人担保对方信用的人。

(2) 人身保险。人身保险是以人身作为保险标的的一种保险，即保险人在被保险人人身伤亡、疾病、养老或保险期满时向被保险人或其受益人给付保险金的保险。

（二）保险法的概念

保险法是调整保险关系的一切法律规范的总称，包括调整保险人与投保人、被保险人以及受益人之间因保险合同的订立、变更、转让、履行、解除及承担法律责任过程中产生的各种权利义务关系，规范保险业主体的设立、变更、消灭过程中产生的各种权利义务关系，以及规范保险业主体内外组织活动过程中产生的各种权利义务关系的法律规范。

保险法有广义和狭义之分。广义的保险法所调整的对象是一切社会保障关系，包括保险业法、社会保险法以及保险合同法和保险特别法等；狭义的保险法即形式意义上的保险法，专指以保险法命名的法律法规。

（三）保险法的调整对象

保险法的调整对象是指保险法所规范的社会关系，简称保险关系。保险活动涉及的社会关系包括：保险活动当事人之间的关系、保险当事人与保险中介人之间的关系、保险企业之间的关系以及国家对保险业实施监督管理而形成的管理与被管理的关系。概括起来，保险法主要调整两方面的关系：一是政府与保险人、保险中介人之间的关系；二是保险当事人之间的关系。

二》 保险法的基本原则

保险活动应当遵循的原则集中体现了保险制度的特征，它不仅是参加保险关系当事人及有关主体间活动的基本准则，而且对保险立法、保险公司法也有现实的指导意义。这些原则主要有最大诚信原则、保险利益原则、补偿原则、近因原则。

（一）最大诚信原则

保险活动当事人行使权利、履行义务应当遵循诚实信用原则。订立保险合同，保险人就保险标的或者被保险人的有关情况提出询问的，投保人应当如实告知。订立保险合同，采用保险人提供的格式条款的，保险人向投保人提供的投保单应当附格式条款，保险人应当向投保人说明合同的内容；对保险合同中免除保险人责任的条款，保险人在订立合同时应当在投保单、保险单或者其他保险凭证上作出足以引起投保人注意的提示，并对该条款的内容以书面或者口头形式向投保人作出明确说明。

（二）保险利益原则

保险利益原则也称可保利益原则，是指投保人对保险标的具有法律上认可的、经济上确认的利害关系。保险利益的存在是保险合同生效的要件，它包含两层含义：（1）对保险标的有保险利益的人才具有投保人的资格；（2）保险利益是认定保险合同有效的依据。

保险利益原则可以适用下列人员：（1）本人；（2）配偶、子女、父母；（3）配偶、子女、父母以外与投保人有抚养、赡养或者扶养关系的家庭其他成员、近亲属。

（三）补偿原则

补偿原则要求保险赔偿以被保险人的实际损失为限，被保险人不能因此而获得额外的利益。《保险法》规定，在财产保险中，投保人和保险人约定保险标的的保险价值并在合同中载明的，保险标的发生损失时，以约定的保险价值为赔偿计算标准；投保人和保险人未约定保险标的的保险价值的，保险标的发生损失时，以保险事故发生时保险标的的实际价值为赔偿计算标准。保险金额不得超过保险价值；超过保险价值的，超过部分无效。

（四）近因原则

近因原则要求当保险人承保的风险是造成损失的最有力的、起决定作用的原因时，保险人应承担赔偿责任。近因是引起保险标的损失的直接、有效、起决定作用的因素。反之，引起保险标的损失的间接的、不起决定作用的因素，称为远因。在保险理赔中，近因原则的运用具有普遍的意义。在处理赔案时，赔偿与给付保险金的条件是造成保险标的损失的近因必须属于保险责任，若造成保险标的损失的近因属于保险责任范围内的事故，则保险人承担赔付责任；反之，若造成保险标的损失的近因属于责任免除，则保险人不负赔付责任。只有当保险事故的发生与损失的形成有直接因果关系时，才构成保险人赔付的条件。

按照近因原则，如果是单一原因导致保险损失的，则只需判断该原因是否为保险合同所约定的保险事故，适用较为容易。但存在多个原因的，近因原则的适用较为复杂，下面结合案例来具体分析。

（1）保险损失由一系列原因引起，则前一原因（即诱因）是否构成“近因”应判断各原因之间是否存在因果关系及其性质。

①各原因之间不存在因果关系的，前一原因（即诱因）不构成“近因”。例如，保险船舶因大雾偏离航线搁浅受损，本案近因是大雾导致船舶搁浅，超载和不适航与大雾没有因果关系，不是近因。

②各原因之间存在因果关系的，则应判断因果关系的性质。不存在必然因果关系的不构成“近因”。例如，保险车辆遭受暴雨浸泡气缸进水，强行启动发动机导致发动机受损，近因是强行启动发动机，暴雨并不必然导致发动机受损，因而不是近因。只有存在必然因果关系的才构成“近因”。例如，著名的艾思宁顿诉意外保险公司案中，被保险人打猎时从树上掉下来受伤，爬到公路边等待救援时因夜间天冷染上肺炎死亡，感染肺炎是从树上掉下来的意外事故之必然，因而是近因。若是否存在必然因果关系有争议的，则取决于法官自由裁量。例如，投保人被车辆碰擦，送往医院后不治身亡，死亡原因是心肌梗死，车祸是不是心肌梗死的诱因，即构成死亡的近因，则取决于法官自由裁量。

（2）若有多个致损原因，则其中对保险事故的发生起直接的、决定性作用的原因是近因。例如，船舶开航前船长因病不能出航，经港监批准由大副临时代理船长，航行途中三副纵火造成火灾事故，三副与大副之间有矛盾不是近因，三副故意纵火才是火灾事故损失的近因。

（3）若有多个致损原因共同作用导致保险事故，则多个原因均是近因。典型案例为非典型肺炎（简称“非典”）致人死亡，单纯慢性病或“非典”均不会产生被保险人死亡的后果，但在二者共同作用下必然会导致死亡的结果，则“非典”与慢性病均可视为死亡的近因。

第二节 保险合同

一 保险合同概述

（一）保险合同的概念

保险合同是投保人与保险人约定保险权利义务关系的协议。保险合同是双务合同、有偿合同、射幸合同、附和合同。

（二）适用范围

在中华人民共和国境内从事保险活动，适用《中华人民共和国保险法》（以下简称《保险法》）。经营商业保险业务，必须是依照《保险法》设立的保险公司，其他单位和个人不得经营商业保险业务。在中华人民共和国境内的法人和其他组织需要办理境内保险的，应当向中华人民共和国境内的保险公司投保。

（三）保险合同的当事人

任何合同必须有订立合同的当事人。就保险合同而言，当事人应是保险人与投保人。由于保险合同可以为自己的利益亦可为他人的利益而订立，因此合同除投保人外，有时还有受益人存在。同时，保险合同作为保障合同，其保险的对象是意外危险事故在其财产或身体上发生的人，即被保险人。

1. 保险人

保险人是指根据保险合同收取保险费，当保险事故发生或者约定的保险期限届满时承担赔偿责任或者给付保险金义务的人。

2. 投保人

投保人是指向保险人申请订立保险合同，并负有缴付保险费义务的人。作为投保人应当具备两个要件：一是投保人是向保险人提出订立保险合同要约，并与之订立保险合同的人；二是投保人对财产保险的保险标的必须具有保险利益，而对人身保险必须征得被保险人的同意。

3. 被保险人

被保险人是指保险事故发生时遭受损害或者约定保险期限届满享有保险金请求权的人。作为被保险人应当具有两个要件：一是被保险人是保险事故发生时遭受损失的人，或者在事件出现时需要经济保障的人，或者是事故有可能在其财产或身体上发生的人；二是被保险人是享有保险金赔偿请求权的人。

4. 受益人

受益人是指保险合同中由被保险人或者投保人指定的享有保险金请求权的人。受益人具有四个特征：一是受益人为享有保险金请求权的人；二是受益人是由被保险人或者投保人指定的人；三是投保人、被保险人本人可以为受益人，但是投保团体保险的投保人不得为受益人；四是受益人不受行为能力及保险利益的限制。

（四）保险合同的内容

根据《保险法》第 18 条的规定，保险合同应当包括下列事项：

（1）保险人的名称和住所。

（2）投保人、被保险人的姓名或者名称、住所，以及人身保险的受益人的姓名或者名称、住所。

（3）保险标的。保险标的是指投保人申请投保的财产及其有关利益或者人的寿命和身体。保险标的如为财产及其有关利益，应包括该标的的具体坐落地点，有的还应包括利益关系；保险标的如为人的寿命和身体，应包括被保险人的年龄，有的还应包括被保险人的职业、健康状况等。

（4）保险责任和责任免除。保险责任是指在保险合同中载明的保险人所承担的风险及应承担的经济赔偿或给付责任。责任免除是指保险人对风险责任的限制，明确了保险人不承保的风险及保险人不承担赔偿责任的情况。

（5）保险期间和保险责任开始时间。保险期间是保险人按保险合同的约定为被保险人提供保险保障的有效期间。保险责任开始时间是保险责任期限的起点时间。

（6）保险金额。保险金额是指保险人进行赔偿或者给付保险金的最高限额。在财产保险合同中，保险金额不得超过保险标的的实际价值，超过实际价值的，超过部分无效。在人身保险合同中，保险金额由双方当事人自行约定。

（7）保险费以及支付办法。保险费是投保人为取得保障而交付给保险人的费用。保险费包括纯保费和附加保费两部分。纯保费是保险人将自己所承保的风险的概率、以往的赔付率等多方面因素进行科学计算而产生的；附加费是保险人将自己的营业费用、管理费用等项费用摊入保险费而产生的。保险费的支付办法是指约定的支付时间、支付地点、支付方式。支付方式包括是现金支付还是转账付款，是一次付清还是分期付费。

（8）保险金赔偿或者给付办法。保险金赔偿或给付办法是指当保险标的遭遇保险事故而导致经济损失或人身保险合同约定的事故或年龄、期限到来时，被保险人依合同约定向保险人提出索赔，保险人依法律合同或约定的方式、标准或数额向被保险人支付保险金的方法。

（9）违约责任和争议处理。保险合同订立后即产生相应的法律效力，不按照合同的约定完全地、全面地履行合同的，应当承担相应的法律后果和违约责任。对保险合同发生争议时，应通过友好协商解决，协商不成时，应通过仲裁、诉讼方式解决。

（10）订立合同的年、月、日。

（五）保险合同双方当事人的权利和义务

1. 投保人的义务

（1）保险合同成立后，投保人按照约定交付保险费。

（2）投保人、被保险人或者受益人知道保险事故发生后，应当及时通知保险人。投保人、被保险人可以为受益人。

2. 保险人的权利和义务

（1）保险合同成立后，保险人按照约定的时间开始承担保险责任。

（2）投保人故意隐瞒事实，不履行如实告知义务的，或者因过失未履行如实告知义务，足以影响保险人决定是否同意承保或者提高保险费率的，保险人有权解除保险合同。投保人故意不履行如实告知义务的，保险人对于合同解除前发生的保险事故，不承担赔偿或者给付保险金的责任，并不退还保险费；投保人因重大过失未履行如实告知义务，对保险事故的发生有严重影响的，保险人对于合同解除前发生的保险事故，不承担赔偿或者给付保险金的责任，但应当退还保险费。保险人在合同订立时已经知道投保人未如实告知的情况的，保险人不得解除合同；发生保险事故的，保险人应当承担赔偿或者给付保险金的责任。

保险人因投保人未履行如实告知义务而解除合同的权利，自保险人知道有解除事由之日起，超过30日不行使而消灭。自合同成立之日起超过2年的，保险人不得解除合同；发生保险事故的，保险人应当承担赔偿或者给付保险金的责任。

（3）订立保险合同，保险人应当向投保人说明合同的内容。对保险合同中免除保险人责任的条款，保险人在订立合同时应当在投保单、保险单或者其他保险凭证上作出足以引起投保人注意的提示，并对该条款的内容向投保人作出明确说明；未作提示或者明确说明的，该条款不产生效力。

（4）保险人收到被保险人或者受益人的赔偿或者给付保险金的请求后，应当及时做出核定，并将核定结果通知被保险人或者受益人。保险人未及时履行前款规定义务的，除支付保险金外，应当赔偿被保险人或者受益人因此受到的损失。

（5）保险人或者再保险接受人对在办理保险业务中知道的投保人、被保险人、受益人或者再保险分出人的业务和财产情况及个人隐私，负有保密的义务。

（6）被保险人或者受益人在未发生保险事故的情况下，谎称发生了保险事故、故意制造保险事故的，投保人、被保险人或者受益人以伪造、变造的有关证明、资料或者其他证据，编造虚假的事故原因或者夸大损失程度，向保险人提出赔偿或者给付保险金的请求的，保险人有权解除保险合同，并不退还保险费。

二》 保险合同的订立和履行

（一）保险合同的订立

1. 保险合同订立的形式

和其他合同一样，保险合同的订立也要经过要约和承诺两个阶段。一般来说，要约以投保人提出保险要求，即填写投保单的形式来表示；承诺以保险人同意承保，即接受投保单来表示。保险合同成立以后，应当以保险单、其他保险凭证或者有关书面文件证明。

（1）投保单。投保单是投保人向保险人申请订阅保险合同的书面要约。

（2）保险单。保险单是保险合同成立后由保险人向投保人签发的证明保险合同成立的正式书面凭证。

（3）保险凭证。保险凭证又称小保单，一般不印保险基本条款，实际上是一种简化的保险单。保险凭证一般用于海上货物运输保险。它是以一张合格有效的保险单作依据而签发的，所以在法律上它与一般保险单具有同样的效力。

2. 保险合同订立的程序

在我国保险合同的订立一般要经过以下几个阶段：

（1）投保人提出投保申请、填写投保单。

（2）投保人与保险人商定缴付保险费办法。

（3）保险人审核并同意承保。

（4）保险人根据已成立的保险合同向投保人出具保险单或其他保险凭证。保险合同应当以保险单、其他保险凭证或者有关书面文件证明。

（二）保险合同的履行

1. 交付保险费

保险合同成立后，投保人按照约定交付保险费，保险人按照约定的时间开始承担保险责任。

2. 出险通知

投保人、被保险人或者受益人知道保险事故发生后，应当及时通知保险人；故意或者因重大过失未及时通知，致使保险事故的性质、原因、损失程度等难以确定的，保险人对无法确定的部分，不承担赔偿或者给付保险金的责任，但保险人通过其他途径已经或者应当及时知道保险事故发生的除外。

3. 保险金的核定与赔付

保险人收到被保险人或者受益人的赔偿或者给付保险金的请求后，应当及时作出核定；情形复杂的，应当在 30 日内作出核定，但合同另有约定的除外。对属于保险责任的，在与被保险人或者受益人达成赔偿或者给付保险金的协议后 10 日内，履行赔偿或者给付保险金义务；对不属于保险责任的，应当自作出核定之日起 3 日内向被保险人或者受益人发出拒绝赔偿或者拒绝给付保险金通知书，并说明理由。

三》 保险合同的变更和终止

(一) 保险合同的变更

保险合同的变更是指保险合同存续期间其主体、内容和效力发生变化。

1. 保险合同主体的变更

保险合同主体的变更主要指保险当事人的变更，即投保人和保险人的变更。

2. 保险合同内容的变更

保险合同内容的变更是指合同中约定事项的变更，包括被保险人地址的变更、保险标的或其坐落地点的变更、保险金额的变更、保险期限的变更等情形。

3. 保险合同效力的变更

保险合同效力的变更主要包括合同的解除和失效。

物流保险合同的解除是指在物流保险合同存续期间，保险合同依法或者依照约定提前终止其效力。物流保险合同成立后，投保人可以解除保险合同。物流保险合同的解除应当依据法律的规定进行。对于保险合同的解除，法律规定了一定的限制。例如，对于货物运输保险合同和运输工具航程保险合同，保险责任开始后，合同当事人不得解除合同。

(二) 保险合同的终止

保险合同的终止是指保险合同成立后因法定的或约定的事由发生，法律效力完全消灭的法律事实。导致保险合同终止的主要原因有以下几个：

1. 自然终止

自然终止有四种情形：保险合同期限届满；合同生效后承保的风险消失；保险标的因非保险事故的发生而完全灭失；合同生效后，投保人未按规定将合同转让，投保人或被保险人失去保险利益，自转让之日起合同的法律效力丧失。

2. 履约

履约有两种情形：

(1) 普通保险合同中，无论一次还是多次给付保险金，只要保险人给付的保险金总额达到保险合同约定的保险金额，并且保险期限未届满，保险合同均终止。

(2) 机动车辆保险和船舶保险合同中，保险人在保险有效期间赔付的保险金不累加，只有当某次保险事故赔偿达到保险金额时，保险合同才终止。

3. 解除

解除是指在保险合同期限尚未届满前，合同一方当事人依照法律规定或约定行使解除权，提前终止合同的效力。

保险合同的解除应当符合法律规定，表现在：必须在可以解除的范围内行使解除权；必须存在解除事由；必须以法律规定方式解除；必须在时效期间内行使解除权。

第三节 货物运输保险

一 货物运输保险概述

货物运输保险属于财产保险。根据涉及国家或地区、运输方式、承保的风险范围不同，货物运输保险分为多种形式。

（一）海洋运输保险

海洋运输保险是以海上运输工具运载的货物为保险标的，保险人承担运输中因遭受自然灾害和意外事故对保险标的造成的损失。在目前的国际贸易实践中，买卖双方通过投保海洋运输保险来规避风险已成国际惯例。按承保责任不同，海洋运输保险分为平安险、水渍险、一切险三个基本险种及多个附加险种。

海洋运输保险具有不同于一般财产险的特点：保险标的通常与海上航行有关；承保风险除了一般陆上风险（如雷电、恶劣气候、火灾、爆炸等）之外，还有大量海上特有风险（如触礁、搁浅、海水进舱等）；大多牵涉国际关系，一般属于国际商务活动，或者海上保险的当事人属于不同国家或地区，或者保险事故发生在异国他乡等。

（二）陆上货物运输保险

陆上货物运输保险（铁路运输、公路运输）分为陆运险和陆运一切险两个基本险种，承保货物在陆上运输过程中由保险责任范围内的事故造成的损失。

（三）航空货物运输保险

航空货物运输保险分为航空险和航空运输一切险两个基本险种，承保货物在航空运输过程中由保险责任内的事故造成的损失。

（四）国内航空货物运输保险

国内航空货物运输保险是指在中国境内（不含港澳台地区）以航空运输方式的货物为保险标的的保险，主要承保货物在运输过程中由自然灾害、意外事故以及其他外来原因所致的货物损失。

（五）国内水路、陆路运输保险

国内水路、陆路货物运输保险是指在中国境内（不含港澳台地区）以水路（包括沿江、沿海和内河运输）、陆路运输方式运输的货物为保险标的，主要承保货物在运输过程中由自然灾害、意外事故以及其他外来原因所致货物的损失。

（六）邮政包裹保险

本保险分为邮包险和邮包一切险两种。被保险货物遭受损失时，本保险按保险单上订明承保险别的条款规定，负赔偿责任。

1. 邮包险

本保险负责被保险邮包在运输途中由恶劣气候、雷电、海啸、地震、洪水等自然灾害或由运输工具遭受搁浅、触礁、沉没、碰撞、倾覆、出轨、坠落、失踪，或由失火、爆炸等意外事故所造成的全部或部分损失，以及被保险人对遭受保险责任内危险的货物采取抢救防止或减少货损的措施而支付的合理费用，但以不超过该批获救货物的保险金额为限。

2. 邮包一切险

除包括上述邮包险的各项责任外，本保险还负责被保险邮包在运输途中由外来原因所致的全部或部分损失。

二》陆上货物运输保险合同

（一）陆上货物运输保险合同的概念

陆上货物运输保险合同是指保险人与投保人之间达成的，以陆上运输过程中的货物作为保险标的，由保险人对于被保险货物因自然灾害或意外事故造成的损失承担赔偿责任的协议。陆上货物运输保险合同按其适用范围不同，可分为国内陆上货物运输保险合同和国际陆上货物运输保险合同。其中，国内陆上货物运输保险合同适用于国内贸易所涉及的货物在国内陆路上用汽车、火车、非机动车辆进行的运输活动。在我国，将其进一步分为国内铁路货物运输保险合同和国内公路货物运输保险合同。而国际陆上货物运输保险合同则适用于国际贸易的进出口货物及其他涉外经济活动的物品，在跨越国界的陆路上进行的运输活动。在我国国际陆上货物运输保险合同习惯上称为陆上货物运输保险合同，而且限于使用火车、汽车进行的运输活动，使用其他陆上运输工具的货物运输活动则不予承保。

（二）国内陆上货物运输保险合同的保险责任

我国的国内陆上货物运输保险合同分为基本险和综合险两个险别，其保险责任范围是不一样的。

1. 基本险的保险责任

（1）火灾、爆炸、雷电、冰雹、暴风、暴雨、洪水、地震、海啸、地陷、崖崩、滑坡、泥石流所造成的损失。

（2）因运输工具发生火灾、爆炸、碰撞所造成的损失。

（3）利用火车、汽车、大车、板车运输时，因车辆倾覆、出轨，隧道坍塌或人力、畜力的失足所造成的损失。

（4）在装货、卸货或转载时发生意外事故所造成的损失。

（5）在发生上述灾害、事故时，因纷乱而造成货物的散失以及因施救或保护货物所支付的直接、合理的费用。

2. 综合险的保险责任

综合险的保险责任，除了包含上述基本险的保险责任以外，还包括破碎渗漏造成的货损、包装破裂造成的货损、偷盗和整件提货不着的损失、雨淋湿损等保险责任。国内陆上货物运输保险合同的保险责任，按“仓至仓条款”确定起讫期限。

（三）国际陆上货物运输保险合同的保险责任

适用于国际陆上货物运输的陆上货物运输保险合同，分为陆运险和陆运一切险两个险别。

1. 陆运险的保险责任

（1）因被保险货物在运输途中遭受暴风、雷电、洪水、地震等自然灾害或由于运输工具遭受碰撞、倾覆、出轨或在驳运过程中因驳运工具遭受搁浅、触礁、沉没、碰撞，或由于遭受隧道坍塌、崖崩或失火、爆炸等意外事故造成的全部或部分损失。

（2）被保险人对遭受承保责任内危险的货物采取抢救、防止或减少货损的措施而支付的合理费用，但以不超过该批被救货物的保险金额为限。

2. 陆运一切险的保险责任

陆运一切险的保险责任除包括上述陆运险的保险责任以外，还负责被保险货物在运输过程中由于外来原因所致的全部或部分损失。

国际陆上货物运输保险合同的保险责任，按“仓至仓条款”确定起讫期限。

（四）陆上货物运输保险合同的除外责任

1. 国内陆上货物运输保险合同的除外责任

（1）战争和军事行动。

（2）核事故或核爆炸。

（3）被保险货物本身的缺陷或自然损耗，以及由于包装不善造成的损失。

（4）被保险人的故意行为或过失所造成的损失。

（5）全程公路货物运输的盗窃和整件提货不着的损失。

（6）其他不属于保险责任范围内的损失。

2. 国际陆上货物运输保险合同的除外责任

（1）被保险人的故意行为或过失所造成的损失。

（2）属于发货人责任所引起的损失。

（3）在保险责任开始前，被保险货物已存在的品质不良或数量短差所造成的损失。

（4）被保险货物的自然损耗、本质缺陷、特性以及市价跌落、运输延迟所引起的损失或费用。

（5）陆上运输货物的战争险条款和罢工险条款规定的保险责任范围和除外责任。

（五）责任起讫

陆上货物运输保险负“仓至仓”责任，自被保险货物运离保险单所载明的起运地仓库或储存处所开始运输时生效，包括正常运输过程中的陆上和与其有关的水上驳运在内，直至该项货物运达保险单所载目的地收货人的最后仓库或储存处所或被保险人用作分配、分派的其他储存处所为止。如未运抵上述仓库或储存处所，则以被保险货物运抵最后卸载的车站满 60 日为止。

（六）被保险人的义务

被保险人应按照以下规定的应尽义务办理有关事项。如因未履行规定的义务而影响保险人利益时，保险人对有关损失有权拒绝赔偿。

（1）当被保险货物运抵保险单所载目的地以后，被保险人应及时提货，当发现被保险货物遭受任何损失，应立即向保险单上所载明的检验、理赔代理人申请检验。如发现被保险货物整件短少或有明显残损痕迹，应立即向承运人、受托人或有关当局索取货损货差证明。

如果货损货差是由于承运人、受托人或其他有关方面的责任所造成的，应以书面方式向其提出索赔，必要时还需取得延长时效的认证。

（2）对遭受承保责任内危险的货物，应迅速采取合理的抢救措施，防止或减少货物损失。

（3）在向保险人索赔时，必须提供下列单证：保险单正本、提单、发票、装箱单、磅码单、货损货差证明、检验报告及索赔清单。如涉及第三者责任，还须提供向责任方追偿的有关函电及其他必要单证或文件。

（七）索赔期限

陆上货物运输保险索赔时效，从被保险货物在最后目的地车站全部卸离车辆后计算，最多不超过两年。

三》国际海洋货物运输保险

海洋货物运输比陆上货物运输所面临的风险更多、危害更大。海洋货物运输中的承运人、货主等当事人更加注重风险的转嫁。可以说，海上保险是历史最长的保险，现代保险的原则都源于海上保险的实践。被保险人可以选择适用我国 2009 年的《中国人民保险公司海洋运输货物保险条款》（以下简称《海洋运输货物保险条款》）。我国的海洋运输货物保险制度将海洋运输货物保险设置了基本险、附加险和专门险三大类，并分别规定了各种险别中保险人与投保人、被保险人的权利与义务。

（一）国际海洋货物运输保险的概念

国际海洋货物运输保险是指被保险人（进口商或者出口商）对进行国际运输的货物按照一定的金额向保险人投保一定的险别，并缴纳保险费，保险人在承保收费后，对所承保的货物在运输过程中发生保险责任范围内的自然灾害或者意外事故所致的损失，按照保险单的约定给予补偿。

（二）国际海洋货物运输保险承保的风险和损失

1. 承保的风险

国际海上货物运输过程中可能遇到各种各样的风险，这些风险大体上可以分为两类：海上风险和外来风险。

（1）海上风险。海上风险是不可预知的并且为人力所不可抗拒的，与海上运输的特性有着密切的联系，同时也必须不是人的故意行为而造成的。海上风险包括两种：一是自然灾害，如雷电、海啸、地震、洪水或火山爆发等；二是意外事故，如搁浅、触礁、沉没、碰撞、失踪、火灾、爆炸等。

（2）外来风险。指海上风险以外的其他外来原因所造成的风险。它也包括两种：一是一般外来风险，如偷窃、沾污、渗漏、破碎、受热、受潮、串味、生锈、钩损、淡水雨淋、短少和提货不着、短量、碰损等；二是特殊外来风险，如战争、罢工等由于军事、政治、社会等特殊外来原因所造成的风险。

2. 承保的损失

承保的损失是指承保的标的物因发生承保范围内的上述风险而遭到的损失，可以分为全部损失与部分损失两种。

（1）全部损失。全部损失简称全损。包括实际全损和推定全损两种：①实际全损是指货物全部毁灭或因受损而失去原有用途，或被保险人已无可挽回地丧失了保险标的，或船舶失踪后相当一段时间仍无音信。例如货物随船一起沉没、茶叶受水泡不能再使用、货物被没收等。②推定全损是指货物受损后对货物的修理费用，加上继续运到目的地的费用，估计将超过其运到后的价值，或者被保险人丧失其所有权，要收回这个所有权所需的费用超过保险标的的价值。

对于实际全损，保险人应在承保范围内承担全部赔偿责任。但对于推定全损，则被保险人对这种损失的索赔可以选择作为全损进行赔偿，也可以按部分损失进行索赔。如果按实际全损索赔，必须向保险人发出委付通知，否则视为按部分损失进行处理。

（2）部分损失。部分损失是指除了全部损失以外的一切损失。在海上运输保险中分为三类：共同海损、单独海损与单独费用。

①共同海损，是指在海上运输中，船舶、货物遭到共同危险，船方为了共同安全，使同一航行中的财产脱离危险，有意合理地做出特别牺牲或支出的特殊费用。如船舶搁浅时，如果情况紧急，船长雇用驳船把一部分货物卸下以减轻船舶载重，并雇用拖船帮助其浮起，雇用驳船和拖船的费用即为共同海损。注意共同海损的成立条件，首先是必须有危及船、货共同安全的危险存在。其次，做出的牺牲和费用是特殊的、直接的，如海上遇到台风，船开往避风港不算特殊。再次，牺牲或费用是人为的，不是意外。最后，该行为是合理的、有效的。对于共同海损所导致的牺牲或费用，一般是以获救船舶或者货物获救部分的价值按比例在所有利害关系的当事人之间进行分摊，因此，共同海损属于部分损失。保险人根据保险单上的有关条款，对共同海损的损失以及保险标的物应承担的共同海损分摊，都应负责予以赔偿。

②单独海损，是指海上运输中非任何人的有意行为造成的，只涉及船舶或货物单独一方利益的部分损失。这种损失仅涉及船舶或者货物单独一方的利益，所以只能由受损方自己承担，或者单独向应对损失承担责任的人提起赔偿请求。保险公司对这种损失是否承担赔偿责任取决于当事人投保的险别以及保险单的条款是如何规定的，不能一概而论。

共同海损与单独海损不同：一是造成海损的原因不同。单独海损是承保风险所直接导致的船、货损失；共同海损则不是承保风险所直接导致的损失，而是为了解除或减轻共同危险人为地造成的一种损失。二是承担的责任不同。单独海损的损失一般由受损方自行承担；而共同海损的损失则应由受益的各方按照受益大小的比例共同分摊。

③单独费用，是指为了防止货物遭受承保风险造成的损失或灭失而支出的费用。单独费用与共同海损不同，单独费用是为了防止货物损失而发生的支出，共同海损是为了防止危及船舶和货物的整体利益的损失而发生的支出。单独费用只有在保险单承诺承保时才能向保险人取得赔偿。由于保险单上通常都载有“诉讼与营救条款”（Sue and Clause），因此，单独费用一般都能从保险公司得到赔偿。

（三）国际海洋货物运输保险的险种

中国人民保险公司所规定的基本险别包括平安险、水渍险和一切险。附加险主要承保由于外来原因所造成的损失，不能独立投保。

1. 平安险

保险公司对下列损失负赔偿责任：

（1）货物在运输途中由于恶劣气候、雷电、海啸、地震、洪水等自然灾害造成整批货物的全部损失或推定全损。当被保险人要求赔付推定全损时，须将受损货物及其权利委付给保险人。被保险货物用驳船运往或运离海轮的，每一驳船所装的货物可视作一个整批。推定全损是指被保险货物的实际全损已经不可避免，或者恢复、修复受损货物以及运送货物到原订目的地的费用超过该目的地的货物价值。

（2）由于运输工具遭遇搁浅、触礁、沉没、互撞、与流冰或其他物体碰撞以及失火、爆炸意外事故造成货物的全部或部分损失。

（3）在运输工具已经发生搁浅、触礁、沉没、焚毁意外事故的情况下，货物在此前后又在海上遭遇恶劣气候、雷电、海啸等自然灾害所造成的部分损失。

（4）在装卸或转运时由于一件或数件整件货物落海造成的全部或部分损失。

（5）被保险人对遭受承保责任内危险的货物采取抢救、防止或减少货损的措施而支付的合理费用，但以不超过该批被救货物的保险金额为限。

（6）运输工具遭遇海难后，在避难港由于卸货所引起的损失以及在中途港、避难港由于卸货、存仓以及运送货物所产生的特别费用。

（7）共同海损的牺牲、分摊和救助费用。

（8）运输契约订有“船舶互撞责任”条款，根据该条款规定应由货方偿还船方的损失。

2. 水渍险

水渍险的承保责任范围是：

（1）平安险承保的各项责任。本项规定是指平安险所承保的责任范围，水渍险均予以承保。

（2）被保险货物由于恶劣气候、雷电、海啸、地震、洪水自然灾害造成整批货物的部分损失。本项规定是指在水渍险下，保险人承担了保险单上列明的海上自然灾害所造成的货物的部分损失。这也是水渍险与平安险的区别所在。由于自然灾害造成的货物部分损失往往是海上运输过程中最常见的或者最容易发生的损失，所以，水渍险的保险责任远远超过平安险的保险责任。与此相适应，水渍险的保险费率也要高于平安险。

3. 一切险

一切险的责任范围，除了平安险和水渍险的责任外，还包括被保险货物在运输途中，由于外来原因所造成的全部和部分损失。所谓外来原因，是指包括一般附加险所承保的责任，如盗窃、提货不着、淡水雨淋、破碎、渗漏等。所以一切险实际上就是平安险、水渍险和一般附加险的总和，但不包括特殊附加险。

【例 9-1】 1995 年 11 月 28 日，海南丰海粮油工业有限公司（以下简称丰海公司）在中保财产保险有限公司海南省分公司（以下简称海南人保）投保了“哈卡”轮（HAGAAG）所运载的 4 999.85 吨桶装棕榈油，投保险别为一切险。根据保险条款规定，一切险的承保范围除包括平安险和水渍险的各项责任外，海南人保还负责“被保险货物在运输途中由于外来原因所致的全部或部分损失”。该条款还规定了五项除外责任。1995 年 11 月 23—29 日，“哈

扫码看解析

卡”轮启航后，由于该轮的船东与期租船人之间发生船舶租金纠纷，“哈卡”轮中止了提单约定的航程并对外封锁了该轮的动态情况，直至1996年4月“哈卡”轮走私至中国汕尾被我海警查获。“哈卡”轮所载棕榈油已被盗卖或被我国检察机关作为走私货物没收上缴国库。丰海公司向海南人保提出索赔申请，海南人保明确表示拒赔，丰海公司因此向海口海事法院提起诉讼。

问题：如何理解《海洋运输货物保险条款》中一切险的责任范围？

案例来源：最高人民法院审判委员会讨论通过2015年4月15日发布，指导案例52号。

4. 附加险

附加险别包括一般附加险和特殊附加险两种。

一般附加险不能作为一个单一物项目投保，而只能在投保平安险或水渍险的基础上，根据货物的特性和需要加保一种或若干种一般附加险。如加保所有的一般附加险，就叫投保一切险。可见，一般附加险被包括在一切险的承保范围内，故在投保一切险时，不存在再加保一般附加险的问题。

由于被保险货物品种繁多，货物的性能和特点各异，而一般外来的风险又多种多样，故一般附加险的种类也很多，其中主要的种类如下：

（1）偷窃提货不着险：在保险有效期内，保险货物被偷走或窃走，以及货物运抵目的地以后整件未交的损失，由保险公司负责赔偿。

（2）淡水、雨淋险：货物在运输中，由于淡水、雨水以至雪溶所造成的损失，保险公司都应负责赔偿。淡水包括船上淡水舱、水管漏水等。

（3）短量险：负责保险货物数量短少和重量的损失。通常包装货物的短少，保险公司必须查清外包装是否发生异常现象，如破口、破袋、扯缝等。如属散装货物，以装船和卸船重量之间的差额作为计算短量的依据。

（4）混杂、沾污险：保险货物在运输过程中混进了杂质所造成的损失。例如矿石等混进了泥土、草屑等因而使质量受到影响。此外，还包括保险货物和其他物质接触而被沾污所造成的损失。

（5）渗漏险：在运输过程中，流质、半流质的液体物质同油类物质因为容器损坏而引起的渗漏损失。

（6）碰损、破碎险：碰损主要是对金属、木质等货物来说的，破碎则主要是对易碎性货物来说的。在运输途中，因为受到震动、颠簸、挤压而造成货物本身的损失以及在运输途中由于装卸野蛮、粗鲁，运输工具的颠震造成货物本身的破裂、断碎的损失。

（7）串味险：例如，茶叶、香料、药材等在运输途中受到一起堆储的皮革、樟脑等异味的影响使其品质受到的损失。

（8）受热、受潮险：船舶在航行途中，气温骤变，或者船上通风设备失灵等原因使舱内水汽凝结、发潮、发热引起货物的损失。

（9）钩损险：保险货物在装卸过程中因为使用手钩、吊钩等工具所造成的损失，保险公司在承保该险的情况下，应予赔偿。

（10）包装破裂险：因为包装破裂造成物资的短少、沾污等损失。此外，对于因保险货物运输过程中续运安全需要而产生的候补包装、调换包装所支付的费用，保险公司也应负责。

（11）锈损险：保险公司负责保险货物在运输过程中因为生锈造成的损失。不过这种生锈必须在保险期内发生，如果原装时就已生锈，保险公司不负责任。

特殊附加险主要有战争险、罢工险、舱面险、拒收险、交货不到险、黄曲霉素险、进口关税险以及货物出口到港澳地区的存储仓火险责任扩展条款等。其中，战争险和罢工险是当前国际海上保险中普遍适用的特殊附加险。

（四）保险人的除外责任

在海洋货物运输保险中，保险人都规定了除外责任，即对列明的损失不承担赔偿责任。我国海洋货物运输保险中，基本险的除外责任是：

（1）被保险人的故意行为或过失所造成的损失。

（2）属于发货人责任所引起的损失。

（3）在保险责任开始前，被保险货物已存在的品质不良或数量短差所造成的损失。

（4）被保险货物的自然损耗、本质缺陷、特性以及市价跌落运输延迟所引起的损失或费用。货物的自然损耗、本质缺陷、特性所引起的损失，如货物的自然氧化变质腐烂、发酵等所导致的损失，属于可以预见的必然事件。保险对必然发生的损失不予承保。市价跌落，是商业活动中的投机性风险，对投机性风险保险也不予承保。同时，海洋运输受自然因素影响大，船期无法保证，即使是由于承保风险导致的运输迟延，保险也不予以承保。例如，船舶在航行途中发生搁浅，到避难港修理船舶，使船期迟延，并造成船上货物全部腐烂变质，对此，保险人不承担赔偿责任。

（5）海洋运输货物战争险条款和货物运输罢工险条款规定的责任范围和除外责任。

（五）保险责任的期限

1. 仓至仓条款

海洋货物运输保险负“仓至仓”责任，自被保险货物运离保险单所载明的起动地仓库或储存所开始运输时生效，包括正常运输过程中的海上、陆上、内河和驳船运输在内，直至该项货物到达保险单所载明的收货人的最后仓库或储存所或被保险人用作分配、分派或正常运输的其他储存所为止。如未抵达上述仓库或储存所，则以被保险货物在最后卸载港全部卸离海轮满 60 天为止。如果在上述 60 天内被保险货物需要转运到非保险单载明的目的地时，则以该项货物开始转运时终止。

其中，“起动地仓库或储存所”可以是内陆发货人的工厂仓库，也可以是起运港仓库；“最后仓库或储存所”可以是目的港仓库，也可以是内陆最终目的地仓库。为了避免货物在陆上运输和仓储的风险的漏保，在海洋货物运输保险中投保人往往办理运输货物的全程保险，即内陆发货人的工厂仓库至收货人的内陆最终目的地仓库。其中正常运输是指按正常的航程、航线行驶并停靠港口，包括途中正常的延迟和正常的转船。

2. 扩展责任条款

由于被保险人无法控制的运输延迟、绕道、被迫卸货、重新装载、转载或承运人运用运输契约赋予的权限所作的任何航海上的变更或终止运输契约，致使被保险货物到非保险单所载明的目的地时，在被保险人及时获知的情况下通知保险人，并在必要时加缴保险费的情况下，本保险仍继续有效，保险人继续承担保险责任。

3. 航程终止条款

由于被保险人无法控制的运输延迟、绕道、被迫卸货、重新装载、转载或承运人运用运输契约赋予的权限所作的任何航海上的变更或终止运输契约，致使被保险货物运到非保险单所载明的目的地时，在被保险人未实施扩展责任条款所规定的行为下，保险责任按下列规定终止：

（1）被保险货物如在非保险单所载明的目的地出售，保险责任至交货时为止，但不论任何情况，均以被保险货物在卸载港全部卸离海轮满 60 天为止。

（2）被保险货物如在上述 60 天期限内继续运往保险单所载原目的地或其他目的地时，保险责任仍按正常运输情况下所规定的“仓至仓”条款内容办理，即在到达仓库时终止。

（六）被保险人的义务

各国保险法均明确规定了被保险人的义务，并要求被保险人严格履行，否则保险人有权解除保险合同并拒绝承担赔偿责任。在海洋运输货物保险中，被保险人的义务除了《保险法》规定的义务外，《海洋运输货物保险条款》也作出了特别规定：

1. 防止迟延的义务

（1）当被保险货物运抵保险单所载明的目的港或者目的地时，被保险人应当及时提取货物。保险货物抵达目的地后，未到达收货人的最后仓库，保险人的保险责任就无法终止。被保险人及时提货可以尽快终止保险人的保险责任。

（2）当发现被保险货物遭受任何损失时，应立即向保险单上所指定的代理人申请检验，以确定损失的原因、范围和程度。比如，运输货物发生损失的原因是多方面的，有发货人责任造成的货物残损即“原残”，有船方责任造成的货物损失即“船残”，有港务局或者其他第三人责任造成的货物损失即“工残”。它们确定直接影响到保险人的利益。

（3）当发现被保险货物整件缺少或者有明显残损痕迹时，应立即向承运人、受托人或者有关部门如海关、港务局等索取货损货差的相关证明。当然，这为保险人的保险理赔和代位追偿权的行使创造了有利条件。

2. 减少货物损失的义务

对遭受承保责任范围内危险的货物，被保险人应及时采取合理措施，防止或减少货物的损失。被保险人采取此项措施，不应视为放弃委付的意思表示。当然保险人也可以采取相应措施时，也不应视为接受委付的意思表示。

所谓委付是指被保险人在保险货物遭受严重损失时，向保险人声明愿意将保险货物的一切权利（包括财产权以及由此所产生的义务）转让给保险人，而要求保险人按照货物全部损失状态给予赔偿的一种特殊的索赔方式。按照海运保险惯例，委付应当具备以下特征：一是委付通知应当及时送达保险人；二是保险人有权拒绝或者接受委付；三是委付一旦被接受，不能再撤回。

3. 告知义务

（1）如遇航程变更或者发现保险单所载明的货物、船名或航程有遗漏或者错误时，被保险人获悉后应立即通知保险人，在必要时加缴保险费，保险合同继续有效。如果被保险人未履行该项义务而影响了保险人的利益，则保险人有权解除合同。

（2）在获悉有关运输契约中“船舶互撞责任”条款的实际责任后，应及时通知保险人。由于保险人对“船舶互撞责任”承担保险责任，因此船舶发生互撞之后，两船之间的责任大小和赔偿多少等直接与保险人的利益有关。被保险人履行通知义务之后，使保险人可以审时度势保护自身利益。

（七）保险索赔与索赔时效

1. 保险索赔

（1）损失通知义务。被保险人一旦获悉保险标的遭受损失，应立即通知保险人。各国保险法都规定，损失通知一经发出，索赔立即生效且不受索赔时效的限制。保险单上一般都注明了保险人的检验代理人的名称和地址。被保险人应采取就近原则，及时通知保险人或者其在当地的检验代理人，申请对损失进行检验。若被保险人延迟通知，则会影响损失检验工作，影响索赔甚至引起争议。

（2）索赔时提供单证的义务。被保险人在向保险人索赔时，应按照保险合同规定提供下列单证：保险单正本、提单、发票、装箱单、磅码单、货损货差证明、检验报告及索赔清单。如涉及第三者责任，还须提供向责任方追偿的有关函电及其他必要单证或者文件。

2. 索赔时效

当货物发生保险单承保责任范围内的损失时，被保险人应当及时向保险人提出索赔。超过保险合同规定的索赔期限的，被保险人就会丧失索赔权。我国现行海洋运输货物保险条款规定的索赔期限是：从被保险货物在最后卸货港完全卸离海轮时起算最多不超过两年。

实训作业

一、实训项目

以办理物流企业货运保险及理赔为模拟案例，让学生了解保险公司各部门运营的基本情况。具体实训的方法是通过教师对保险公司各部门的基本流程进行讲解，以如何办理货运保险及理赔组织学生进行讨论，请实务专家介绍承保、理赔具体事项，提供投保单、风险询问表、保险单、保险合同等资料，让学生自己动手完成保险制单、审单、保险合同签订及理赔等业务。

二、案例讨论

案例一：2003 年 1 月 7 日，托运人或被保险人（东兴通讯股份有限公司）通过康大（北京康大货运代理有限公司）深圳分公司和华盛顿速递（美国华盛顿国际速递公司），承运一批通信设备，自深圳经香港运抵澳门，然后由华盛顿速递代表托运人租赁一架飞机，将货物从澳门空运至东帝汶的包考。康大深圳分公司签发了航空运单，运单抬头为欧亚航空（欧亚航空货物运输公司），另外，托运人与美国华盛顿速递签订了一份货物运输租赁协议。

2003 年 1 月 31 日，承运飞机在包考市附近撞山坠毁，上述承运的货物全部毁损。该批货物在保险公司（中国人民财产保险股份有限公司深圳市分公司）处投保了货物运输保险，保险公司聘请香港一家公估公司对货物损失进行了公估，并于 2003 年 12 月 16 日向被保险人支付了保险赔款 135.3 万美元，被保险人向保险公司出具了权益转让书。保险公司向康大及其深圳分公司和华盛顿速递要求赔偿货物损失，均遭拒绝。2004 年 10 月 20 日，保险公司在广东省深圳市罗湖区人民法院对康大及其深圳分公司提起诉讼，要求两被告赔偿原告货运损失。

问题：

保险公司能否胜诉？请分析理由。

案例二：糖烟酒公司（常州糖烟酒股份有限公司）与徐闻县下桥糖厂上海经营部签订白糖购销协议，由该经营部供应850吨价值365.5万元的白糖，并由后者代办运输及保险。1995年1月6日，下桥糖厂上海经营部与福建石狮海运公司签订了货物运输合同，合同约定：由福建石狮海运公司提供“武海1号”轮承运该批白糖自海安港运往常州德胜港。同日，下桥糖厂上海经营部向保险公司办理水路货物运输保险手续，保险公司（中国人民保险公司徐闻县支公司）收取了12 792.50元保险费，并签发了保险单。保险单载明：保险货物为一级白砂糖，共17 000件，重850吨，险别为综合险，保险金额为365.5万元。1月7日，下桥糖厂上海经营部与承运人南京市高淳县水上运输公司“武海1号”轮办理了运单。该运单载明：下桥糖厂上海经营部为托运人，糖烟酒公司为收货人，货物为白糖，共17 000件，重850吨。运单特约事项栏中未有“托运人同意装甲板货”的注明。

承运人在配载时，将部分货物配置于甲板上。1月8日，“武海1号”轮起航。1月26日16时35分，“武海1号”轮驶至浙江嵊泗岛附近海域时，舵机失灵，又遇7级大风，船舶横摇剧烈，甲板上的白糖歪向一边，船长指示船员抛货，将甲板上的白糖全部抛入海中。1月29日，该船到达目的港。承运人与收货人办理了货物交接手续。经清查，实收货物14 040件，其中破包143件，并有大量货物潮湿；短少2 960件，重148吨，价值636 400元。

事故发生后，“武海1号”轮船长于1月27日向嵊泗县大洋港监及当地保险公司报案。徐闻县保险公司接到报案后派人对货物受损情况及“武海1号”轮和船员情况作了调查。“武海1号”轮系由渔船改建而成，载重吨位为910吨。该轮进行初次检验的适航证书记明有效期至1995年1月12日，抗风等级为8级，阵风9级。该船在开航前未对操作系统做检查，事故发生前和途中主、辅机及舵机构均出过故障。2月28日，下桥糖厂上海经营部与糖烟酒公司签署了权益转让书，经营部将保险单及索赔受益权利转让给糖烟酒公司。而后糖烟酒公司就货物短少部分的损失多次向保险公司索赔，保险公司拒绝全赔。原告糖烟酒公司向武汉海事法院提起诉讼，要求被告保险公司赔付其短少的货物损失636 400元，并承担本案的诉讼费。

问题：

1. 本案被保险人在签订和履行保险合同中有无过错？
2. 本案中发生的货损事故是否属于保险责任范围？
3. 本案所涉及的海损事故是否属于共同海损？

第十章　物流争议的解决

【学习目标】

● 了解：仲裁协议、民事诉讼案件的管辖、起诉条件、上诉期限、申请执行期限等法律规定。

● 理解：仲裁的概念和特征，经济纠纷案件的主管和管辖。

● 掌握：仲裁法的基本原则和基本制度、仲裁机构设置、仲裁程序、民事诉讼法的概念和审判、执行程序。

【导入案例】

浙江逸盛石化有限公司（以下简称“逸盛公司”）与卢森堡英威达技术有限公司（以下简称“英威达公司”）申请确认仲裁条款效力案。

逸盛公司与英威达公司于2003年4月28日和6月15日分别签署了两份技术许可协议，约定：“有关争议、纠纷或诉求应当提交仲裁解决；仲裁应在位于中国北京的中国国际经济贸易仲裁中心（CIETAC）进行，并适用现行有效的《联合国国际贸易法委员会仲裁规则》”（以上约定的原文为英文，即“The arbitration shall take place at China International Economic Trade Arbitration Centre (CIETAC), Beijing, P. R. China and shall be settled according to the UNCITRAL Arbitration Rules as at present in force”）。2012年7月11日，英威达公司向中国国际经济贸易仲裁委员会提出仲裁申请。2012年10月29日，逸盛公司以双方约定的仲裁本质上属于我国仲裁法不允许的临时仲裁为由，向宁波市中级人民法院申请确认仲裁条款无效。

问题：仲裁条款有无明确约定仲裁机构？

案例来源：人民法院为“一带一路”建设提供司法服务和保障的典型案例之六。

扫码看解析

物流经济活动中所发生的物流争议可以分为两种：一种是物流交易关系主体之间的争议，即物流交易争议；另一种是物流管理关系主体之间的争议即物流管理争议。这两种争议由于性质不同，其争议处理的方式存在差异，所适用的程序法律制度也不同。

物流交易争议处理方式主要有协商、调解、仲裁和民事诉讼，其中仲裁和民事诉讼是最重要的解决方式；物流管理争议处理方式主要有行政复议、行政诉讼等。本章主要介绍物流交易争议处理过程中所涉及经济仲裁和民事诉讼的相关法律制度。

第一节 仲裁

一》 仲裁法概述

（一）仲裁的概念和特征

1. 仲裁的概念

仲裁，是指当事人依据仲裁协议，将其争议提交给仲裁机构以解决合同纠纷和其他财产权益纠纷的非诉争议解决机制。

2. 仲裁的特征

（1）自愿性。这是仲裁制度的一个基本特征，是法律赋予当事人诸多权利的集中体现。自愿性在仲裁中体现为：采取仲裁方式解决纠纷，当事人必须自愿。即当事人应当自愿达成仲裁协议。没有仲裁协议，一方申请仲裁的，仲裁委员会不予受理。有仲裁协议，一方向法院起诉的，法院不予受理；当事人可以选定仲裁机构，仲裁机构不实行级别管辖和地域管辖；当事人可以选定仲裁员和共同约定仲裁庭的组成形式、审理方式等事项。

（2）独立性。没有独立的仲裁，也就没有真正意义上的仲裁。为此，仲裁法规定，仲裁依法独立进行，不受任何机关、社会团体和个人的干涉。仲裁独立，是指包括从仲裁机构的设置到仲裁纠纷的整个程序都依法具有独立性。

（3）专业性。仲裁属于专家裁判。仲裁委员会的主任、副主任和委员由法律、经济贸易专家和有实际工作经验的人员担任。仲裁委员会的组成人员中，法律、经济贸易专家不得少于2/3。

（4）保密性。仲裁不公开进行。当事人协议公开的，可以公开进行，但涉及国家秘密的除外。

（二）仲裁法的适用范围

平等主体的自然人、法人和其他组织之间发生的合同纠纷和其他财产权益纠纷，可以申请仲裁。但下列纠纷不能仲裁：（1）婚姻、收养、监护、扶养、继承纠纷；（2）依法应当由行政机关处理的行政争议。

（三）仲裁法的基本制度

仲裁又称“公断”，是指当事人双方根据事前或者事后达成的仲裁协议，自愿将纠纷提交给仲裁机构处理，仲裁机构做出的裁决对双方当事人具有约束力的一种法律制度。仲裁制度是国际上通行的解决纠纷的重要法律制度。在我国，仲裁制度正在逐步发挥重要作用。1994年8月31日，第八届全国人大常委会第九次会议通过了《中华人民共和国仲裁法》（以下简称《仲裁法》），于1995年9月1日起施行。2017年9月1日，第十二届全国人大常委会第二十九次会议作了第二次修正。该法的制定和实施，对于规范仲裁机构和仲裁程序，完善仲裁制度，保证公正及时地仲裁民事经济纠纷，保护当事人的合法权益，促进社会主义市场经济的健康发展，有着十分重要的意义。我国仲裁法根据多年来的实践经验，借鉴国际上通行的做法，确立了下列基本制度：

1. 协议仲裁制度

协议仲裁制度是自愿原则的集中体现，也是自愿原则在仲裁过程中得以实现的最基本保证。仲裁机构由当事人在仲裁协议中选定。仲裁机构受理案件，必须基于当事人的共同授权，对没有仲裁协议的仲裁申请，仲裁机构不予受理。

2. 或裁或审制度

当事人达成仲裁协议，一方向人民法院起诉，人民法院不予受理，但仲裁协议无效的除外。一方向人民法院起诉未声明有仲裁协议，人民法院受理后，另一方在首次开庭前提交仲裁协议的，人民法院应当驳回起诉，但仲裁协议无效的除外；另一方在首次开庭前未对人民法院受理该案提出异议的，视为放弃仲裁协议，人民法院应当继续审理。

3. 一裁终局制度

仲裁实行一裁终局的制度。仲裁裁决作出后，当事人就同一纠纷再申请仲裁或者向人民法院起诉的，仲裁委员会或者人民法院不予受理。仲裁裁决被人民法院依法裁定撤销或者不予执行的，当事人就该纠纷可以根据双方重新达成的仲裁协议申请仲裁，也可以向人民法院起诉。

二》仲裁协议

（一）仲裁协议的概念和特征

1. 仲裁协议的概念

仲裁协议，是指双方当事人在自愿、平等的基础之上达成的，将当事人之间已发生或者可能发生的商事争议提交仲裁机构裁决的书面协议。仲裁协议是申请仲裁的必备材料。

2. 仲裁协议的特征

（1）自愿性。仲裁协议作为一种合同，是当事人自愿达成的一种意思表示，贯彻了合同的意思自治原则。没有仲裁协议，一方申请仲裁的，仲裁委员会不予受理。

（2）要式性。仲裁协议应该是书面形式。仲裁协议的内容必须符合法律的规定。

（3）独立性。仲裁协议独立存在，合同的变更、解除、终止或者无效，不影响仲裁协议的效力。

（二）仲裁协议的效力

1. 生效要件

（1）主体合法。仲裁协议当事人应为完全民事行为能力人，这样才能具备缔约能力。

（2）形式合法。仲裁协议应该是在纠纷发生前或者纠纷发生后达成的请求仲裁的书面协议，包括合同中订立的仲裁条款、合同书、信件和数据电文等形式达成的请求仲裁的协议。

（3）内容合法。仲裁协议的内容应当包括：①请求仲裁的意思表示；②仲裁事项；③选定的仲裁委员会。

2. 仲裁协议的无效

有下列情形之一的，仲裁协议无效：（1）约定的仲裁事项超出法律规定的仲裁范围的；（2）无民事行为能力人或者限制民事行为能力人订立的仲裁协议；（3）一方采取胁迫手段，迫使对方订立仲裁协议的；（4）未对仲裁事项或者仲裁委员会达成补充协议的仲裁协议；（5）以口头方式订立的仲裁协议。

3. 仲裁协议效力的确认

当事人对仲裁协议的效力有异议的，应当在仲裁庭首次开庭前，请求仲裁委员会作出决定或者请求人民法院作出裁定。一方请求仲裁委员会作出决定，另一方请求人民法院作出裁定的，由人民法院裁定。

三》 仲裁机构

（一）仲裁机构的概念和特征

1. 仲裁机构的概念

仲裁机构，是指依据当事人的仲裁协议，依法受理、裁决民商事争议的专门机构。在我国，仲裁机构被称为仲裁委员会。

2. 仲裁机构的特征

（1）独立性。仲裁委员会可以在直辖市和省、自治区人民政府所在地的市设立，也可以根据需要在其他设区的市设立，不按行政区划层层设立。仲裁机构依照法律和章程独立开展活动。

（2）民间性。仲裁机构是民间组织，非行政机关。仲裁机构没有强制措施的决定权与实施权。

（3）非营利性。仲裁委员会是中国仲裁协会的会员。中国仲裁协会是仲裁委员会的自律性组织，是社会团体法人。仲裁案件的受理费用于给付仲裁员报酬、维持仲裁委员会正常运转的必要开支。

（二）仲裁机构的设立

1. 设立条件

（1）有自己的名称、住所和章程。仲裁委员会的名称应当规范，一律在仲裁委员会之前冠以仲裁委员会所在市的地名（地名＋仲裁委员会），如北京仲裁委员会、广州仲裁委员会、深圳仲裁委员会等。仲裁委员会的章程应当依法制定，可以参照《仲裁委员会章程示范文本》。

（2）有必要的财产。仲裁机构的必要财产是指仲裁工作所必需的设施、设备和独立的经费等。必要的财产是仲裁机构进行业务活动的物质基础。

（3）有必要的组成人员。仲裁委员会由主任 1 人、副主任 2～4 人和委员 7～11 人组成。仲裁委员会的主任、副主任和委员由法律、经济贸易专家和有实际工作经验的人员担任。仲裁委员会的组成人员中，法律、经济贸易专家不得少于 2/3。

（4）有聘任的仲裁员。仲裁委员会应当从公道正派的人员中聘任仲裁员，并按照不同专业设仲裁员名册。仲裁员名册应载明仲裁员资历和专长等基本情况。仲裁员应当符合下列条件之一：①从事仲裁工作满 8 年的；②从事律师工作满 8 年的；③曾任审判员满 8 年的；④从事法律研究、教学工作并具有高级职称的；⑤具有法律知识、从事经济贸易等专业工作并具有高级职称或者具有同等专业水平的。

2. 设立登记

仲裁委员会由直辖市和省、自治区人民政府所在地的市的人民政府组织有关部门和商会统一组建。设立仲裁委员会，应当经省、自治区、直辖市的司法行政部门登记。

四》仲裁程序

（一）仲裁申请

1. 仲裁申请的条件

当事人申请仲裁应当符合下列条件：（1）有仲裁协议；（2）有具体的仲裁请求和事实、理由；（3）属于仲裁委员会的受理范围。

2. 仲裁申请的方式

当事人申请仲裁，应当向仲裁委员会递交仲裁协议、仲裁申请书及副本。仲裁申请书应当载明下列事项：（1）当事人的基本情况；（2）仲裁请求和所根据的事实、理由；（3）证据和证据来源、证人姓名和住所。

（二）仲裁受理

1. 仲裁受理决定

仲裁委员会收到仲裁申请书之日起 5 日内，认为符合受理条件的，应当受理，并通知当事人；认为不符合受理条件的，应当书面通知当事人不予受理，并说明理由。

2. 送达材料

仲裁委员会受理仲裁申请后，应当在仲裁规则规定的期限内将仲裁规则和仲裁员名册送达申请人，并将仲裁申请书副本和仲裁规则、仲裁员名册送达被申请人。

3. 仲裁答辩

被申请人收到仲裁申请书副本后，应当在仲裁规则规定的期限内向仲裁委员会提交答辩书。仲裁委员会收到答辩书后，应当在仲裁规则规定的期限内将答辩书副本送达申请人。被申请人未提交答辩书，不影响仲裁程序的进行。

（三）组成仲裁庭

1. 仲裁庭的概念

仲裁庭是指由仲裁员组成的，独立、公正地审理与裁决商事争议的临时性组织。依据仲裁庭组成人员的数量，仲裁庭有独任仲裁庭与合议仲裁庭两种。独任仲裁庭，即由一名仲裁员组成。合议仲裁庭，即三人仲裁庭，由三名仲裁员组成，设首席仲裁员。

2. 仲裁庭的产生

仲裁庭由当事人约定产生。当事人约定由一名仲裁员成立仲裁庭的，应当由当事人共同选定或者共同委托仲裁委员会主任指定仲裁员。当事人约定由三名仲裁员组成仲裁庭的，应当各自选定或者各自委托仲裁委员会主任指定一名仲裁员，第三名仲裁员由当事人共同选定或者共同委托仲裁委员会主任指定。第三名仲裁员是首席仲裁员。当事人没有在仲裁规则规定的期限内约定仲裁庭的组成方法或者选定仲裁员的，由仲裁委员会主任指定。

3. 仲裁员的回避

仲裁员有下列情形之一的，必须回避，当事人也有权提出回避申请：（1）是本案当事人或者当事人、代理人的近亲属；（2）与本案有利害关系；（3）与本案当事人、代理人有其他关系，可能影响公正仲裁的；（4）私自会见当事人、代理人，或者接受当事人、代理人请客送礼的。

当事人提出回避申请，应当说明理由，并在首次开庭前提出。回避事由在首次开庭后知道的，可以在最后一次开庭终结前提出。仲裁员是否回避，由仲裁委员会主任决定；仲裁委员会主任担任仲裁员时，由仲裁委员会集体决定。仲裁员因回避不能履行职责的，应当依法重新选定或者指定仲裁员。

（四）仲裁审理

1. 书面审理

仲裁应当开庭进行。当事人协议不开庭的，仲裁庭可以根据仲裁申请书、答辩书以及其他材料作出裁决。适用简易仲裁程序的案件，仲裁庭依据案件的具体情况，认为不需要开庭审理的，决定书面审理。书面审理的仲裁案件，仲裁庭可以通过书面的方式向当事人提出问题，当事人也可以通过书面的方式陈述和辩论。仲裁庭在保障双方当事人充分陈述意见的权利后，作出裁决书结案。

2. 开庭审理

（1）庭前准备。庭前准备工作主要有：第一，确定仲裁审理公开与否。仲裁以不公开审理为原则，当事人协议公开进行的，可以公开进行，但涉及国家秘密的除外。第二，仲裁委员会应当在开庭 10 日前通知当事人。当事人有正当理由的，可以在开庭前 7 日内请求延期开庭。是否延期，由仲裁庭决定。

（2）审理开始。仲裁审理开始的顺序为：①首席仲裁员或者独任仲裁员宣布开庭；②首席仲裁员或者独任仲裁员核对案件当事人及其代理人的基本情况，宣布案由；③宣布仲裁庭的组成人员和记录人员名单，告知当事人有关的权利与义务，并询问当事人是否申请仲裁庭的组成人员回避。

（3）庭审调查。庭审调查应当按照下列顺序进行：①当事人陈述；②证人出庭作证，宣读未到庭证人的证言；③出示书证、物证和视听资料；④宣读鉴定意见；⑤宣读勘验笔录。

（4）庭审辩论。当事人在仲裁过程中有权进行辩论。辩论终结时，首席仲裁员或者独任仲裁员应当征询当事人的最后意见。

（5）仲裁庭评议与裁决。仲裁裁决应当按照多数仲裁员的意见作出，少数仲裁员的不同意见可以记入笔录；仲裁庭不能形成多数意见时，裁决应当按照首席仲裁员的意见作出。在裁决作出前，当事人可以自行和解或先行调解。达成和解协议或者调解协议的，可以请求仲裁庭根据和解协议或者调解协议制作裁决书，也可以撤回仲裁申请。裁决书应当写明仲裁请求、争议事实、裁决理由、裁决结果、仲裁费用的负担和裁决日期。当事人协议不愿写明争议事实和裁决理由的，可以不写。裁决书由仲裁员签名，加盖仲裁委员会印章。对裁决持不同意见的仲裁员，可以签名，也可以不签名。

（6）庭审笔录。仲裁庭应当将开庭情况记入笔录。当事人和其他仲裁参与人认为对自己陈述的记录有遗漏或者差错的，有权申请补正。如果不予补正，应当记录该申请。笔录由仲裁员、记录人员、当事人和其他仲裁参与人签名或者盖章。

五》 申请撤销裁决

（一）申请撤销裁决的情形

当事人提出证据证明裁决有下列情形之一的，可以向仲裁委员会所在地的中级人民法院申请撤销裁决：(1) 没有仲裁协议的；(2) 裁决的事项不属于仲裁协议的范围或者仲裁委员会无权仲裁的；(3) 仲裁庭的组成或者仲裁的程序违反法定程序的；(4) 裁决所依据的证据是伪造的；(5) 对方当事人隐瞒了足以影响公正裁决的证据的；(6) 仲裁员在仲裁该案时有索贿受贿、徇私舞弊、枉法裁决行为的。

(二) 申请撤销裁决的程序

人民法院经组成合议庭审查核实裁决有上述情形之一的，应当裁定撤销。人民法院认定该裁决违背社会公共利益的，应当裁定撤销。当事人申请撤销裁决的，应当自收到裁决书之日起 6 个月内提出。人民法院应当在受理撤销裁决申请之日起 2 个月内作出撤销裁决或者驳回申请的裁定。人民法院受理撤销裁决的申请后，认为可以由仲裁庭重新仲裁的，通知仲裁庭在一定期限内重新仲裁，并裁定中止撤销程序。仲裁庭拒绝重新仲裁的，人民法院应当裁定恢复撤销程序。仲裁裁决被人民法院依法撤销后，当事人可以重新达成仲裁协议申请仲裁解决纠纷，或者向人民法院提起诉讼。

六》 仲裁裁决的执行

(一) 人民法院执行仲裁裁决

当事人应当履行裁决。一方当事人不履行的，另一方当事人可以依照民事诉讼法的有关规定向人民法院申请执行。受申请的人民法院应当执行。被申请人提出证据证明裁决有下列情形之一的，经人民法院组成合议庭审查核实，裁定不予执行：(1) 当事人在合同中没有订有仲裁条款或者事后没有达成书面仲裁协议的；(2) 被申请人没有得到指定仲裁员或者进行仲裁程序的通知，或者由于其他不属于被申请人负责的原因未能陈述意见的；(3) 仲裁庭的组成或者仲裁的程序与仲裁规则不符的；(4) 裁决的事项不属于仲裁协议的范围或者仲裁机构无权仲裁的；(5) 人民法院认定执行该裁决违背社会公共利益的，裁定不予执行。

(二) 仲裁裁决执行的中止与终结

一方当事人申请执行裁决，另一方当事人申请撤销裁决的，人民法院应当裁定中止执行。人民法院裁定撤销裁决的，应当裁定终结执行。撤销裁决的申请被裁定驳回的，人民法院应当裁定恢复执行。

第二节 经济纠纷诉讼

一》 经济诉讼的概念

经济诉讼是指当事人依法请求人民法院运用审判权处理经济纠纷，解决当事人双方权利义务争议的一种方式。

二》 经济诉讼的管辖

管辖是指法院系统内各级法院之间以及同级法院之间受理第一审案件的分工与权限，

有级别管辖、地域管辖、专属管辖、移送管辖和指定管辖之分。

（一）级别管辖

级别管辖是指人民法院系统内上下级法院之间受理第一审案件的分工与权限。根据《民事诉讼法》的规定，除法律另有规定外，基层人民法院管辖第一审民事案件。中级人民法院管辖以下第一审民事案件：（1）重大涉外案件；（2）在本辖区有重大影响的案件；（3）最高人民法院确定由中级人民法院管辖的案件。最高人民法院管辖以下第一审民事案件：（1）在全国有重大影响的案件；（2）认为应当由本院审理的案件。

（二）地域管辖

地域管辖，是指同级人民法院之间受理第一审民事案件的分工和权限。地域管辖与级别管辖不同。级别管辖从纵向划分上、下级人民法院之间受理第一审民事案件的权限和分工，解决某一经济纠纷案件应由哪一级人民法院管辖的问题；而地域管辖从横向划分同级人民法院之间受理第一审经济纠纷案件的权限和分工，解决某一民事案件应由哪一个人民法院管辖的问题。地域管辖可分为一般地域管辖和特殊地域管辖。

1. 一般地域管辖

一般地域管辖又称为普通地域管辖，通常是由被告所在地人民法院管辖，也就是我们通常所说的原告就被告。

2. 特殊地域管辖

特殊地域管辖又叫特别地域管辖，是指由被告住所地人民法院管辖有困难或者不方便时，按与诉讼标的有联系的原则来确定地域管辖。

（三）专属管辖

专属管辖，是指法律强制规定某类案件只能由特定法院管辖，其他法院无权管辖，也不允许当事人协议变更管辖。与其他法定管辖相比，专属管辖具有优先性、排他性与强制性。专属管辖是法院管辖独有的制度，仲裁没有专属管辖。

（四）移送管辖

移送管辖，是指人民法院受理案件后，发现本法院对该案无管辖权，依照法律规定将案件移送给有管辖权的人民法院审理。移送管辖就其实质而言，是对案件的移送，而不是对案件管辖权的移送。它是对管辖发生错误所采用的一种纠正措施。移送管辖通常发生在同级人民法院之间，但也不排除在上、下级人民法院之间适用。

（五）指定管辖

指定管辖，是指上级人民法院以裁定方式，指定下级人民法院对某一案件行使管辖权。指定管辖的实质，是法律赋予上级人民法院在特殊情况下有权变更和确定案件管辖法院，以适应审判实践的需要，保证案件及时正确地裁判。

一般而言，在下列两种情况下适用指定管辖：（1）有管辖权的人民法院由于特殊原因，不能行使管辖权，应由上级人民法院在其辖区内，指定其他适宜的人民法院管辖；（2）因管辖权发生争议，经双方协商未能解决争议的，报请它们的共同上级人民法院指定管辖。

三》 经济诉讼的程序

经济诉讼的程序包括第一审程序与简易程序、第二审程序、审判监督程序以及执行程序。

（一）第一审程序与简易程序

1. 起诉和受理

起诉必须符合下列条件：（1）原告必须是与本案有直接利害关系的公民、法人或其他组织；（2）有明确的被告；（3）有具体的诉讼请求、事实和理由；（4）属于人民法院受理经济诉讼的范围和受诉人民法院管辖。起诉应在诉讼时效内进行。

人民法院接到起诉状后，应当在 7 日内决定是否受理。原告对法院不予受理或驳回起诉的裁定不服的，可以提起上诉。

2. 开庭审理

人民法院应当在立案之日起 5 日内将起诉状副本送达被告，被告应当在收到起诉状副本之日起 15 日内提出答辩状。人民法院在收到答辩状之日起 5 日内将答辩状副本送达原告。

人民法院适用普通程序审理案件应当组成合议庭，合议庭组成人员确定后，应当在 3 日内告知当事人。开庭日期确定后，应当在开庭 3 日前将传票送达当事人，将开庭通知书送达当事人的诉讼代理人及其他诉讼参与人。对于公开审理的案件，还应在开庭审理前 3 日发布公告。

人民法院审理经济案件，除涉及国家秘密、个人隐私或者法律另有规定的以外，应当公开进行。涉及商业秘密的案件，当事人申请不公开审理的，可以不公开审理。

开庭审理的阶段包括宣布开庭、法庭调查、法庭辩论、法庭辩论后的调解、合议庭评议和判决等环节。原告经传票传唤，无正当理由拒不到庭的，或者未经法庭许可中途退庭的，可以按撤诉处理；被告反诉的，可以缺席判决。被告经传票传唤，无正当理由拒不到庭的，或者未经法庭许可中途退庭的，可以缺席判决。

人民法院适用第一审普通程序审理的案件，在立案之日起 6 个月内审结。

3. 简易程序

简易程序是指基层人民法院及其派出法庭审理简单经济纠纷案件所适用的程序。在简易程序中可以口头起诉、口头答辩。简易程序中由审判员一人独任审判，不需实行合议制，但要有书记员作记录。在开庭通知、法庭调查、法庭辩论上不受普通程序有关规定的限制。人民法院适用简易程序审理案件，在立案之日起 3 个月内审结。

（二）第二审程序

第二审程序是指由于诉讼当事人不服地方各级人民法院生效的第一审裁判而在法定期间内向上一级人民法院提起上诉而引起的诉讼程序，是第二审的人民法院审理上诉案件所适用的程序。

1. 提起上诉的条件

当事人提起上诉的，必须具备以下条件：（1）提起上诉必须是享有上诉权和可依法行使上诉权的人；（2）提起上诉的对象必须是依法允许上诉的判决和裁定；（3）必须在法定期限内提起上诉；（4）上诉必须递交上诉状。

2. 审查与处理

第二审案件的审理应当围绕当事人上诉请求的范围进行，当事人没有提出请求的，不予审查。但判决违反法律禁止性规定，侵害社会公共利益或者他人利益的除外。被上诉人在答辩中要求变更或者补充第一审判决内容的，第二审人民法院可以不予审查。

第二审人民法院对上诉案件，经过审理，按照不同情况，作如下处理：(1) 认为原判决认定事实清楚，适用法律正确的，判决驳回上诉，维持原判。(2) 认为原判决适用法律错误的，依法改判。(3) 认为原判决认定事实错误，或认定事实不清，证据不足，裁定撤销原判决，发回原审人民法院重审，或者查清事实后改判。(4) 认为原判决违反法定程序，可能影响案件正确判决的，裁定撤销原判决，发回原审人民法院重审。当事人对重审案件的判决、裁定，可以上诉。

审理对判决的上诉案件，在第二审立案之日起 3 个月内审结。

(三) 审判监督程序

审判监督程序也称再审程序，是指人民法院对已经发生法律效力的判决、裁定，发现确有错误，依法对案件进行再审的程序。

提起再审的途径有：

(1) 各级人民法院院长对本院已经发生法律效力的判决、裁定，认为需要再审的，提交本院审判委员会讨论决定。

(2) 最高人民法院对地方各级人民法院已经发生法律效力的判决、裁定，上级人民法院对下级人民法院已经发生法律效力的判决、裁定，发现确有错误的，有权提审或者指令下级人民法院再审。

(3) 当事人在判决、裁定发生法律效力后 2 年内可以向原审人民法院或者上一级人民法院申请再审，但不停止判决、裁定的执行。

(4) 最高人民检察院对各级人民法院已经发生法律效力的判决、裁定，上级人民检察院对下级人民法院已经发生法律效力的判决、裁定，发现确有错误的，可以提出抗诉。

人民法院自收到再审申请书之日起 3 个月内审查，符合规定情形之一的，裁定再审；不符合法律规定的，裁定驳回申请。有特殊情况需要延长的，由本院院长批准。

(四) 执行程序

执行程序又称强制执行程序，是指在负有义务的一方当事人拒绝履行法律文书确定的义务的情况下，人民法院根据对方当事人的请求或依照职权，强制其履行义务时所适用的程序。对已经发生法律效力的判决、裁定，当事人必须执行。申请执行的期间为二年。

实训作业

一、实训项目

A 汽配公司与 B 贸易公司签署《汽车零配件采购合同》，在 B 贸易公司处采购螺母 12 万枚，货款共计 8 万元，合同中双方约定此批货物由 C 物流公司代办托运。B 贸易公司与 C 物流公司签署货物托运合同，合同约定 A 汽配公司法定代表人张某为收货联系人。后在货物运输过程中，由于 C 物流公司驾驶人员过失发生车祸，造成货物毁损且无法按合同约定时间交付货物。A 汽配公司多次协商不成，遂提起仲裁，要求 B 贸易公司承担违约责任。A 公司与 B 公司的合同中约定了仲裁条款。

通过上述合同纠纷的描述，起草仲裁申请文书，说明请求事项，填写事实和理由，模拟仲裁庭开庭。

二、案例讨论

1998 年 5 月，申请人铁行渣华有限公司向被申请人托运 10 个集装箱的货物，装于“GuangBinJi74”轮由香港运到广东省云浮市六都镇，被申请人于 1998 年 5 月 16 日在香港签发提单，提单号为 74/9805LD02。该提单背面条款第 2 条内容为：“管辖权：所有因此提单产生的争议应按照中华人民共和国法律在中华人民共和国人民法院审理或在中华人民共和国仲裁。”双方当事人事后没有关于仲裁的补充协议。本案当事人确定以我国法律认定本案所涉仲裁协议的效力。

问题：

该仲裁协议是否有效？

参考文献

[1] 王凤鸣，等．物流法律法规［M］．北京：北京理工大学出版社，2018.

[2] 姚会平．物流法规实务［M］．2版．成都：西南财经大学出版社，2017.

[3] 王芸．物流法律法规与实务［M］．北京：电子工业出版社，2017.

[4] 郭声龙．现代物流法规概论［M］．武汉：武汉理工大学出版社，2010.

[5] 赵阳．物流法律法规［M］．2版．北京：机械工业出版社，2011.

[6] 王峰，等．物流法律法规知识［M］．3版．北京：北京理工大学出版社，2015.

[7] 孙秋高，等．物流法规［M］．4版．大连：大连理工大学出版社，2018.

[8] 李德才．物流法律法规［M］．合肥：安徽大学出版社，2014.

[9] 李爱华，等．物流法律法规［M］．2版．北京：清华大学出版社，2018.

[10] 王玫．物流法律法规［M］．3版．武汉：华中科技大学出版社，2019.

[11] 贾林青．海商法［M］．5版．北京：中国人民大学出版社，2017.

[12] 房邵坤，等．合同法要义与案例析解（分则）［M］．北京：中国人民大学出版社，2001.

[13] 韩世远．合同法总论［M］．4版．北京：法律出版社，2018.

[14] 郭双焦．国际商法［M］．武汉：武汉大学出版社，2015.

[15] 葛伟军．案例合同法［M］．北京：法律出版社，2018.

[16] 阮洪．经济法基础［M］．北京：清华大学出版社，2020.